U0513409

广视角 · 全方位 · 多品种

权威 · 前沿 · 原创

皮书系列为
"十二五"国家重点图书出版规划项目

中国社会科学院创新工程学术出版项目

广东省普通高校人文社会科学重点研究基地广州大学广州发展研究院研究成果
广东省教育厅"广州学"协同创新发展中心、广州市教育局"广州学"协同
创新重大项目研究成果

广州蓝皮书

BLUE BOOK OF
GUANGZHOU

丛书主持/涂成林

中国广州城市建设与管理发展报告（2014）

ANNUAL REPORT ON URBAN CONSTRUCTION AND MANAGEMENT
OF GUANGZHOU IN CHINA (2014)

主　编/董　皞　冼伟雄
副主编/涂成林　王宏伟　孙　玥

社会科学文献出版社
SOCIAL SCIENCES ACADEMIC PRESS (CHINA)

图书在版编目（CIP）数据

中国广州城市建设与管理发展报告. 2014/董皞，
冼伟雄主编. —北京：社会科学文献出版社，2014.7
（广州蓝皮书）
ISBN 978 - 7 - 5097 - 6206 - 6

Ⅰ.①中… Ⅱ.①董… ②冼… Ⅲ.①城市建设 -
研究报告 - 广州市 - 2014 ②城市管理 - 研究报告 -
广州市 - 2014 Ⅳ.①F299.276.51

中国版本图书馆 CIP 数据核字（2014）第 141777 号

广州蓝皮书
中国广州城市建设与管理发展报告（2014）

主 编／董 皞 冼伟雄
副 主 编／涂成林 王宏伟 孙 玥

出 版 人／谢寿光
出 版 者／社会科学文献出版社
地 址／北京市西城区北三环中路甲 29 号院 3 号楼华龙大厦
邮政编码／100029

责任部门／皮书出版分社 （010）59367127 责任编辑／张丽丽 王 颉
电子信箱／pishubu@ ssap. cn 责任校对／谢 敏
项目统筹／任文武 责任印制／岳 阳
经 销／社会科学文献出版社市场营销中心 （010）59367081 59367089
读者服务／读者服务中心 （010）59367028

印 装／北京季蜂印刷有限公司
开 本／787mm×1092mm 1/16 印 张／19
版 次／2014 年 7 月第 1 版 字 数／242 千字
印 次／2014 年 7 月第 1 次印刷
书 号／ISBN 978 - 7 - 5097 - 6206 - 6
定 价／69.00 元

广州蓝皮书系列编辑委员会

《中国广州城市建设与管理发展报告（2014）》
编 辑 部

主要编撰者简介

董   皞 男，陕西延长人，法学博士。现任广州大学副校长，武汉大学博士生导师；1976年7月入党，1983年6月参加工作，历任陕西延安市司法局副局长，珠海市中级人民法院研究室副主任，行政庭副庭长、庭长、副院长、党组成员，广东省高级人民法院立案庭庭长、行政庭庭长，珠海市中级人民法院院长、党组书记、市委政法委副书记等职。2008年12月起任现职。先后在《法学研究》、《中国法学》等十多家学术刊物发表《行政诉讼证据问题新探》、《我国司法机关多重职能现状改革之思考》等有关宪法学、行政法学、行政诉讼法学等方面的论文数十篇。有专著《司法解释论》，参加编著《行政行为法》、《行政法学新论》、《行政法总论》等有关行政法学方面的著作十余部。

冯伟雄 男，广东广州人。现任广州市政协副主席。高级工程师，曾受聘为西南交通大学、华南理工大学兼职教授。历任广州市邮政局副局长兼通信枢纽局局长、党委书记，广州市电信局副局长，佛山市邮政局局长、党组书记，广州市邮政局局长、党委副书记，广州市交通工作委员会书记，广州市交通委员会主任、广东省机场集团党委书记、副总裁，广州白云机场股份有限公司董事长等职务。在上级单位的领导下，先后组织完成了白云国际机场转场、南沙港投产、联邦快递落户广州、白云机场综合保税区申报、亚运交通保障和珠江巡游、春运组织模式创新、交通信息化和电子口岸建设、快速公交系统试验线（BRT）运营投产、广州市中小客车总量调控等一系列重大任务，带领广州市交通委员会获得"全国交通系统先进集体"、"全国五一劳动奖状"等荣誉，其个人多次受到国家有关部门和广东省、广州市的表彰。

涂成林 男，湖南岳阳人，哲学博士。现任广州大学广州发展研究院、广东发展研究院院长，研究员，博士生导师。从1978年起分别在四川大学、中山大学、中国人民大学学习，获得学士、硕士和博士学位。1985年起在湖南省委理论研究室工作。1991年起调入广州市社会科学院工作，2010年调入广州大学工作。社会兼职有广东省体制改革研究会副会长、广东省综合改革研究院副院长、广州市股份经济研究会副会长、广州市哲学学会副会长、中国科学学与科技政策研究会理事等。曾赴澳大利亚、新西兰等国做访问学者，目前主要从事经济社会发展规划、科技政策、文化软实力以及西方哲学、唯物史观等方面的教学与研究，先后在《中国社会科学》、《哲学研究》、《教育研究》、《光明日报》等报刊发表论文100多篇，出版专著十余部，主持和承担国家社科基金等各类研究课题30余项，获全国青年社会科学成果专著类优秀奖等十多个奖项。

王宏伟 男，山西省代县人。现任广州市城乡建设委员会副主任，市建设工委委员，负责综合调研、公共设施、建筑行业及市场管理工作，以及铁路、电力、机场建设工程重大项目的协调督办工作，协助分管机关行政、信访、综治维稳工作。曾牵头负责广州新型城市化发展研究中的生态城市建设课题工作，起草新型城市化"1＋15"文件，并在市委组织部主办的局级干部培训班中主授相关课程。

孙 玥 女，天津市人。理学硕士，1993年7月参加工作。现任广州市规划局党委委员、副局长，广州市第十次党代会代表。1993年从事城市规划管理工作至今，获"广州市三八红旗手"等荣誉称号。

摘　要

《中国广州城市建设与管理发展报告（2014）》作为"广州蓝皮书"系列之一被列入社会科学文献出版社的"国家皮书系列"，由广州大学、广州市交通委员会、广州市国土资源和房屋管理局、广州市建设委员会、广州市规划局联合编撰，在全国公开发行。本书由总报告、规划研究篇、区域建设篇、交通管理篇、城市管理篇和城市功能篇组成，是关于广州城市发展与运行和相关专题分析与预测的重要参考资料。

2013年是广州全面贯彻落实新型城市化发展战略的开局之年，广州在城市规划、建设、交通、管理与国土等领域取得显著成效，具体表现为：构建了城市规划新体系，加快建设城市战略性平台，城市管理水平得到提升，建立针对热点地区发展的公众咨询委员会制度，生态城市建设全面推进。

2014年，广州将继续按照新型城市化发展的战略部署，紧紧围绕全面建设国家中心城市的目标和"率先转型升级、建设幸福广州"的核心任务，重点加快城市副中心和新城建设，加快基础设施建设进程，推进生态城市建设和公交都市建设，提升城市管理综合执法能力和城市管理的智能化水平，努力建设低碳、智慧、幸福的美丽广州，向着人们满意的理想城市迈进。

目 录

B VI 城市功能篇

皮书数据库阅读 使用指南

总 报 告

General Report

B.1

2013 年广州城市建设现状分析与 2014 年展望[*]

广州大学广州发展研究院课题组[**]

摘 要：

2013 年广州在城市规划、建设、交通与国土等领域取得显著成效，表现为构建城市规划新体系，加快建设城市战略性平台，公交都市建设迈上新台阶，建立公众咨询委员会制度，生态城市建设全面推进。同时也存在一些问题，包括城市不同功能区之间的人口与产业转承不畅，政府过分主导城市建设资金的来源导致其渠道较为

---

* 本报告系广东省普通高校人文社会科学重点研究基地广州大学广州发展研究院、广东省教育厅"广州学"协同创新发展中心、广州市教育局"广州学"协同创新重大项目研究成果。

** 课题组组长：涂成林；成员：姚华松、周凌霄、梁柠欣、艾尚乐；执笔：姚华松。

单一，郊区和农村地区的新型城市化任务艰巨。最后，对2014年广州城市建设的总体态势进行展望，并就提升广州城市建设水平提出若干建议。

关键词：

城市建设　新型城市化　形势分析　广州

一　2013年广州城市建设总体形势分析

2013年是广州全面贯彻落实新型城市化发展战略的开局之年，也是推进新型城市化发展、加快转型升级、建设幸福广州的关键年。广州市按照新型城市化发展的战略部署，紧紧围绕全面建设国家中心城市的目标和"率先转型升级、建设幸福广州"的核心任务，按照"123"城市主体功能区空间布局和"12338"及"2＋3＋9"① 城市战略性发展平台的决策部署，积极推动战略性基础设施、战略性主导产业、战略性发展平台实现重大突破，在城市规划、建设、交通、国土等领域形成快速推进的良好态势。

（一）构建适应新型城市化发展需求的城市规划新体系

根据2013年广州市《政府工作报告》要求统筹城乡一体化发展，优化城乡空间布局，全面推进"三规合一"的总体要求，广州实施了规划部门指导、其他部门联动、市区联动、政民互动的"共编共用共管"的新模式，创新性地构建涵盖"广州市城市功能规划（战略规划）——总体规划——功能区控规——村庄规划"4个层次

---

① "2"即南沙新城、东部山水新城；"3"即花都、增城、从化三个副中心；"9"即广州金融城、海珠生态城、天河智慧城市、广州国际健康产业城、空港经济区、广州南站商务区、广州国际创新城、花地生态城、黄埔临港商务区。

6 大类 1221 项规划的新型城市化规划体系。

创立"市一区"编制联动机制，确保"123"发展战略的"规划落地"。2013 年，广州市高效率推进各区（县级市）建设方案的制定，以目标管理的方式保障"123"发展战略的"规划落地"，市区共编"2 + 3 + 9"地区控规，全面开展平台核心区或启动区共计 437平方公里建设用地的控制性详细规划，同时启动部分平台中期拓展区规划。在生态优先、宜居为重的前提下，打造现代服务业和高端制造业发展空间，优先保障"三个重大突破"等好项目、大项目、高端项目的落地，确立"事权下放、属地管理、市区联动、重心下移、制度保障、服务到位"的工作方法。实施城市生态用地差别化管理，开展低丘缓坡用地试点，有效拓展城市发展空间，全市单位建设用地产出率达到 8.3 亿元/平方公里，土地消耗率减至 1.03 公顷，比 2010年分别增长 27.3%、下降 71%，获评国土资源部、省政府"建设节约集约用地试点示范省先进单位"。

全面开展村庄规划编制，探索城乡统筹发展的新路径。2013 年，广州在全国率先进行村庄规划方面的创新探索。广州积极推行"村民做主、政府服务、技术支持"的村庄规划新模式，做到"自下而上"与"自上而下"相结合，启动改革开放后广州农村建设首次系统、全面的普查工作，市、区、镇、村和广大村民齐参与，完成 1142 个行政村建设现状的全覆盖、系统摸查，涵盖社会经济、土地现状、建设现状、历史文化、建设需求五大方面调研，完成"3 图 14 表"数据标准化建库。广州在全国范围内率先开始编制覆盖全域的村庄规划，获得国家住建部高度认可，广州被列为住建部村庄规划编制和信息化试点城市，白云区太和镇白山村为广东省唯一的全国村庄规划试点村。

（二）加快战略性发展平台建设成效显著

平台建设工作是落实广州新型城市化发展战略和"123"城市功

能布局规划的重要核心。2013 年，广州坚持把战略性发展平台作为产业转型升级的主引擎，广州国际金融城、空港经济区、天河智慧城、花地生态城等重大平台建设顺利推进，"2＋3＋9"平台体系已经形成。广州超算中心、广州移动互联网（越秀）产业园等一批创新平台加快建设，国家"千人计划"南方创业服务中心正式挂牌，广州国际创新城等创新产业集群加快形成。广州国际金融城已于 6 月 21 日召开建设动员大会，标志着金融城从规划、征拆转入大开发、大建设阶段。天河智慧城核心区 20 平方公里控规修编成果已上报市规划局，新征土地 1800 多亩。智慧东湖、柯木塱南路、人才公寓等基础设施和公共配套设施建设顺利推进，中移动南方基地二期、佳都轨道交通智能产业基地、网易智慧谷等产业项目进展顺利。南沙滨海新城已经铺开，明珠湾区启动 33 平方公里起步区建设，新开工奠基项目 33 个，涉及总投资约 586 亿元。东部山水新城已累计引进 83 个高端项目进驻中新广州知识城，科学城功能进一步完善。从化新城起步区完成征地工作，花都中轴线北部启动征拆工作，增城挂绿新城建设加速推进。海珠生态城启动十大项目，国际金融城开工建设，南站商务区核心区地下空间试验段动工建设，天河智慧城核心区土地征收基本完成，花地生态城电子商务集聚发展，空港经济区、国际创新城、国际健康产业城、黄埔临港商务区等重大平台建设按计划推进。

（三）组建重大城建项目公众咨询监督委员会

重大城建项目公众咨询监督委员会（简称"公咨委"）的成立是广州 2013 年在民意表达制度化方面的重要探索，政府部门要与公咨委充分沟通，形成共识，实现科学民主决策。2013 年 3 月，由广州市建委牵头，在金沙洲、同德围地区综合整治咨询监督委员会的实践基础上，组建由人大代表、政协委员、专家学者、市民代表和利益相关方代表各方人士组成的重大城建项目公众咨询咨询监督委员会。公咨委主要通过座谈会、研讨会、现场调研、现场监督等形式，沟通信息，征集民意，解释研讨方案，提供决策依据，监督项目进展情况。

广州市建委利用重大城建项目公众咨询监督委员会这座"民意桥"，坚持城乡建设"问需于民、问计于民、问政于民、问效于民"，充分发挥各方面人士参加市重大城建项目公众咨询监督委员会的作用，通过座谈会、研讨会、提案建议等形式，组织社会公众参与城乡建设过程的研究论证与决策，对"同德围"、"金沙洲"、"广州大桥"等重点城建项目，敞开渠道，主动收集社情民意，听取市民群众的声音诉求，广泛征求社会各界的意见建议，真诚接受建言献策，推动城乡建设民主决策、科学决策。活动得到社会充分认可和广泛关注。

作为 2013 年广州十大民生工程之一，同德围地区综合整治一直备受关注。对于受到热议的交通瓶颈，广州市建委在这里成立了监督咨询委员会，由监咨委广泛听取当地群众意见，开启政民沟通新模式。该项目确定方案后在建设过程中，先后举行大的协调会有 40 多次，协调近 100 次。最终确定本地区增加 4 个地铁站——鹅掌坦、同德围、上步、聚龙站，同时搬迁 8 大货运站场，对货车进行限行，增加人行天桥、设置港湾公交站等，在反复征求民意的过程中不断做出修正，最终得以顺利落地实施。这个项目以设立公咨委的形式创新公众参与的做法，引起了专家学者的广泛关注。

（四）公交都市建设如火如荼

2013 年，广州已基本构建了以轨道交通为骨干，公共汽（电）车为主体，新型有轨电车、水上巴士等为组成部分的城市立体公共交通体系，公交都市建设有序进行。

地铁建设方面，6 号线二期土建工程量已完成 38%，7 号线土建工程累计完成 11%，8 号线凤凰新村至文化公园段已进行围蔽施工，

9 号线的土建施工接近 50%，广佛线二期的土建施工累计已完成 75%，海珠区新型有轨电车试验段已实现全面开工。

公交建设方面，新开通 50 条新线路。新增线路服务覆盖白云等 5 个行政区，14 个交通热点地区，以及金沙洲、芳村等广佛接壤区域。新投放 500 台公交新运力。新建 50 公里公交专用道。至此，广州市公交专用道总里程达到 320 公里，公交专用道已覆盖超过一半的公交线路，沿线共有 1280 个公交站点，惠及近 500 万市民的日常出行。新增 1400 台出租车运力，市民"打的难"的情况得到一定缓解。2013 年，广州新开通 3 条水上巴士新航线，新建码头 2 个、改造旧码头 4 个，加上保留的原有 4 条航线，广州成为国内外拥有水上巴士航线最多的城市之一。

（五）生态城市建设全面推进

2013 年，广州确定并实施花城绿城水城的生态城市建设规划，新建成 300 公里绿道和 90 公里景观林带，4 个岭南花园和帽峰山森林公园对外开放，完成 19 条高快速路、国省道和 95 个出入口景观整治。出台《广州市绿色建筑和建筑节能管理规定》，新增绿色建筑约 700 万平方米。2013 年，广州荣获全国"十大绿色建筑标杆城市"称号。加快城乡污水处理设施建设方面，广州做了大量工作，2013 年，广州农村和城镇生活污水处理率分别达到 43% 和 91%；荔枝湾涌三期、猎德涌改造、石井河截污、东濠涌二期等河涌治理工程顺利推进，花都湖一期、番禺金山湖、南沙湿地二期建成开放，天河智慧东湖、增城挂绿湖、凤凰湖、广州水博苑、广州北江引水、北部水厂一期、海珠湿地二期、西郊沙滩泳场二期、琶洲湾公共沙滩泳场等工程加快建设。此外，2013 年，广州深入推进空气污染综合防治十大行动，强化对餐饮业油烟、挥发性有机物、机动车尾气和扬尘的污染控制，环境质量改善成效显著，全市环境空气质量达标天数 260 天。

二 2013 年广州城市建设面临的主要问题和成因

（一）城市功能转承不畅， 副中心建设滞后

2013 年 10 月 25 日，广州越秀区一德路德宝广场 5 层仓库发生火灾，震惊全国。据悉，起火的仓库在该建筑第五层，五层以上为居民住宅。许多住在里面的居民在发现起火冒烟后，即刻疏散。2012 年 9 月 12 日，中大布匹市场五凤东场 3 楼仓库发生起火事件，2012 年 10 月 30 日，广州市白云区新市棠溪德康路龙涛中学旁边的布料市场发生火灾事件。上述事件有几个共同点：①火灾地位于老城区或都会区；②具体起火点与批发市场、仓库有关；③高层火场多存在"住改商"、"住改仓"现象；④批发市场附近地段道路普遍狭窄，救火车无法驶入，且火场内缺乏消防栓，导致消防车水源紧张，很多仓库为阁楼，低矮不通风，扑救非常缓慢。诸多现象的背后折射出深层次的和结构性的问题是，广州都会区（尤其老城区）长期存在太多的以批发零售为主要业态的低端服务业，在利益驱使下，"住改商"、"住改仓"等风险性极高的违规操作十分普遍，街道和社区级基层政府，各类经营者和地方居民在一定程度上结成城市增长联盟，基层政府获取更多或明或暗的不菲税收；经营者获得商品集聚而带来的成本节约；地方居民获得较好的租金。在这样一种增长逻辑下，面对这样顽固的既有利益集团和势力，针对老城区的"退二进三"、"转型升级"、"腾笼换鸟"等政策推进起来举步维艰，批发市场等传统与低端产业外迁、功能地块置换升级等工作一直进展缓慢。这无疑反映了城市不同功能区之间的跨地域产业和行业转移不畅，城市副中心没有有效建立起来，未能有效承接来自都会区的各类发展资源和机会。

最近，媒体报道广州、佛山等地区的廉租房、经济适用房等申请率低，很多保障性小区无人居住等现象。究其根源，房源多位于天河、海珠、黄埔、白云四区的边缘地区，交通、教育、医疗及相关商业配套设施规划与建设普遍滞后。其结果是，很多人尤其是年轻人宁愿选择"蜗居"在内城区的城中村。城中村虽然存在各种顽疾，但至少是一个相对完整的社会生态系统，可以基本满足大量低收入者的基本需求；后者则只是单纯的居住功能的"飞地"，无法满足人们的各类综合性需求。换言之，保障房作为一个"微型副中心"的概念及其综合配套，被严重忽视。

总而言之，基于全市域层面的综合功能区考虑的分工合理、结构有序、功能联动的理想城市功能与结构无法形成，老城区因为过度集聚产生集聚不经济，新城区和外围地区则缺乏有效的人口拥有量、缺乏就业机会与发展契机。

（二）民间资本难以介入城市开发与建设

由于各种原因，广州城市建设资金捉襟见肘，现行开发建设项目主要是国企、央企主导，社会与民间资本进驻有较大难度。对2013年广州市重点开发与建设的重点项目（包括广州国际金融城、海珠生态城、天河智慧城、广州国际健康产业城、广州空港经济区、广州南站商务区、广州国际创新城、花地生态城、黄埔临港商务区）的主要开发商进行统计，发现两类企业占据主导地位，一是越秀集团、广州发展控股、广百股份、无线电集团为广州市国资委下属企业；二是绿地、保利等国内外知名的房地产上市公司。由于项目涉及投资金额庞大，加上招投标的进驻门槛设置相对高，很多广州或珠三角地区本土的中小型企业只能望而却步，大量民间与社会资本鲜有机会进入广州城市建设项目尤其是重大项目。从现实情况看，中小企业参与城市建设的唯一路径是，通过大企业或公司的转包方式获取，而这无疑在很大程度上打击了其投资热情，不利于其利润最大化，背离城市建设的市场化原则。

以各界热议的民间金融行业为例，目前广州民间资本参与金融服务业及其衍生行业存在较多障碍：①注册成立从业民营机构的限制较多、手续过于烦琐、时间过长、成本过高。村镇银行属于低端金融机构，由于名额限制和发起行等问题，广州目前只审批了两家。小额贷款公司属于准金融机构，目前广州地区只有 10 家，而在江浙地区，一个地级市往往就有数十家小额贷款公司。另外，民营融资租赁公司，也属于准金融机构，该类机构在环渤海地区蓬勃发展，但在广州还处于起步状态。②目前已经成立的从业民营机构绝大部分不属于金融机构，没有吸存机能，松散的民间资本无法通过其进入民间金融。广州已有从业民营机构中，只有村镇银行是属于金融机构，其他机构由于不属于金融机构缺失了最重要的金融服务手段——接受存款，因此只能通过自有资金进行经营，其中仅有小额贷款公司和融资租赁公司能够向银行贷款放大经营规模，但贷款总额一般不能超过注册资金的 50%。③从业民营机构的业务基本依赖国有大中型银行，不但规模受限制而且政策性风险极大。从业民营机构的规模都较为弱小。目前资金和营业规模最大的从业民营机构是担保公司，但广州最大的担保公司注册资金也仅为 7.8 亿元。它们与银行之间的合作和谈判很难称得上是对等的，基本上只能按照银行提出的路径开展业务。银行与从业民营机构的合作中往往对单个或相关方的总业务规模提出限制以规避风险，导致从业民营机构发展到一定规模后就进入瓶颈期。④民间金融市场供求信息不对称，导致资源配置和风险控制不合理，出现短暂阶段或个别项目超预期的高收益。目前，广州民间借贷行为还是处于信息基本不公开的状态，缺乏具有公信力的第三方机构为其进行整合并提供其他相关服务，所以大部分的交易较难实现最优资源配置，增加了交易成本和交易风险。

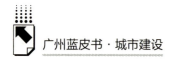

（三）城乡接合部发展严重滞后

随着城市建成区不断外拓，加上都会区在转型升级背景下引致人口和产业加速向外围地区转移，在城乡统筹和城乡一体化的大形势下，广州郊区和农村地区发展面临一系列问题，尤其是广大城乡接合部地区。

1. 缺乏科学规划、建设无序，违法用地、违法建设猖獗

广州市近年频频推出新的发展战略和城市规划，城市建设规模和资金投入迅速增加，区域面貌快速改变。然而，由于城乡二元结构突出，城市化发展思维中存在"重空间扩展轻功能布局"的偏颇，使得固定资产与优质公共资源单向聚集在中心城区的趋势仍非常明显。在城市空间布局层面上，最突出的"单中心"结构未得到有效改善，城市"摊大饼"问题仍然存在。外围新城的建设一直没有摆脱重产业、轻功能的工业园区发展模式，功能单一、公共服务配套设施不足，尤其是医疗卫生、教育、治安、文化体育、休闲消费等与生活密切相关的功能配套滞后。加上长期以来我国规划体系中"乡村规划"一直缺位（2008年《城乡规划法》才正式出台，之前只有《城市规划法》）。乡村发展没有法定意义上的规划，其结果是，在征地补偿利益驱动下，"种庄稼不如种房子"，成为很多城乡接合部居民的观念，广州城乡接合部的违建、抢建等违法建设现象突出，城乡接合部发展呈现出分散化、无序化态势。

2. 基础设施和公共服务设施配套不完善，生活环境质量差

对村民和村集体而言，郊区和农村最大的问题是公共服务和基础设施供给严重不足，无法满足大量常住人口的正常生产与生活需要。由于各级政府投资大都集中在都会区、核心区与重点发展区，很多城乡接合部的教育、医疗、治安、环卫、市政、绿化、体育、文化休闲、外来人口管理等各项事务方面欠账太多，上述绝大多数公共服务设施完全依靠村里的各级集体经济组织来提供和管理，受集体经济组织的整体财力和发展思路的限制，上述公共服务设施的供给水平和质量大打折扣。这种现象对土地供给相对紧张的城中村地区，尤其明显。以广州白云区新市街萧岗村为例，村里几年来无路灯可用，严重影响了居民的出行和日常生活。另外，村外的云城西路多年来一直在围蔽施工，未与该村连通；机场路新市墟路段长期塞车，给该村的道路交通带来严重不便。

3. 社会治安形势严峻，社会建设与管理难度大

郊区和农村地区地处偏僻，很多犯罪人员利用这里地域广阔、布局分散、治理难度大的特征，纷纷在此驻扎，城乡接合部的出租屋更是不少犯罪分子的藏身之所。近年来，公安部门在广州市中心城区加大违法犯罪打击力度后，治安案件逐步向外围转移，城乡接合部的发案率占全市发案率的 50% 以上。此外，外围地区是当今广州群体性事件的主要发生地，因为这一地区的社会矛盾多，并且容易激化。主要表现在：一是征地拆迁的矛盾不断激化，土地纠纷大量增加。征地拆迁纠纷多为群发性案件，因对征地拆迁纠纷解决不满意，被征地拆迁人与政府或司法机构形成新的矛盾。二是城乡之间社会保障、公共服务、城乡收入、乡俗文化的明显差异，引发城乡居民之间、政府与群众之间、本地人与外地人之间的多元化矛盾。

三 2014 年广州城市建设的发展态势与政策建议

（一）2014 年广州城市建设的基本态势

2014 年，是广州"十二五"规划后半期的关键一年，广州将继续推进和落实新型城镇化发展战略的目标和任务，深入推进城市建设

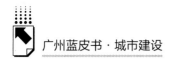

工作，在城市交通、规划、生态等方面实现新的突破。

1. 基础设施建设进程加快，交通引领功能进一步增强

随着从化、增城撤市设区等广州行政区划调整方案的出台，广州都会区和周边地区的要素流动将更趋密切，包括交通在内的基础设施建设将实现从都会区主导向全市域覆盖，城市交通、城际交通将得到较快发展，交通引领城市功能将进一步增强。

城际轨道交通方面，2014 年，广州计划延长轨道交通 8 号线、7号线和 5 号线分别延伸至广州北站、顺德和东莞。地铁建设方面，2014 年广州将实现 11 条新线同步建设，280 多个工点同时施工。常规交通方面，2014 年，广州将继续改善公交出行，新投放公交运力500 台、新增公交线路 25 条、增加公交专用道 50 公里、新建 2 个公交站场和 100 座公交候车亭，完成 15 个交通拥堵点整治。重要交通枢纽和平台建设方面，2014 年，广州将加快推进白云机场第三跑道、第二航站楼建设和噪音区治理。加快南沙港区集装箱三期、深水航道拓宽、散货码头等工程建设，推进南沙疏港铁路建设。

我们相信，随着广州交通基础设施的持续推进，广州交通拥堵、都会区和外围地区交通不畅、城市之间的交通衔接不力等问题将得到根本性改善，广州作为国家中心城市的基础性地位将得到进一步增强。

2. 副中心和新城将得到重点发展

按照新型城镇化发展战略的整体部署，广州城市建设思路将从原有老城区转向老城区和新城区及城市外围地区同时发展。南沙滨海新城、东部山水新城、增城副中心、花都副中心、从化副中心 5 个功能区将是 2014 年广州重点发展地区。

一直以来，广州发展都集中在城市核心区，城市建设资金绝大部分也投放于中心城区，作为经济发展的核心元素——用地指标也主要分配给都会区。随着广州城市行政区划调整及城市副中心、新城建设与规划的推进，这一局面将得到较大改观。据统计，5 个新的功能区，合计建设用地为 1062 平方公里，占广州市 1772 平方公里总的可建设用地的近 60%，新增规划建设用地 308 平方公里，新增产业用地 82 平方公里，新增商业用地占到全市新增的 67%。这将彻底改变广州原有"单中心"的发展模式。

可以预见，2014 年，5 个新的功能区在用地指标上的倾斜，为广州城市功能扩展、都会区集聚要素的适度外溢、城市空间结构更趋合理打下重要基础。

3. 生态城市建设取得新突破

良好的自然与生态环境的塑造与配置，是广州建设世界文化名城、建设生态广州的必然要求。广州于 2013 年底召开"广州市花城绿城水城建设工作动员大会"，顺应了世界先进城市发展的趋势和潮流，响应了中央关于加强生态文明建设的号召，顺应了市民群众提高生活质量的新期盼。

2014 年，广州将按照"一年试点先开，三年全面铺开，五年初具规模"的思路，展现"花城"特色，实施"绿城"战略，推进"水城"计划。具体而言，广州将加快岭南花园、森林公园和城市主要出入口门户景观、街头绿地、立体绿化建设。开工整治石井河、流溪河、白坭河等 16 条广佛跨界河涌。完善城市防洪排水系统，建设东濠涌深层隧道试点工程。抓紧推进石榴岗河水闸、北部水厂一期、石井净水厂和广州北江引水等工程建设。完成天河智慧东湖、凤凰湖、增城挂绿湖、西郊沙滩泳场二期、琶洲湾公共沙滩泳场、海珠湿地二期、广州水博苑和长洲岛新担涌水闸工程建设，把广州打造成真正的花园城市、绿色广州、岭南水乡。

我们相信，随着一系列新水网、绿网、主题花园和战略性生态平台的打造，广州城市整体生态环境质量将发生质的变化，生态城市建设将取得新进展。

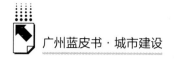

（二）关于进一步促进广州城市建设的若干政策建议

针对2013年广州城市建设领域存在的主要问题，结合十八届三中全会、中央城镇化会议及广州市实施新型城市化发展战略等若干精神，提出促进广州城市建设与管理的若干政策建议。

1. 切实疏散都会区资源，强化城市副中心能力建设

针对广州城市功能布局存在的若干问题，我们提出如下建议。

整体思路方面，建议抓住行政区划调整的有利时机，打破原有单中心聚集的态势，实现组团错位互补和功能疏解。围绕地理空间、人口集聚和产业分工等基本要素，打破各自为政的困局和行政区划的局限，以城市功能为导向，跨界合作，统筹优化全市域空间资源，促进各类优质资源向外围城区覆盖延伸，最终形成"多中心、组团式、网络型"新型理想城市空间结构。

城市规划层面，外围开发区、产业新城或农村地区的发展要遵循"产城融合"、"城乡一体"的复合型发展原则，改变传统单一功能区为服务配套能力强大的综合功能区，市级财政应该更多地向周边地区倾斜，做到留住外溢人口，增强外围地区发展自主性，形成区域性增长极；市级政府应该统筹协调好都会区和周边地区之间的高效协作，创设特殊的行政制度安排，建立帮扶机制与衔接通道，让中心城区医疗、教育、卫生等资源有效辐射到外围地区，通过办理分部、分院、分校等方式让都会区资源实现有效辐射。

就不同功能区发展方向而言，都会区应通过疏解传统制造业及其相关的仓储批发物流等相关功能，置换出相应空间保护历史文化名城、发展现代服务业，引导各类城市功能在不同区位合理布局，促进都会区城市空间品质提升和产业转型同步进行，强化国家中心城市的核心功能区建设，优化布局高端城市功能。南沙新区、东部山水两座新城应发展成为引领珠江口地区和珠三角东岸区域发展的功能承载空

间，承接都会区疏解人口，注重产业和服务同步发展，以构建全要素人本导向的生态系统，对欠缺的发展要素进行及时补给。花都、增城和从化三个副中心应注重探索不同的扩容提质模式，使之成为珠三角统筹城乡发展、提升城市品质的典范。

2. 积极创新城市建设投融资机制，引入社会资本，扩展城市开发与建设资金渠道

要加大力度提升社会（民间）资本在城市开发与建设方面的作用。

首先，广州政府主导的重点行业领域应尽快向民间资本开放，建立面向民间投资开放项目的联席工作会议制度，大规模放开对民营投资的限制，引导民间资本投向实体经济，鼓励民间资本进入的战略性基础设施、战略性主导产业、战略性发展平台等领域，引导民间投资进入法律法规未明确禁止准入的所有行业和领域，即"非禁即入"，重点支持民间投资进入可以实行市场化运作的基础设施（如地铁建设、BRT 建设等领域）、市政工程、其他公共服务领域，以及"三个重大突破"领域。

其次，建议实施因项目而异的民间资本进入模式：对于非营利性的项目，建议以政府投资为主，欢迎民间资本进入，但是主体是由政府运用财政性投入来建设；对于营利性的项目，如信息能源、文化旅游、体育设施、地下空间开发，由行业的主管部门负责统筹，鼓励民间资本采用 BOO、BOT、PPP 模式进入；对于污水处理厂、城市轨道交通、医疗卫生项目，甚至保障性住房、旧城改造等有一定固定收益的项目，广州应统筹考虑 BT、BOT、PPP、BOO 等投资方式[1]，允许投资主体进行选择性投资；对于市政路桥，隧道、污水管网，水利环保基础性项目，鼓励民间资本通过项目运营，特别是围绕项目自身资

---

[1] 《广州出台政策鼓励民间资本投资》，新华网，2013 年 6 月 4 日，具体见：http://news. xinhuanet. com/fortune/2013 - 06/04/c_ 116032400. htm。

源进行深度开发，获得合理的回报；可以通过价格调整获得合理定价，使项目得到一定的投资回报，其他的一些项目也可以通过财政贴息、政府购买等来吸引民间资本投资，另外也可以鼓励民间资本通过特许经营、经营权转让、投资合作、资产收购，参与企业的股权重组、股权认购的方式，参与建成项目的运营与养护。

对于广州发展民间金融方面，建议如下：①明确地方民间金融发展方向及其地方扶持政策及其具体扶持政策，在放开进入限制、政府出资扶持引导等方面落实具体措施。②支持广州成立更多民营金融及准金融机构，奖励和支持规范的从业民营机构，支持民间资本入股从业民营机构，支持符合条件的从业民营机构申报组建民营银行，支持经营历史长、运作规范、业绩优良的从业民营机构进入资本市场，要加快广州村镇银行的发展，引导民间资本投资参股或兴办村镇银行以及专门服务于小微企业的小型金融机构。③促进民间借贷行为透明化、合法化、集约化，有效降低风险，组建广州民间借贷登记服务中心，为民间借贷双方提供供求信息会集与发布、借贷合约公证和登记、交易款项结算、资产评估登记、借贷双方征信查询和法律咨询等服务①。④打造民间金融服务平台，建立广州民间借贷价格形成机制。要打造一个或多个银企沟通的服务平台，凝聚一批有实力的金融服务机构，一方面向中小企业宣传金融知识、介绍金融产品，推荐优秀有实力的中小企业与金融服务机构合作，解决中小企业融资难的问题；另一方面要整合从业民营机构的力量形成广州民间借贷价格。

3. 贯彻"以人为本"的理念，加速推进外围地区全面城市化步伐

要解决广州外围地区存在的问题，需要贯彻以人为本，推进以人

---

① 《关于"引导民间资本规范进入金融业的建议"》，广州市工商联，2012 年 1 月 30 日，具体见：http://www.gzfic.org/gzfic/News.shtml? p5＝114067。

为核心的农村城镇化。

（1）革新城市化发展理念，建立参与式发展机制。

需要明确新型城市化发展的理念是一种利益共享、责任合理分担的发展理念。通过政府部署，明确在具体的城市化推进工作中，行政管理必须直接与自由市场制度的建构、公共服务供给、福利分配机制的设计紧密挂钩。政府在城市化进程中的角色应是，致力于将自由市场的活力、民众参与的向心力、福利保障的协调力、行政调度的指挥力融合为一体。在针对城乡接合部、农村地区的各类规划编制及政策实施工作中，充分尊重农民意愿。建立健全公众参与制度，从规划的设计和论证到具体政策的制定和执行，组织农民通过座谈会、咨询会、听证会、选举代表等多种方式发表意见，并且限定期限及时给予回应。对于涉及集体和农民切身利益的，在未获得绝大多数农民赞同，且未能对不同意见者合理补偿的情况下，不得形成决议。通过与农民的直接协商，调动农民积极性，共同投入城乡接合部的城市化建设工作中。在编制发展规划的过程中，要以"不降低居民当前生活水平，充分保障其长远的生计"为原则，为各村设计公平、合理、长效的利益分享机制，实现改造参与各方主体之间的利益最大化和利益平衡。并且，引入第三方评估机制，科学、客观评估涉及城乡接合部的规划和政策对于不同主体利益的影响。在评估意见不符合决策原则的情况下，依法不得通过该规划或政策。

（2）实施城乡一体化统筹，提高公共服务的质量和水平。

遵循市场规律、完善体制机制、充分发展市场的决定性作用，建立城乡一体的市场运作机制。第一，利用市场机制，建立广州城乡一体化的建设用地流转市场，使农民享有土地的增值收益，提高农民的生活水平；第二，引入市场力量进行城乡接合部地区的土地整治，同时加强国家财税部门以及资本市场监管部门对涉及土地整治项目的监督和管理，促进整个土地综合整治项目的规范化运作。
实施统一的公共财政支持政策。第一，以行政体制改革为契机，落
实财权和事权的一体下移，保证基层政府有能力加大城乡接合部基
础设施和公共服务设施建设的财政扶持力度；第二，加大城乡接合
部农贸社会保障的财政支持力度，"补齐"农民与城市居民在社保
方面的差额，使城乡居民享受相同的社保待遇；第三，创新扶持方
式，加大对新农村和回迁房建设的扶持力度，例如政府可以通过贷
款利息补贴和税收优惠等方式对新农村和农民回迁房建设给予支
持。

（3）给予充分的政策支持，推动农村自主开发。

为农村和农民合理利用集体建设用地创造政策空间，实现集
体建设用地依法流转。按照党的十八届三中全会的要求，"赋予农
民对承包地占有、使用、收益、流转及承包经营权抵押、担保权
能，允许农民以承包经营权入股发展农业产业化经营"，允许集体
建设用地在符合规划及其他限制性条件的基础上进行流转，确保
集体建设用地使用者享有充分的用益物权。同时，除土地利用规
划确定的城镇建设用地范围外，经批准占用农村集体土地建设非
公益性项目的，允许农民依法通过多种方式开发经营并保障农民
合法收益。

（4）加强村民的教育与培训，增强城乡接合部优化发展的内生
动力。

建立常规性培训机制，对村集体领导层实施有关本地发展战略、
规划和政策的教育，提升村干部把握政策的能力，帮助村集体积极借
助优势条件，主动融入本地的整体发展规划。针对高校和科研机构设
置专门的科研经费，鼓励农村发展问题研究者投身于农村的实际发
展，为村集体借助优势条件积极、健康发展农村出谋划策。把对农民
的培训列入广州教育部门和劳动部门的年度计划，加大对城乡接合部

农民的教育、培训资金投入和政策扶持，丰富培训内容与培训形式，除了强化基础教育层次外，还要大力开展职业教育与技能培训，除了培养技术工人外，更应培养掌握先进生产技术与经营理念的职业农民，为城乡一体化提供有力的人才支撑。

（审稿：李江涛）

B.2

2013 年广州城市管理现状分析与 2014 年展望[*]

广州大学广州发展研究院课题组^{**}

摘　要：

2013 年，广州市城市管理工作贯彻"低碳广州、智慧广州、幸福广州"的目标，加强法规和制度建设，深化推广垃圾分类管理，不断完善公共交通体系，在城市环境保护和城管队伍建设等方面都取得了成效。但同时也存在城管热点事件过多、城管执法队伍缺乏整体协调、城管人员素质参差不齐、城管执法效果达不到公众期待等问题。2014 年，广州市城市管理应大力推进综合执法，继续提高公众参与度，加强人员培训，推进城管领域取得突破，探索市场化与专业技术工作发展路径。

关键词：

城市管理　现状　对策　广州

一　2013 年广州市城市管理取得的进展

2013 年，广州市城市管理工作积极贯彻"低碳广州、智慧广州、

---

* 本报告系广东省普通高校人文社会科学重点研究基地广州大学广州发展研究院、广东省教育厅"广州学"协同创新发展中心、广州市教育局"广州学"协同创新重大项目研究成果。

** 课题组组长：涂成林；成员：谭苑芳、周凌霄、吕慧敏、丘乐媛、艾尚乐；执笔：谭苑芳。

幸福广州"的城市发展目标，推进"123"城市功能布局规划，在城市管理制度建设、深化推进城市垃圾分类、加快公交建设和环境治理、提升城市管理科学化水平等方面都取得了积极的进展。

（一）城管法规制度建设得到进一步完善

2013 年，广州市积极推进城市管理的法规制度建设，例如重点制定或修订地方性法规、部门规章、规范性文件至少有 28 部（见表1、表2）。其中，《广州市水域市容环境卫生管理条例》已经过广州市人民代表大会常委会审议通过，报送广东省人民代表大会常务委员会审批（广东省第十二届人民代表大会常务委员会第七次会议已于 2014 年 3 月 27 日批准，2014 年 4 月 3 日公布）；《广州市户外广告和招牌设置管理办法》修订稿在 2013 年 12 月 30 日广州市人民政府第 14 届 97 次常务会议上获讨论通过；此外，还制定或修订《广州市城市生活垃圾分类管理规定》、《广州市餐饮废弃物和废弃食用油脂管理办法》等；制定下发《广州市环卫保洁市场化运作监督管理规定》、《广州市户外广告和招牌设置管理办法》等规范性文件；完成《广州市建筑废弃物管理条例》的配套性制度建设的修订工作。这些新制定的法规制度与原有的政策制度相配合，初步形成了广州市较为完整的城市管理政策法规体系。

表1 2013 年广州市城市管理领域规范性文件（部分）

序号	名称	状态
1	《广州市水域市容环境卫生管理条例》	2013 年 10 月 30 日,广州市第十四届人大常务委员会第二十二次会议审议通过,递交广东省人大
2	《广州市关于规范环卫行业用工的意见》	2013 年 4 月 22 日,广州市政府常务会议审议通过,2013 年 5 月 1 日正式实施
3	《广州市燃气管理办法》	2013 年 3 月 1 日,市人民政府常务会议讨论通过,2013 年 6 月 1 日正式实施

续表

序号	名称	状态
4	《广州市绿色建筑和建筑节能管理规定》	2013年3月1日,市人民政府常务会议讨论通过,2013年6月1日正式实施
5	《广州市城市路桥隧道车辆通行费年票制办法》	2013年3月18日,市人民政府常务会议讨论通过,2013年6月1日正式实施
6	《广州市中小客车总量调控管理办法》	广州市交委2013年6月26日发布,2013年7月1日正式实施
7	《广州市餐饮场所污染防治管理办法(草案)》	2013年8月19日,广州市政府常务会议审议通过,2013年11月1日正式实施
8	《广州市客车租赁管理办法》	2013年11月4日,市政府常务会议讨论通过,2014年1月1日正式实施
9	《广州市户外广告和招牌设置管理办法》	修订,2013年12月30日,市政府常务会议审议通过,2013年12月30日正式实施
10	《广州市环卫保洁市场化运作监督管理规定》	2013年7月8日,广州市城市管理委员会发布,2013年8月1日正式实施
11	《广州市建筑废弃物水运中转码头备案管理办法》	2013年7月23日,广州市城市管理委员会发布实施
12	《广州市城市管理综合执法工作规范》	2013年7月15日,广州市城市管理委员会发布,2013年10月15日正式实施
13	《广州市城市生活垃圾分类管理规定》	2013年9月30日广州垃圾分类管理办法修改后再次征求意见停止征询,正在修改
14	《广州市人民政府关于实施机动车环保标志管理的通告》	2013年10月24日,广州市人民政府发布
15	《井盖设施建设技术规范》	广州市城管委、市建委和市质量技术监督局联合发布,2013年3月1日起正式实施
16	《广州市餐饮垃圾和废弃食用油脂管理办法》	报市政府审议

表 2　2013 年广州市城市管理领域规划及工作方案（部分）

序号	名称	状态
1	《广州市"十二五"时期环境保护规划》	2013 年 1 月 14 日,广州市政府常务会议审议通过
2	《广州市国家卫生镇创建规划（2013～2020 年）》	2013 年 4 月 7 日,广州市爱国卫生运动委员会发布
3	《系统改善广州中心城区交通状况一揽子工作方案》	2013 年 3 月 1 日,广州市政府常务会议审议通过
4	《广州市城镇生活污水处理厂污泥处理处置技术路线》	2013 年 3 月 7 日,广州市政府常务会议审议通过
5	《建筑废弃物循环利用工作方案》	2013 年 6 月 24 日,广州市政府常务会议审议通过
6	《广州市公交行业逐步推广应用液化天然气公交车工作方案》	2013 年 7 月 15 日,广州市政府常务会议审议通过
7	《广州市建立健全基层水利服务体系建设方案》	2013 年 7 月 22 日,广州市政府常务会议审议通过
8	《珠江沿岸临水设施安全隐患整治方案》	2013 年 7 月 22 日,广州市政府常务会议审议通过
9	《广州市推进管道燃气三年发展计划工作方案》	2013 年 9 月 30 日,广州市政府常务会议审议通过
10	《广州市关于全面治理"五类车"问题的工作方案》	2013 年 12 月 30 日,广州市政府常务会议审议通过
11	《广州 2013～2016 年公共交通发展行动方案》	2013 年 7 月 15 日至 24 日,广州市交通管理部门公开征求意见
12	《广州市实施扬尘污染控制管理工作方案》	2013 年 8 月 8 日,广州市环保局发布实施

广州市出台的城市管理法规制度，具有以下几个特点。

第一，注重城市生态建设与环境整治。如 2013 年 1 月 14 日出台的《广州市"十二五"时期环境保护规划》就设立了"优化经济发展、改善环境质量、加强质量控制、保障环境安全、改革创新机制"

五大任务；为减少扬尘对城市空气质量的破坏，广州颁布实施了关于扬尘的治理办法，出台59项措施强化城市扬尘污染监管；为控制汽车尾气污染，广州市还对2008年12月发布的《广州市人民政府关于实施机动车环保标志管理的通告》进行修订，再次明确禁止未持有有效环保标志的本市汽车通行，对未持有有效绿色环保标志的本地和外地高污染汽车予以限行。

第二，注重法规的系统配套和持续推进。广州在城市生活垃圾处理上继2012年出台政策文件后，2013年又出台《广州市城镇生活污水处理厂污泥处理处置技术路线》、《广州市餐饮场所污染防治管理办法（草案）》、《广州市城市生活垃圾分类管理规定（征求意见稿）》、《建筑废弃物循环利用工作方案》等文件，对城镇生活污水处理、餐饮业卫生安全以及垃圾分类处理提出操作性指导意见。

第三，注重公共交通等民生工程。2013年5月1日起正式实施的政府文件《广州市关于规范环卫行业用工的意见》（以下简称《意见》）从7个方面明确了全市层面的环卫用工工资福利待遇，强化了环卫保洁项目全流程监管，积极维护环卫工人群体的合法权益。为加强民生取向，服务广大市民，改善环境质量，2013年正式实施《广州市推进管道燃气三年发展计划工作方案》，力争在三年内使超过70%的城镇居民住户使用上管道燃气，全市燃气安全状况得到根本好转；还由多个部门联合编制完成全国首个地方性《井盖设施建设技术规范》，为井盖设施安全提供保障。

第四，注重内部管理和执法规范。2013年10月15日起印发实施的《广州市城市管理综合执法工作规范》，包括总则、执法用语、执法行为等13个章节共157个条款，强调在实施强制执法过程中应遵循当事人权益损失最小原则并规定城管执法协管员如发现违法行为，应劝导违法当事人改正违法行为，不得实施行政处罚和行政强制，不准讲脏话、骂人、恐吓人，执法时不得非法损坏财物，对首次违法不采取强制措施等。

（二）垃圾分类推广工作取得较大的突破

面对垃圾围城的紧迫态势，广州市积极推广城市垃圾分类回收工作，步伐一直走在全国的前列。2013 年广州推广垃圾分类回收呈现出以下几个特点。

一是进一步明确相关技术标准与规范。在借鉴国内外法规和技术标准并广泛征询市民意见的基础上，对《广州市城市生活垃圾分类管理规定》（以下简称《规定》）进行修改，不仅确定了固体废弃物管理组织体系，还细化和规范了生活垃圾、餐饮垃圾、工业垃圾、危险废物、医疗垃圾、动物尸骸、粪便粪渣、建筑垃圾以及城市污泥等固体废弃物的分类处理流程，并开展"生活垃圾直收直运"、"生活垃圾按袋计量"、"厨余垃圾专袋投放"、"餐饮垃圾统收统运"试点工作。

二是垃圾分类的处理范围进一步扩大。广州市致力于破解垃圾分类处理"下乡难"的难题，在 2012 年底做出向农村进军的部署后，就启动了白云绿化资源回收处理中心、番禺有机垃圾处理站示范点、增城派潭综合处理站、花都缠岗村处理场等不同模式的农村有机易腐垃圾就地处理试点项目；2013 年继续推动镇（村）"一镇一站，一村一点"建设目标，截至 2013 年底，广州市已有 22 个镇建成压缩站，6268 个自然村均设有一个以上的生活垃圾收集点，已完成收集点密闭化改造的自然村达 3153 个，白云、花都、番禺、萝岗、南沙100% 的自然村和从化、增城 70% 的自然村将完成"一村一点"建设或密闭改造任务。

三是通过科技手段提升垃圾处理的效益。广州市正在逐步取消传统的掩埋或者初级回收的垃圾处理方式，力求通过科技手段使经过分类处理后的垃圾实现新的经济价值，做到"变腐朽为神奇"。比如焚烧发电处理项目，就是一种既对垃圾进行焚烧处理，又能进行发电的新型处理方式；又如生化处理项目，就是通过利用好氧或厌氧微生物分解有机垃圾的处理方法对部分城市垃圾进行降解；再如，广州推广使用了建筑废弃物处置项目，并在2013年7月出台的《建筑废弃物循环利用工作方案》和《广州市建筑废弃物循环利用的主要技术路径》，明确了建筑废弃物循环利用技术路线、工作目标及任务分工。此外，广州还拥有先进的动物尸骸、粪便粪渣处置方式。

四是垃圾分类回收体系建设取得成效。广州市不仅在市区积极推进促进垃圾分类的基础设施建设和工具普及，建立了垃圾分类动态监督管理体系，对垃圾分类进行长期有效的跟踪和执法，对社区和学校生活垃圾分类情况进行检验和评价；而且在农村，大力推动"一镇一站，一村一点"建设，初步建成"户分类、村收集、镇运输、市（区）处理"的农村垃圾收运体系。

（三）公共交通管理和服务进一步优化

2013年，广州市在交通规划与管理部门，大力实施"公交优先"战略，重点提高城乡接合部和新兴城区与市中心区间的交通联系，确立了"优化中心区、加快发展区、统筹外围区"的常规公交发展总体思路。

坚持以"公共交通引领城市发展"为战略导向，大力发展立体城市交通体系。近年来，广州市已陆续编制完成《广州市"十二五"时期综合交通体系建设规划》、《广州市城市公共交通专项规划》、《广州市公共交通一体化发展策略研究》、《广州市轨道交通线网规划（2011~2040）》、《广州市公交站场布局规划修编》、《广州市水上巴士发展规划》等文件，发布了《广州2013~2016年公共交通发展行动方案》，积极向国家申报公交都市试点城市并获得批准，通过这些

"交通引领"规划布局,打造多规模、多层次、水陆结合的公共交通网络,更好地发挥国家中心城市的交通枢纽功能。

水陆并举完善城市公交网络,提升运输能力。在水路方面,2013年,新建和改造 6 个码头、优化开行 12 条航线,打造通畅快捷的水路交通。在陆地交通建设上,2013 年,广州新开 50 条公交线、建成50 公里专用道,新增线路服务覆盖白云等 5 个行政区。目前,广州市公交线路总数已达到 776 条,比"十一五"期末的 576 条增长35%。在轨道交通方面,2013 年,地铁 6 号线首期正式开通运营,沿线接通公交线路超过 653 条,每个站点都与附近的公交站点实现了无缝对接,据统计,2013 年全年地铁安全运行 2.2 亿车公里、运送乘客 19.9 亿人次,全年日均客运量为 550 万人次。在解决打车难问题上,2013 年,广州新增 1400 辆出租车运力(包括 20 辆大学城专营运力),陆续投入营运,每天可增加 14 万人次运量。

公共交通布局优化,"公交分担率"不断提高。目前,广州市形成了以轨道交通为主干,公共汽(电)车为主体,新型有轨电车、水上巴士积极参与的城市公共交通体系。BRT 日均客流量已达 80 万人次,最高达 96 万人次,单向截面客流量高达 2.69 万人次/单向·小时,位居亚洲首位;通道内平均运营速度约 24 公里/小时,比开通前提高了 84%。同时,轨道交通建设也在迅猛发展,建成开通 2 号线、3 号线、3 号线北延线、4 号线、8 号线、广佛线首期段、6 号线等 9 条线路,运营总里程 260 多公里。随着城市公共交通网络的不断完善,广州市城市居民在机动出行方式中选择公共交通(包括常规公交和轨道交通)的比例不断提高,2013 年,广州市的公交分担率达到了 60%,缩小了与发达国家特大城市的差距。

(四)城市智能化管理水平进一步提升

2013 年,广州市提出将城市管理数字化、网格化作为一项长期任务，通过平台建设和资源共享，建立应急指挥、便民服务的长效机制，提升了城市形象和科学化管理水平。

（1）创建智能化的城市政务服务平台。2013年7月，广州市宣布投资24.22亿元建设集社会治安与城市管理于一体的高清智能化视频系统，力争在2016年底前完成"前端、专网、平台"三大基础设施建设，通过完善"管理、公安、信息安全"三个视频应用系统，达到维护社会稳定、将矛盾化解在基层的目标，实现新型城市管理和社会治安防控体系的转型。2013年12月，广州市网上办事大厅在市电子政务中心正式开通，大厅以市民和企业作为核心服务对象，涉及市民生活的有婚姻、生育、入学、医疗、就业、住房、交通等领域，涉及企业经营的注册、年审、投资、基建、认证、缴税、环保等领域也实行网络化管理。在大厅1400多项业务网上办事服务中，有571项实现全程网上办理，这标志着数字广州、智慧广州建设进入了一个新纪元。

（2）创建智能化的城市管理手段。一是继续推动"五位一体"的网格化管理模式。自2012年9月到2013年9月，广州市分"试点先行—拓展延伸—全面推开"三个阶段，对267个社区进行网络服务覆盖，建成55个网格化服务管理和幸福社区的"双示范社区"，探索深化构建智慧党建、电子政府、居民自治、集团共建和家庭服务"五位一体"的网格化管理模式；2013年11月，广州市在各区选择一批社区进行网格化管理试点，并将于2014年下半年总结后在全市推广。二是将智能建设应用到民生服务。2013年10月，广州市"12320"卫生热线正式开通；2013年11月，广州市全民健身网"群体通"开通上线，市属25座体育场馆运动场均可通过互联网预订、支付；此外，市环保局发布空气质量检测的手机客户端"空气质量平台手机版"，对29个监测点、6项污染物的数据，每小时进行更新，让市民直接了解身边的空气状况；广州市交委组织开发的"手机应用系统行讯通"客户端可提供包括城市道路交通、公交、小汽车、停车场等在内的信息服务，下载量突破 150 万次，成为市民出行好帮手；"广州信访微博"也同步上线。三是将志愿服务也纳入信息化管理格局。根据《广州市志愿服务时间管理办法》，广州市民可通过"志愿时"系统登记志愿服务时间，获得全市认可的志愿服务时间证明。累计超过一定数量 V 值的志愿者可以享受专属服务。目前，"志愿时"系统已经涵盖广州市大部分企事业单位和志愿服务组织，成为广州辐射范围最广、注册志愿者最多的信息化管理系统。

（五）城市管理执法规范化有了明显进展

一是加强对城市管理的综合考评。2013 年，广州市重启《广州市城市管理综合提升考评工作实施方案》，对全市各区、县级市的城市管理工作进行定性定量考核，采取每月一暗检、每半年一明检的方式，从多角度对城市管理的状况进行监督考评。此外，还为每个考评人员配备城管通手机、平板电脑等数字化终端，实现"随手拍"图像即时上传反馈、整改记录追踪等功能。考评中引入社会监督，邀请专家、市民和媒体全程参与、报道明检工作。2013 年 4 ~ 12 月，广州城市管理综合提升考评办公室共对全市各区、县级市进行了 8 次暗检、2 次明检，委托国家统计局广州调查队组织了 2 次民意测评调查。通过综合提升考评，让城市管理直接落实到最基层。

二是推进优化审批流程，全面提升行政审批效能。2013 年，广州市政府正式印发了《广州市建设工程项目优化审批流程试行方案》，提出实行并联审批与串联审批相结合的方式，将建设工程项目审批从立项到竣工验收的审批时限压缩为 37 个工作日。广州规划部门也改变过去"闭门审批"的工作方式，缩减了便民服务和企业审批过程中的烦琐程序。将 7 项行政审批、备案事项纳入 4 个并联审批阶段，整体审批时间减少 75%，重塑"两级"（市局与分局）流程，实现建设项目规划审批流程的全方位变革。将原审批方式办理中非并联案件也纳入并联方案的管理之中。交通管理部门也大幅压缩审批备案事项，保留的20项审批备案事项被整合压减为12项。相应的审批速度也得到了很大的提升。如市运管局设计开发了"危运"和"普运"车辆的网上年审、客运车辆临时客运证办理等业务的网上办理系统，减少由于交通往返造成的时间成本的损失；市政设施收费处将免年票费审批手续从15天压缩至10天，在番禺等区新增设4个年票征收点；市路政部门将路政许可审批时限由原来的20个工作日缩减到12个（超限运输）至14个（公路路政许可）工作日，提速达四成。目前市交委全部审批备案项目承诺办理的时限，总体上较法定办理时限缩短58%。

二　2013年广州城市管理存在的主要问题及原因分析

（一）城管执法"热点"事件频出，影响政府形象

2013年，广州市发生了多起引发网络热议的城管与小贩冲突事件，不仅使"广州城管"成为网络热词，也被网络"污名化"，使广州城管一时间可谓声名狼藉。仅从本地媒体报道统计来看，2013年1～8月广州城管执法冲突事件就达199宗。据法制网全国舆情统计分析来看，2013年上半年全国发生了68起突出的城管舆情事件，其中有17起发生在广东，比例高达25%（见图1）。

统计数据显示，2013年上半年，广州市发生的舆情事件中，因城管与市民冲突而登上大众媒体的占到78.3%（见图2）。尤其是3月发生广州海珠区城管人员掐弱小女贩脖子事件后，媒体的密集关注和网络的持续发酵，使广州市、区两级城管部门一而再地被推至舆论的风口浪尖。观察网络上的舆情变化，我们会发现，无论是广州城管

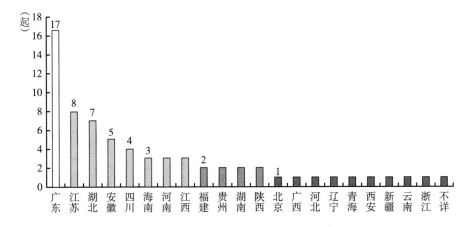

图 1　2013 年 1～8 月全国城管舆情事件分布

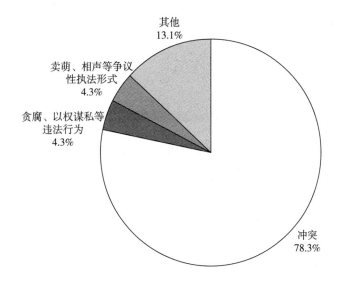

图 2　城管新闻热点占广州舆情事件的比例

"打人"与"被打"事件，民间舆论场和官方舆论场都呈现出明显的两极分化。网络民意对冲突事件中小贩一方几乎是一边倒的支持。代表弱势一方的小贩，哪怕是拿刀砍了城管，民众也对小贩持同情态度；而城管部门的解释和抱怨大多只会引来群众的"围观"和"哄笑"，真正在网络上表态支持城管整治工作的为数不多。2013年3月20日的舆情综合数据显示，热度最高的单条网络新闻是新浪新闻"广州城管被砍无民众援助，局长痛心社会不理解"。相关话题位居当日舆情热点排名第一，至少有46万名网友参与讨论和超过7.8万个帖子评论。可见，代表政府管理城市的城管群体在市民和网络舆论中已被"妖魔化"，无论是城管"打人"还是"被打"，广州市城管部门都遭到媒体尤其是网络舆论的口诛笔伐，网络民意多次出现"一边倒"趋势，需要引起我们的深思。

课题组认为，网络民意之所以对广州市城管群体如此恶评，甚至到了不问青红皂白、不分是非的地步，有许多原因值得反思。一是城管人员在平时行使职责的过程中确实存在执法不当、欺压弱者、态度粗暴等问题，导致市民长期积怨、社会公众对城管执法认同度不高，负面评价较多。二是现阶段城管队伍的构成、执法理念和个人素质还有较大的改善空间，城管队伍特别是基层城管执法队伍中信奉动辄拳脚相向、武力解决问题的人员所占比例过大。基层执法队伍中还有众多临时工性质的"协管"队员，他们不仅流动性大，缺乏足够职业培训，而且普遍素质偏低，热衷于以"完成任务"作为换取奖励的主要手段，因而忽视对自身行为的约束。三是城管冲突事件中民众的直接矛头虽然是指向城管人员，但他们其实发泄的是对当前社会不公、政府行为失当等现象的不满和怨气。城管这个直接与市民、底层小贩打交道的群体，只是不幸被"选中"成为代替政府受过的"沙袋"、成为民众"泄愤"的出气筒。四是当前政府对城管职能的界定可能与社会需求及民众的期待有较大的差距，间接导致城管冲突时有发生。城管的职能应该是让城市市容"整齐有序"、"错落有致"，而不是粗暴地将小商小贩"一扫而光"、"赶尽杀绝"。如果出于片面追求城市整洁的"面子工程"，让小商小贩远离普通市民的生活圈子，那么不仅不利于小贩的生计和市民的生活，城管的真正绩效也会大打折扣。其实，在西方国家大城市的中心区，也会经常看到小商小贩在路边摆摊，不仅不影响市容，而且方便游客，还平添许多都市生活气息，为市民的生活提供便利，这种管理经验值得我们借鉴。

（二）政府部门各自为政，整体协调不足，影响城管执法效果

虽然广州市成立了专门的城市管理委员会和城市管理综合执法局，但由于编制所限，职能与其他部门存在交叉，再加上执法手段有限等因素，导致各部门在城市管理执法中各自为政，各部门之间缺乏协调，也导致城市管理执法的效果不佳。主要表现在以下方面。

一是目前广州市城管执法人员编制有限，难以承担繁重的城管执法任务，亟须整合协调全市执法力量。统计数据表明，目前广州非户籍人口总数已超过 700 万，与广州市户籍人口数量基本相当。在非户籍人口中，除了一批创业落户的"新广州人"外，还有一大批是从外地进入广州的"流动人口"，这批人中有一部分与城市下岗工人一道构成了因为谋生需要而从事无证经营的流动小贩队伍。作为广州这座城市中的弱势群体，他们人数众多，四处分散，与城管执法人员的人数根本不在一个数量级上，导致执法工作不仅人手不够，而且是面对弱势群体执法，困难很大。

二是在执法权限上，由于现行法规既没有赋予城管执法使用暴力的权力，又要求对无照经营摊贩、无照经营物品进行没收查处，使得城管在执行过程中很难把握尺度。如果不使用必要的强力，无照经营现象很难解决；如果进行查抄驱赶，则会给市民造成一种"强权欺压弱势"的现象；加之一些城管执法队员素质不高，存在野蛮执法的现象，使城管与小贩之间的对立情绪日益严重。2013 年发生的许多城管执法热点事件，之所以愈演愈烈，除了事件当时当地本身的显

性原因外，小商小贩、市民与城管之间积累已久的对立情绪也是一个重要的因素。

三是城管执法的整体协调性明显不足。城市管理是一个综合治理工程，涉及公安、工商、环保、园林、文化、出版等多个部门，由于部门分工僵化、部门利益阻隔、沟通渠道不畅，不同政府部门在行驶执法权力时往往是"铁路警察各管一段"，虽然执法内容与对象大同小异，总是单独行动，比如工商执法主要针对登记的企业，而对本应严管的无照企业和商贩却不闻不问；文化执法主要针对非法出版物，而对这些经营者是否有合法证照则不予关注；等等。个别部门在执法过程中，对"油水"行业执法总是争先恐后、蜂拥而上，而对一些油水不大的行业进行执法往往是敷衍了事，甚至不闻不问。这种情况不仅造成本已不足的执法力量过于分散化，"有力不能一起使"，浪费稀缺的执法公共资源；而且不同政府部门的分散执法行动也导致了过度扰民，导致民怨更深；更造成"雷声大雨点小"的执法行动，从而影响了城市管理执法的实际效果。

（三）一些城管执法人员素质不高，与市民期待存在较大差距

2013 年，广州市城管热点事件频出，给广州城市形象带来一些消极影响，也使广州城管甚至在网络上被演绎为一个负面词汇，这也引起了社会人士对城管执法人员素质和执法能力的质问。广州市城管委在回答社会质疑时也坦承城管执法队伍素质参差不齐，甚至有意识地将一些基于深层体制矛盾而导致的城管热点事件归结为个别城管执法人员甚至是"城市协管人员"的素质较差。这种内外一致的普遍"共识"不管是基于什么理由，起码反映了一个客观事实：广州市城管执法队伍确实存在鱼龙混杂、素质低下的问题，与履行当前城管执法的要求、与广大市民的期待还存在较大的距离，需要采取积极措施

予以改进。

广州市城管执法人员的素质之所以普遍遭到社会公众诟病，其原因不外乎以下几个方面：一是广州市城管执法队伍的组建比较仓促，基干人员的来源比较单一，使得一部分人总是信奉用武力解决问题，野蛮执法者难以绝迹，导致城管执法过程中野蛮执法、过度执法的行为屡禁不止，有时甚至是不禁不止。二是由于在编城管执法人员数量与其承担的市容整治任务不相适应，城管执法部门往往通过外聘公司人员或由镇、街道临时聘用协管人员来承担部分执法任务。由不具备城管执法权的聘用人员参与执法，往往会造成执法身份不合法、执法程序不规范，出现过度执法、野蛮执法等严重后果。一些外聘人员在协助城管队员执法过程中态度生硬，手段粗暴，热衷于采取没收小商小贩物品的行动，导致执法相对人情绪不满，极易引发肢体冲突甚至伤人事件。三是城管执法部门所聘人员对相关专业知识和法律知识掌握不够。据了解，城管临时聘用人员中，个别人员还有犯罪前科，甚至在被聘用后还外出拉帮结伙从事违法活动。再加上对这些临时人员的岗前培训和日常管理也存在漏洞，也是致使城管不文明执法情况屡有发生的一个原因。

（四）城市管理目标与效果，与广大市民的期待还存在明显差距

首先是城市管理目标上的认识差距。政府部门治理城市"脏乱差"问题，往往与政府的任期目标和市民的迫切期待相关，存在所谓"目标导向"和"问题导向"。就政府目标而言，除了达到城市干净整洁、城市质量提升、市民生活方便等"现场"效果外，还有另一个"指挥棒"：争取国家颁发的"文明城市"、"卫生城市"、"森林城市"、"公交都市"等与城市相关的荣誉称号，这样，政府对城管执法任务和目标要求较高，设定的指标非常刚性，导致城管这个与

底层市民、弱势群体打交道的部门较少具有人文关怀，也使城管执法目标成为一个难以完成的任务。在对城市管理目标的设定上，市民与政府的目标有较大的不同。调查表明，广大市民虽然希望城市整洁干净、生活品质提升，但他们也希望城市生活有生气，家居生活便利，因此他们对城市环境目标的设定是小商小贩井然有序，摆摊设点错落有致，而不是全部取缔，甚至赶尽杀绝。所以，在面对城管人员与小商小贩的对峙、争执甚至斗殴的过程中，他们一则基于小商小贩客观上为自己提供生活便利的考虑，另一则基于对于同是作为弱者的小商小贩的同情，往往采取"冷眼旁观"的态度，有时甚至站在城管群体的对立面，为小商小贩呐喊助威，参与现场取证及对城管人员的"妖魔化"行为。这种现象确实值得我们引起警觉。很显然，社会底层人员与城管执法机构的对立以及城管执法在网络上被严重"妖魔化"的现实，在很大程度上反映出，许多普通广州市民对于简单粗暴缺乏人文关怀的城市管理思路的不满，也反映出广州有关政府部门在针对外来务工人员制定公共服务政策和提供全覆盖公共服务方面还存在严重的缺失。

其次是在具体目标上存在认知差距。调研发现，目前广州市民对城市管理方面的意见除了上述几个方面外，还有对城市交通管理紊乱、城市环境恶劣及垃圾分类推进不足等。

比如，在城市交通管理问题上。市民虽然对政府采取的汽车限购措施有一定程度的认同，但仍认为政府对公共交通投入严重不足、交通管理缺乏科学化、公安交警部门管理和执法随意等才是导致城市交通问题的主要原因。因此，市民认为政府方面采取的限购、停车费涨价等措施不仅是政府转嫁自身责任、解决其与停车场业主存在利益纠葛的行为，也是治标不治本、没有长期有效的措施，在这种情况下，这种措施的过度采用，不仅不能有效缓解城市交通问题，还在很大程度上造成政府不负责任的形象。

又如，在城市环境治理方面。调查表明，虽然市民基本认同城市环境整治是一项全局性与复杂性的工作，也承认政府有关部门在改善城市空气、水质和噪音污染等方面做了一些工作。但大多数市民仍然认为，政府的经济建设至上、GDP"挂帅"的施政理念未得到根本转变，导致对城市环境污染的重视程度不够，政府在应对城市日益增加的酸雨、灰霾、NO_x、SO_2 等有害物质时力度不够。一方面，政府对城市环境执法监督人员的配置明显不够，目前只有市、区两级政府有环境监察人员，而拥有大量企业的街、镇和社区则没有配置，这就使城市环境监察成效大打折扣。另一方面，广州市出台的环境治理和生态保护法规明显滞后，力度不够，其中仅提及环境保护红线位置，而对于环境污染和保护的行政责任、刑事责任以及民事责任没有做出明确的规定。

再如，在垃圾分类方面。尽管广州在城市垃圾分类处理上走在其他城市前列，但在具体实施过程中存在"雷声大雨点小"、覆盖区域过小、垃圾收集运输混乱、监管不到位等问题，让原本可以带来利好的垃圾分类工作没有产生较好的效果。特别是普通民众，尤其是中老年居民对垃圾分类的了解有限，参与度也比较低，广大农村地区仍然采用传统的垃圾投放方式，甚至在一些城市社区也还完全没有推广和普及垃圾分类。如何在城乡接合部、商贸市场、公共场所、农场等同时推行垃圾分类，也是未来考验政府执行力的一个主要方面。

三 2014 年广州城市管理发展趋势展望及对策建议

（一）2014 年广州城市管理发展趋势预测

1. 城市管理综合执法将提上议事日程

党的十八届三中全会明确提出："深化行政执法体制改革。整合执法主体，相对集中执法权，推进综合执法，着力解决权责交叉、多头执法问题，建立权责统一、权威高效的行政执法体制。"给广州城市管理未来发展指明了方向。据统计，广州市城管执法人员定编为3196人，少于北京的7000多人编制和上海的5000多人编制。为了加强执法力度，广州全市还聘用6000多人作为城管执法协管员。近万人的城管执法队伍每天都在行使维护市容、环保、工商、养犬管理等12方面共321项行政处罚权，由于队伍编制人数少，人员素质参差不齐，不仅工作压力较大，而且执法效果不明显。

未来的发展方向，一是打破部门阻隔，实现信息共享。在各区城管科与派出所、工商所、城管执法队之间建立专线电话，为所有城管队员、协管队员配备对讲机，与广州市城市管理投诉中心"12319"信息平台对接，实现信息共享。二是试行建立城市管理的联合执法机制，可以先尝试在重点区域、对重点事件等实行联合巡查、联合监管、联合办案，逐步过渡到公安、交通、工商、文化、环境、食品药品等执法部门与城市管理执法实现全面整合，形成统一的城市综合执法队伍，这样既可以打破部门利益，节约公共资源，也有助于提高城市管理综合执法的效果。

2. 城市管理执法将更加法制化、规范化、人性化

广州市城市管理部门作为"综合执法机构"，理论上掌握着321项执法权，几乎将城市管理各项事务包揽于一身。但迄今为止，还没有一部国家层面的城市管理法为之"正名"。近年来，广州城管执法之所以屡屡发生城管执法人员与小商小贩的肢体冲突，甚至酿成大规模的网络舆情事件，一方面反映了广州城管执法规范化严重不足，另一方面也反映了相关法律缺失造成执法边界模糊。

因此，2014年，广州市将以提升城市管理水平为目标，将建立健全相关法律法规、明晰政府与市场边界、规范政府管理职能放在首位。一方面，在国家层面法规缺位之时，广州市可考虑依据有关上位法，修订和完善具有地方法律效力的《城市管理条例》，完善城市管理的行政执法程序，规范执法自由裁量权，加强对行政执法的监督，全面落实行政执法责任制和执法经费由财政保障制度，做到严格规范，公正文明执法。另一方面，要解决城管执法的规范化和法制化问题，广州市既要加大过去出台的若干文件的实施力度，在实践中不断修订和完善相关规范，也要出台系列文件理顺城管执法体制，规范城管执法行为，加强对城管执法人员的培训，促进城管执法的规范化。此外，党的十八届三中全会提出推进以人为核心的城镇化，这也要求广州市城管执法要更加坚持以人为本、关注民生，通过公众参与，形成共同治理的新理念，形成更加符合城市发展方向和市民生活需求的城市治理模式，加快从秩序型、高权型、粗放型管理转变为服务型、民主型、精细型管理，不断推进城市管理执法的人性化。

3. 继续推进公交优先，公交都市规划将进入加快实施阶段

城市交通管理是城市管理的关键一环。交通拥堵不仅影响市民生活，也影响城市活力和发展后劲。目前，随着广州城市规模迅速增长，人口规模不断扩大，城市居民的出行总量和出行距离不断增长，城市公共交通发展面临土地、资金等硬约束，公交供给和需求的结构性矛盾尚未根本消除，公交服务质量和保障能力与城市经济社会快速发展、人民群众生活水平不断提高的需求之间还存在较大差距。目前，缓解城市道路交通拥堵已到了刻不容缓的地步，当前广州市实施的私家车"限购"、停车费"涨价"等措施治标不治本，引发社会广泛诟病；下一步的解决重点应该是实行"公交优先"战略，加大公交投入，大力发展公共交通，创建公交都市。

创建"公交都市"已成为全球特大都市的发展方向，东京、巴黎、伦敦、新加坡、香港、首尔、斯德哥尔摩、哥本哈根等，都是世界闻名的八大"公交都市"。广州已经获批成为国家创建"公交都市"试点城市，为实现"公交优先"战略、大力发展公共交通奠定良好基础。2014 年，广州市可望在以下几个方面取得突破：一是切实履行广州市公交都市发展规划所提出的各项承诺，使之从纸面文件进入实施阶段；二是继续规划和提升公共交通占城市机动车出行的比例，争取在 2017 年使这一比例达到 70%；三是加大对公共交通的投入，全面提升公共交通的服务质量和保障能力，提高公交的便利性、快捷性和舒适性；四是采取措施建立更大区域的公共交通体系，既要实现巴士、水运、地铁等不同公交工具的均衡发展，也要实现广州与周边地区交通的快捷便利；五是加强宣传，积极倡导绿色出行、环保出行，使公交发展与市民生活方式的转型结合起来。

4. 城市管理的智能化、科学化将得到有效提升

目前，制约广州城市管理水平的一个主要因素，就是城市管理的数字化和智能化建设。广州城管网建立时间较早，各种功能和要求无法实现，难以满足市民网友和政务公开的需要；同时，由于广州市政府部门各自为政，重复建设，虽然不同部门都建立了强大的信息平台，但城管信息与其他部门的信息交流与共享仍然存在障碍，严重影响了"大数据城管"策略的实施，也不利于提升城市管理的科学化水平。

2014 年，广州市城市管理的工作思路，一是要把城市管理的智能化建设融入"数字大城管"的建设管理理念中，打造城市智慧型管理平台，通过平台建设和资源共享，提升城市管理的信息化水平。二是积极筹备和升级改造广州城管网，为广大市民网友和政务公开工作提供一个良好的信息互动平台。三是整合"12319"城管投诉热线功能，加大投诉处置工作力度，加强部门联动，重视百姓诉求，提高发现问题、解决问题的水平和能力。四是加强城市管理信息与其他部门信息的共享水平。2013 年广州市政府投资 24 亿多元建设集社会治安与城市管理于一体的高清智能化视频系统，预计在 2016 年底前完成"前端、专网、平台"三大基础设施建设，完善城市"管理、公

安、信息安全"三个视频应用系统，2014 年将是这一项目建设的关键期，也会是作为 2014 年广州城市管理工作的一个重点。

（二）关于加强广州市城市管理工作的若干建议

1. 试行综合执法，增强城管执法整体协调能力

无论是中共十八届三中全会文件精神，还是基于广州加强城市管理的现实需要，城市管理的综合执法都应该提上议事日程。广州市城市管理部门应该提高认识，加快试行和全面部署。

要认识到城市管理综合执法是一个不可逆转的发展趋势。广州市城市管理职能涉及市容环卫、园林绿化、工商管理、城市规划、公安交通、环境保护等多个方面，仅仅依靠城管部门一己之力显然难以完成如此庞大的任务。必须将城市管理综合执法队伍与政府其他部门的单一执法队伍进行资源整合、集中使用，既可以避免实践中存在的多头执法、职责交叉、重复处罚、重复扰民等问题，也能大幅度提高城市管理的效果。

现阶段要逐步强化城管执法的高层协调机制。为提高城管执法的效力和效果，应健全城管执法日常联席会议或执行重大任务时的专项制度，首先要理顺市城管委和市城管执法局的关系，建立管理和执法的有效管理和协同机制；其次要逐步完善城管、建设、规划、公安、工商、环保等相关部门的联动机制，实现大范围、深层次的协同。

建立城市管理综合执法的法律保障体系。城管综合执法必须做到"有法可依"，行政主管部门和立法部门应加快步伐，就综合执法涉及的责、权、利及监督奖惩等一系列问题做出明确规定。首先，要完善相对集中行使行政处罚权的规定，明确处罚权的类型和范围，清楚区分行政管理机关与行政执法机关的相互关系；其次，要赋予执法机关在违法者拒不履行时所采取的强制权，明确具体的强制措施。此外，还要规定在法院内设置快速通道，对执法部门申请的强制执行尽

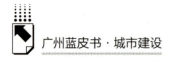
快审查、处理。

试行和建立城市管理综合执法的体制和机制。首先，要试行城市管理的联合执法机制，可以先尝试在重点区域、对重点事件实行联合巡查、联合监管、联合办案，逐步积累相关经验；其次，要逐步实现公安、交通、工商、文化、环境、食品药品等执法部门与城市管理执法队伍的全面整合，建立统一的城市综合执法队伍。

进一步探索城市管理执法重心下移的措施。完善街镇城管执法中队下放街镇之后在队伍调度、工作考核、队伍建设等方面的有效机制；同时也进一步完善内部监督机制，在现有市、区两级城管督察分局、中队的基础上，探索建立更高层级的督察工作委员会，参照借鉴公安、部队的经验做法，建立更加严格有效的内部监督工作制度，重点解决城管部门过度执法、野蛮执法、游击作风等问题，清除城管队伍的"害群之马"，为城市综合执法队伍合并组建进而有效管理奠定人才基础。

2. 扩大公众参与度，完善城市管理的公众监督机制

广州市推行市民参与城市公共决策已经多年，形成良好的经验。在城市管理这个与市民生活息息相关的领域，提升公众参与度，加强市民对城管执法行为的监督，创造全民共管城市的局面，提升城市管理水平，确实势在必行。

首先，要建立与完善市民参与城市管理的机制，将市民参与制度化、规范化，从体制上确保市民参与城市管理的积极性，为市民建言献策提供制度化保障，这样既可以化解城管执法部门与市民之间的信息不充分问题，实现城市管理透明化，也可以加强市民对城管执法工作的理解，有效化解城管执法人员与市民之间的对立情绪。

其次，通过系列举措引导市民积极参与城市管理工作。比如，建立社区居民与城管部门之间上传下达、下情上传的双向传递和交流机制，不断拓宽广州市市民参与城市管理的渠道。又如，要进一步推进政务公开，包括积极推行务实的公众听证会制度等，善用民意与社会力量。再如，对于城管工作的重要决策，可以考虑按照受益和影响范围，在市民群众、社会团体、经济组织当中展开广泛和深入的讨论，在社会大讨论的过程中，认真收集各个方面和阶层的利益诉求作为政府决策的参考，将宣传教育的过程和达成共识的过程相结合，提高决策的公众参与度和市民支持率，推动决策的民主化和科学化。

最后，在城管执法具体举措上，要做到以人为本，关心弱势群体，变野蛮执法为"疏堵结合"，增强城管人员的亲和力，扭转城管人员的负面形象，进一步焕发市民参与城市管理的热情。城管执法的负面形象与城管理念、人员素质及执法手段有很大关系，亟须采取措施予以调整和改进。比如，要解决流动摊贩乱摆卖问题，要求我们在日常执法过程中，慎重罚没流动摊贩的生产资料，对普通流动摊贩采取以劝导为主的柔性执法；对少数民族和外国人等特殊群体，可根据不同国籍、种族、习俗及涉外管理、民族宗教政策进行区别对待，其政策分类为保护、教育、制止、取缔等，着力减少执法者与行政相对人之间心理及行为上的预期对抗；同时，要因地制宜，制定"疏堵结合"的具体措施。比如，参照外国先进经验，实事求是地设置严禁摆卖的核心区、限制摆卖的控制区以及允许但不提倡的缓冲区。又如，采取措施引导流动摊贩入室入场，进行规范经营，同时允许流动商贩有一个适应阶段，初始阶段设置试验区进行试点，在取得共识的基础上实现逐步过渡。

3. 加强城管执法人员系统培训，提高城管执法水平

近年来，广州城管执法问题之所以屡屡成为社会热点，进而影响广州市政府形象和广州城市形象，其中一个重要原因是城市管理执法人员素质参差不齐，造成野蛮执法现象并引发底层市民与城管人员的对抗，进而引发网络舆情事件和激化社会矛盾，这也凸显了强化城管执法人员管理和培训的重要性。

第一，要严把城管执法人员的录用关。广州市城市管理作为新设管理机构和执法部门，组建比较仓促，导致城管部门工作人员来源单一，城管执法水平偏低，热点事件层出不穷，严重影响政府形象。今后要严管城管队伍，多引进高校毕业的本科生和研究生，适当引进其他政府部门有经验的公务员，对有犯罪前科的协管人员要严禁招录，以形成良好的人员生态，为提升城市管理水平打下良好的基础。

第二，加强对现有执法人员的系统培训工作。现有城管人员快速进入，仓促上阵，确有深入系统学习培训之必要。在学习培训中，特别要注意把依法执法、柔性执法、公正执法和廉洁执法作为学习培训的基础，把学习城管行政执法的范围、行政执法程序、取证、听证程序等作为学习培训的主要内容，把加强一线执法人员的素质培训，提升干部整体执法水平作为学习培训的目标。既要加强政治、政策的学习培训，也要加强专业、技术的学习培训，通过学习培训来提升在岗城管人员的执法水平。

第三，做到有针对性的学习，在实践中完善。一是针对不同工作人员开展不同内容的培训，特别是针对一线执法工作人员要突出规范执法的培训，细化规范各类执法项目的程序，规范自由裁量权限；二是在实践中学习，要建立有经验的干部对新进干部的"传帮带"制度，固化行政处罚工作流程，让行政执法置于社会监督之下，推进"阳光执法"系统建设。

第四，建立对城管执法效果的考核奖惩制度。一是对城管执法人员的工作基础知识进行考核，防止"糊涂执法"现象；二是对城管执法的程序进行监督，杜绝"野蛮执法"行为；三是对城管执法的绩效进行考核，杜绝热点事件屡禁不止的现象。

4. 借鉴国外先进经验，积极破解城市管理重点难题

目前，广州城市管理面临的难题还有城市交通拥堵和城市环境治理等几个方面，要学习国内外城市管理先进经验，采取积极有效的方式予以改进。

（1）在破解城市交通拥堵难题上，建议采取以下措施。

进一步推进公交优先战略和公交都市规划。加大财政资金投入，大力发展包括地铁、公交车、水上巴士等在内的公共交通工具，提高公共交通的便利性、快捷性和舒适性，在特殊群体服务、无障碍通行等方面下功夫，使市民愿意选择公共交通工具出行。

加快交通引领城市发展规划的步伐。按照以人为本的基本要求，加快轨道交通在疏解人口、调整城市布局等方面的功能，提高轨道交通系统的人口与就业岗位覆盖率，保证城市公共交通与就业区域、就业人口的一致性，提升公共交通尤其是轨道交通的覆盖率，确保2017 年市民选择公交出行占全部机动车出行比例达到 70%。

继续推行智能交通建设，提升交通管理水平。建立智能交通引导系统，为群众选择出行方式和行车路线提供依据；整合交通运输、公安交警、市政公用等部门现有交通信息系统，建立全市统一的资源和信息共享的交通综合信息平台；实施区域性交通管理，逐步开展公交信号优先系统的建设，减少公交车辆路口信号等待时间，提高公交车辆周转效率。

完善公交立法，规范公交系统的管理模式、运营模式、审核考核办法，明确各方的权责；加强交通执法，增强对出租车、公交车、自行车、行人和车辆的乱放乱停管理，以及严格限制公务车，提高政府部门班车的使用率。做好停车管理，减少对路面的侵占。

针对一些中、小学学校比较集中的路段，建议由学校或者政府牵头，在学生上学、放学时，按照学校和路段安排接送学生的班车，既可降低学生家长使用私家车的需求，也可保护中小学生出行安全。

倡导环保出行、拼车出行等新的生活方式，提高私家车的搭乘率，鼓励市民向着"自行车 + 地铁 + 步行"的生态出行方式转变。

（2）在破解城市环境污染方面，可以采取以下几项措施。

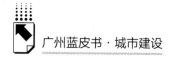

加快广州市环境立法工作,将治理环境污染纳入法制化轨道,使城市政府、相关企业、社会公众等依法参与治理空气污染工作,为城市居民创造良好的居住环境。

继续加强对重点大气污染物排放企业的监管,重点监控污染排放大户;强化对扬尘污染的控制,加强日常监管,定期组织开展巡查,督促建设单位和施工单位严格落实扬尘防治要求;敦促各区全面排除污染源,进行多部门联合执法,彻查本区内的污染状况。

在技术层面,要继续推进锅炉"煤改气"的进程;力争在2015年前推广使用国Ⅴ标准车用燃油;2016年前提前实施机动车国Ⅴ排放标准,减少机动车对环境的污染;对餐饮业的油烟污染,要注重发挥市场调节功能,对油烟设备进行专业化升级。

制定生态交易的市场化标准。研究制定广州区域的生态交易补偿条例;对广州北部的生态调节优化区域要给予适度的生态补偿;对高污染的企业要通过市场化手段征收高额污染费。

实施城市生态污染"一票否决制"。对于治理环境污染不力、污染情况严重并造成严重生态问题的政府部门和区街政府,要通过"一票否决制"进行严肃处理。

5. 购买社会服务,提升城市管理市场化水平

提升广州城市管理水平,既要"练内功"——城管部门和城管执法人员要矫正理念、规范管理,文明执法、承担责任;也要"广参与"——动员广大市民关心城管、支持城管,为提升城管水平献计献策;还要"求市场"——通过购买服务,将一些非政策领域、技术性较强的工作委托社会、企业来承担,更好地完成城市管理目标。笔者提出以下建议。

对城市管理中的环境卫生、清运垃圾、废品处理等工作,建议通过市场竞争的方式,外包给有关垃圾处理企业。这一方面深圳已有成功经验。该市从2007年开始实行"城管外包",由深圳市城市管理局和物业公司签订合同，将包括设施巡查、清理卫生死角、协助综合执法等 13 项服务整体外包给企业和社会组织，克服了耗资庞大、效益低下的问题，实现政府与企业的双赢。

对城市管理中具有较高技术含量的内容，如环境监测、污染评估、交通管理优化、智能化平台建设等工作，可以外包给有资质的技术研发机构。政府管理部门只需要通过提出目标、跟进监督、服务验收等方式，便可获得较好的技术资源和可持续的服务。

多方面利用专家资源推进城市管理工作。城市管理是一项综合性工作，除了需要广泛动员社会公众参与外，还需要利用专家学者的智慧。具体来说，一是成立多学科的城市管理专家咨询委员会，经常性地咨询专家群体的意见与建议；二是常年向专家学者征集和委托专项研究课题，通过专家研究和咨询决策，为提升广州城市管理水平服务。

（审稿：苏奎）

规划研究篇

Researches on City Planning

B.3

增强广州中心城市辐射
带动作用的对策研究

王云峰[*]

摘 要：

发挥广州中心城市"领头羊"的辐射带动作用，是落实广州新型城市化发展战略的应有之义。广州与周边城市的互动关系，历经民间自发推动、企业联合推动，已进入市场与政府双向推动阶段，面临中心地位面临挑战、区域内部空间分化、产业结构趋同、行政区经济发展模式等问题。为更好地发挥广州中心城市的辐射带动作用，应立足区域共同利益，推动极化与扩散相结合，通过要素、体制、产业、分配及合作等方面，把珠三角

---

[*] 王云峰，经济学博士，广州市委党校经济学教研部讲师，主要研究方向为区域经济学。

打造成为区域经济"集团军"。

关键词:

　　广州　增长极　区域合作　辐射带动　中心城市

作为我国改革开放的先行地区,珠江三角洲地区在全国经济社会发展和改革开放大局中具有突出的带动作用和举足轻重的战略地位。广州作为珠三角的地理、经济、政治和文化中心,担负着引领珠三角、代表国家参与全球竞争的重任,其经济与社会的发展状况,关系整个珠三角地区转型发展的成败。因此,唯有充分发挥广州中心城市"领头羊"的辐射带动作用,才能打造珠三角"集团军",推动珠三角世界级城市群建设。

一　发挥广州中心城市辐射带动作用的重要意义

从国家中心城市体系来看,广州面临与北京、上海差距拉大,天津、重庆又紧追不舍的局面。广州在珠三角内部"一骑绝尘"和全国范围"相形见绌"的显著对比,彰显的正是广州在区域经济发展中"势单力薄"的尴尬:缺少类似京津冀和长三角背后华北地区、长江流域地区的腹地支撑。发挥广州中心城市"领头羊"辐射带动作用,将推动珠三角地区乃至泛珠三角地区协调发展,为广州拓展经济腹地范围,强化新型城市化外部支持,巩固广州珠三角城市群核心地位和国家中心城市地位打下基础。

(一)中心城市是地区经济发展的"带头人",发挥广州辐射带动作用是珠三角率先实现现代化的客观需要

中心城市是地区经济增长极,代表着一个国家或地区的先进生产

力，具有带动和促进地区经济增长的作用。从省内范围看，珠三角内部各地区经济社会发展水平参差不齐，既需要中小城市加快转变经济发展方式，实现内生发展，又需要依靠中心城市向中小城市转移生产能力和科学技术，发挥中心城市的经济管理中枢和信息中心作用，促进全省生产力的合理布局，密切增长极经济与腹地经济之间内在的联系。从全国范围看，广州作为国家中心城市，更应立足华南门户，充分发挥对泛珠三角地区的辐射带动作用，推动实现经济体制和经济增长方式的根本性转变，真正发挥国家中心城市的作用。

（二）中心城市是调节经济运行的"总枢纽"，发挥广州辐射带动作用是珠三角率先全面建成小康社会的客观需要

一般而言，人均国内生产总值超过3000美元被作为进入小康社会的基本标准。在小康社会的内涵中，经济基础是决定社会、政治、文化发展水平的关键因素。中心城市处于宏观经济和微观经济的中间层次，是经济活动的集中场所，具有强大的经济力量和广泛的经济联系，是区域经济的运转轴心。因此，只有充分发挥广州中心城市辐射带动职能，充分利用广州各种经济组织云集的资本、人才和技术集聚资源优势，才能灵活运用经济杠杆调节区域经济活动，增强周边城市的经济发展活力，为珠三角率先全面建成小康社会奠定基础。

（三）中心城市是体制改革"试验场"，发挥广州辐射带动作用是珠三角发展中国特色社会主义、深化改革开放、探索科学发展的客观需要

20世纪80年代以来，珠三角地区先行一步，大力推进市场经济改革，率先建立市场经济体制的基本框架。然而和经济体制相比，行政管理体制、社会管理体制、民主法制等领域的相对滞后，则制约了珠三角经济社会进一步的发展。作为中心城市，广州继续发扬敢为人

先、大胆探索、改革创新的精神，勇当深化改革开放、再创体制机制新优势的先锋，在重要领域先行先试，推进珠江三角洲地区发挥试验、窗口、示范和带动作用。

（四）中心城市是科技创新的"发动机"，发挥广州辐射带动作用是增强珠三角科技创新能力的客观需要

中心城市是先进生产力的聚集地，是区域人才、技术、科研、设备以及科研交流集约化程度最高的城市。广州拥有较高水平的高等院校、科研院所，有相当数量的科学工作者和专业技术人员，是珠三角新技术、新工艺、新设备、新产品的研制中心。相对来说，技术、设备较为先进，高级人才较为充足，处于科技领先地位。完善广州科技创新体系、咨询服务体系，充分发挥中心城市的科技创新引领功能，增强区域发展后劲，提升区域内部竞争效率，是推动珠三角区域内研发、生产、服务、销售等方面实力更上一层楼的重要保障。

（五）中心城市是社会事业的"标杆"，广州辐射带动作用是珠三角打造全国高水平、高品质社会事业发展示范区的客观需要

中心城市居于区域乃至国家中心地位，集聚了大量的文化、教育、卫生、体育等优质高端资源，是区域社会事业高地。广州新型城市化战略宏图的最终目标，是要打造全民"幸福广州"。通过社会事业先行，坚持以人为本的发展理念，发挥广州社会事业的模范带动作用，是加快珠三角社会事业改革、发展和突破的重要保障。

二 广州中心城市辐射带动作用的阶段及挑战

（一）广州与周边城市互动关系的阶段分析

广州作为现阶段岭南文化的中心，距今四五千年的新石器时期开

始，有建城前的百越文化、建城后的汉越文化融合和中西文化交融，一直绵延不断，形成自己的独特风格和鲜明的地域文化特色。不仅如此，广州更以文化为纽带把珠三角地区连为一片，与周边地区先天结下了千丝万缕的经济联系。特别是改革开放以来，随着市场经济的发展，广州与周边地区经济的互动更加频繁，珠三角区域经济一体化日益加速，若依推动力量来分，参照张兆安（2007）的标准，大体上可以分为三个阶段。

1. 民间自发推动阶段

20 世纪 80 年代初期，广东改革开放先行先试，吸引大量港澳资本以劳动密集型产业的形式，以广州为中心，落户珠江口两岸地区。珠江三角洲工业化步入发展新阶段，广州周边地区乡镇企业快速发展，通过"三来一补"，迅速实现资本原始积累。在此过程中，大量省内外农村劳动人口走进工厂，并吸引了数以百万计的内地农村剩余劳动力向珠江三角洲地区转移。但同时，技术和管理人才短缺对乡镇企业发展的制约愈加明显。相对周边地区，作为中国对外开放窗口地区、南国门户的广州，工商业人才较为充裕，大量专业技术人员和经营管理人才迅速补充到乡镇企业岗位，形成了民间自发型的要素流动。

2. 企业联合推动阶段

20 世纪 90 年代，珠三角地区市场体系的发育程度不断提高，佛山、东莞、中山等中小城市的发展加速，乡镇企业发展迎来历史最好时期。在市场机制的作用下，珠江三角洲地区从加工贸易型的乡镇企业开始转型升级，从"港澳接单——大陆生产——港澳出口"的传统经营方式转向"大陆接单——大陆生产——大陆直接出口"的新模式。同时，进口替代产业方面，初步形成了"内外联动"的市场效应。与此相适应，随着各中小城市经济实力的增强以及外资的影响，广州与周边地区形成以垂直分工为特征的双边分工协作体系，一方面垂直分工为水平分工所取代，出现了产业结构趋同的苗头；另一方面双边合作为双边竞争所侵蚀，广州和周边地区在资本、技术、人才等资源方面的竞争优势开始凸显。

3. 市场与政府双向推动

20世纪90年代末期，由于经济体制的转型、产业结构调整的加快和外资的大规模进入，珠三角地区经济一体化出现了显著的变化。广州与周边地区的经济不再是传统的"传帮带"关系，因此不能再仅仅满足于"广深"和"广珠"这样一种龙头与两翼的简单关系，以市场和政府双向推动的经济合作迈向了更广阔的领域。珠三角区域内产业间、区位间分工整合的客观要求愈加充分、迫切，而经济布局合理与否对整个区域经济增长的弹性也随之变得特别敏感。另外，从广州现实看，中心城市地位面临挑战、区域内部空间分化、产业结构趋同、行政区经济发展模式等问题开始显露出来。

（二）广州辐射带动周边地区面临的挑战

1. 广州中心城市辐射带动作用的发挥，面临在城市"金字塔"体系中层级下降的挑战

随着珠三角城市群和沿海开放城市的迅速发展，广州原有的区位和政策优势相对减弱，在发展中面临国内其他城市强有力的竞争。从全国区域发展格局看，北京、上海分别是国家京津冀、长江三角洲地区的龙头城市，周边城市已形成分别与京、沪接轨的共识，城市的发展主调开始由竞争走向协作，区域发展整体格局逐渐明朗。此外，根据国内主要城市的经济实力以及发展速度，广州经济总量与天津、苏州的差距明显缩小，并因增速较低而有被赶超的趋势。在珠三角内部，受政策和区位的影响，广州中心城市的地位一直受到周边城市的"觊觎"，在广州、香港、深圳三个最具竞争力的城市中，广州的城市综合竞争优势并不明显。香港和深圳共同推动的"深港一体化"，给广州作为"龙头"的区域中心城市地位带来更大的挑战。尽管广

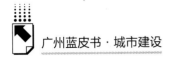

州获得了全国中心城市的发展定位，但面临国内其他城市的激烈竞争将导致在其城市体系中层级下降的挑战。

2. 广州中心城市辐射带动作用的发挥，面临珠三角内部空间分化的挑战

从珠三角整体看，资源合理有效配置的区域经济一体化已初步形成，珠三角经济竞争力在全国范围内也较为领先。但是从珠三角内部看，分化为"广佛肇"、"深莞惠"和"珠中江"三个次一级的经济圈，珠三角的崛起更多只是两角的崛起（东线深莞惠和中线广佛），西线尤其是珠海处于塌陷状态。"九加二"体系中，珠三角东部深圳、东莞受香港辐射，成为经济重镇；珠江口西岸地区由于澳门过度依赖博彩业，产业结构单一，经济总量有限，对周边城市辐射能力有限。因此，广州辐射带动作用一方面在东线地区影响有限，另一方面在西线地区发挥不足。

3. 广州中心城市辐射带动作用的发挥，面临珠三角产业结构趋同的挑战

珠三角地区各市产业结构存在严重趋同化现象，较强的趋同化产业格局使珠三角地区有限的资源和生产要素处于非优化配置状态，难以形成区域比较优势。企业不仅无法以低投入形成高产出，而且还加剧了行业内的以价格为导向的竞争趋势，不利于区域主导产业的发展壮大。特别是珠三角地区各地在发展高新技术产业的过程中，各自为政，未能在产品技术、质量档次等方面拉开差距，形成特色，从而进一步造成产业结构的趋同，产业间的关联作用也受到阻碍和限制，既使得各城市之间的竞争混乱无序，削弱了珠三角城市群的核心竞争力，也造成城市间的重复建设和资源浪费。

4. 广州中心城市辐射带动作用的发挥，面临行政区经济发展模式的挑战

在行政区划的主导下，以各自为政为主要特征的地区竞争有其存在的必然性，这在某种程度上也抑制了区域组织发展活力的有效释放。从珠三角内部来看，由于经济发展差异相对较小，生产要素在企业之间的流动阻力较小，交易成本低，企业合作意愿较强。但是从珠三角外部特别是腹地经济落后地区看，政府发展本地经济的意愿往往使其超越市场的力量，强化其在经济发展中的主体地位，更关注自身利益而忽视区域整体利益的增进，对中心城市辐射带动作用的发挥造成障碍。

三 广州中心城市辐射带动作用的思路与建议

（一）总体思路

一方面，广州中心城市辐射带动作用的发挥必须建立在区域共同利益的基础上。利益问题是中心城市和腹地城市竞争与合作关系的基础，尤其是随着改革的深入推进，地方政府已由传统的"行政人"角色过渡到"经济人"角色。无论是腹地城市向中心城市的极化过程，还是中心城市向腹地城市的扩散过程，地区利益最大化是各个地区竞争与合作行为的出发点。因此，广州中心城市辐射带动作用的发挥，应建立在健全区域利益联结机制，实现中心与腹地互动发展、个体与集体互惠共赢上。

另一方面，广州中心城市的辐射带动作用是极化与扩散相结合的双向互动。一般来讲，城市在经济发展的初期，"极化效应"要大于"扩散效应"；当城市发展壮大之后，"扩散效应"则会大于"极化效应"。随着广州与周边城市互动关系进入市场与政府双向推动阶段，广州城市发展已经进入"扩散效应"大于"极化效应"的后期阶段，但是发挥广州中心城市的辐射带动作用，绝不能单纯强调"扩散"而忽视"极化"，绝不能把辐射带动作用简单等同为广州对周边地区的单向"帮助"或"扶持"。应立足区域分工体系，继续强调现代服务业尤其是高端商务由腹地向中心城市的"极化"，做大做强中心城市发挥辐射带动作用的基础；同时高度重视第二产业尤其是技术、管理等软实力由中心向腹地的"扩散"，实现极化与扩散的双向互动。

（二）对策与建议

1. 强化高端资源集聚能力，夯实辐射带动基础

一是要强化创新驱动，占领技术制高点。发扬敢为人先的岭南文化，在全社会营造崇尚创新、宽容失败的良好环境，使创新人才脱颖而出、创新效益充分显现；完善知识产权管理体系和服务体系，加强对知识产权取得、使用及维护等方面的执法力度，建立公开、透明、市场化的技术标准研发机制；实施文化科技融合创新工程，完善创新发展的激励机制；大力弘扬创新精神，传播创新思想，发展创新文化。二是加快建设区域金融中心。以广佛金融同城化为突破口，推进广佛肇金融一体化、便利化，积极推动珠三角金融一体化，深化泛珠三角区域金融合作，加快建立与国家中心城市地位相适应的现代化金融体系，不断增强区域金融中心对高端金融资源的聚集力，辐射带动区域金融资源优化配置，引领区域金融产业分工协作，形成优势互补、分工合理的区域合作格局。三是加大人才引进力度。积极打造有利于人才集聚和施展才能的平台，加强人才载体建设，提升吸纳承载能力，完善人才工作机制，提升人才服务水平，打造集聚海内外高层次人才的"国际人才港"。

2. 深化市场经济体制改革，提高资源配置效率

一是要发展和健全土地、劳动力、技术、资本、信息等要素市场。不断完善反映市场供求关系、资源稀缺程度、环境损害成本的生产要素和资源价格形成机制，加快多层次资本市场体系建设，完善市场法规和监管体制，规范市场秩序。二是加快改革财税体制。深化政

府收支分类改革，完善政府部门财政支出绩效评价工作体系，调整财政支出结构。三是深化金融体制改革。形成多种所有制和多种经营形式、功能完善、结构合理、高效安全的现代金融体系，完善金融监管，推进金融创新。四是加快经济组织的改造与完善。加大国有企业战略改组力度，制定完善国有资本发展规划，加快股份制改造和现代企业制度建设，建立股份制改造长效机制。

3. 健全区域产业分工体系，发挥地区比较优势

一是充分发挥广州作为省会城市的综合与比较优势，优化城市功能分区和产业布局，优先发展各类型高端服务业，加快建设一批先进制造业基地，提高城市的自主创新能力。二是强化广州佛山同城效应，打造布局合理、功能完善、联系紧密的现代城市群，将广州建设成为广东宜居城乡的"首善之区"。三是发挥中心城市交通枢纽优势，借助海港、空港、铁路等枢纽功能，强化国家中心城市、综合性门户城市的地位。

4. 完善利益分配补偿机制，保障经济腹地利益

一是建立符合珠三角合作特色的分配机制。新分配机制应强调地区的竞合关系及产业利益的地区分享。在强调效率优先的同时，在平等、互利与协作基础上促进各城市共同发展。二是建立区际利益补偿机制。建议建立规范的财政转移支付制度，通过以政府为主导的利益补偿制度发挥辐射带动作用，通过利益分配补偿的规范实现经济中心与经济腹地之间的利益分配。三是成立"珠三角区域合作发展基金"。建议广东省统筹广州财政上缴部分，划出专项资金用于发展落后地区的基础设施，资助面临结构性问题的区域转型、支持跨区域产业转移和承接；同时，要求被资助地区做出相应的政策配合和行为调整，对被资助地区进行约束和对发达地区进行有效激励。

5. 改革区域协调合作机制，实现协同发展效应

一是建立区域重大项目建设机制。中心城市辐射带动所涉及的规划、土地、环境等诸问题，从区域整体出发，围绕宏观目标、政策导向，完善重大项目的协商推进机制和长效管理机制，推动建立多地区互动、多部门协作的共同建设模式。二是建立完善区域协调联动机制。针对技术、资金、人才、物流和产权等关键问题，成立相关的区域联合委员会或专门委员会等联合办公机构。三是建立区域合作约束机制。强化对珠三角区域合作行为的监督力度，明确中心城市和周边地区在区域合作中应承担的责任与义务，对违反区域合作规则的行为做出惩罚性的制度安排。

参考文献

张兆安：《把握长三角经济一体化的基本特征》，《浙江经济》2007 年第 11 期。

梁桂全：《广州新型城市化发展战略研究》，广州出版社，2012。

韩萍：《珠江三角洲主导产业转型中的问题与对策》，《经济工作导刊》2003 年第 3 期。

王云峰：《区域经济发展中的经济区划问题研究》，《贵州社会科学》2011 年第 11 期。

王晖：《泛珠三角区域合作的利益博弈与协调机制》，《天府新论》2009 年第 6 期。

赵林中：《完善跨区域发展竞合机制》，《经济参考报》2011 年 3 月 10 日第 A02 版。

（审稿：姚华松）

B.4
关于推进广州城乡接合部发展的
对策建议[*]

广州大学广州发展研究院课题组^{**}

摘　要：

城乡接合部发展是广州推进新型城市化发展战略的重要组成部分。首先对广州城乡接合部的基本现状展开分析，进而分析其发展过程中存在的主要问题，包括发展规划、产业发展、人口融入、社会建设、社会服务等方面。本文最后提出如下针对性对策建议：加强新型城市化理念指引，统一筹划城乡发展；改革创新城乡管理机制，落实一体化引领；调整产业格局，推动分层次、分类别的多样化发展；创建城乡一体化资源配置模式，推动城乡交融；加大政策支持力度，助推农村自主开发；加强教育和培训，增强城乡接合部的内发动力。

关键词：

城乡接合部　新型城市化　广州

　　广州正处在城市化快速发展期，在城镇建设用地不断扩张的影响下，城乡接合部成为生产与生活方式变化最为剧烈、流动人口及社会

　＊　本报告系广东省普通高校人文社会科学重点研究基地广州大学广州发展研究院、广东省教育厅"广州学"协同创新发展中心、广州市教育局"广州学"协同创新重大项目研究成果。

＊＊　课题组组长：涂成林；成员：蒋余浩、姚华松、谭苑芳、蒋年云、杨宇斌。

问题最为集中、城乡差别最为显著的地区。由于经济差异、体制差异、生活方式差异等因素，广州城乡接合部在城市化进程中出现一系列亟待解决的问题，如粗放式发展、违法用地猖獗、社会矛盾多发、环境破坏严重、城乡二元对立、本地人与外籍人口之间的冲突、社会管理滞后等结构性顽疾。推进广州城乡接合部全面城市化，对于破解城乡二元结构、构建新型城乡关系、疏解都会区集聚压力、提升城市边缘区发展水平、优化城市整体功能布局、夯实广州市国家中心城市地位均具有重要意义。

一 广州城乡接合部发展现状

（一）空间分布与人口状况

依照 2012 年的数据，广州市共有 34 个镇 1142 条行政村，分布在白云、增城、从化、萝岗、花都、番禺、南沙七区（市），约 5800 平方公里，占市域面积（7434 平方公里）的 78%。广州市的村庄现有建设用地约 1041 平方公里，约占市域总建设用地面积（1682 平方公里）的 62%。本文界定的城乡接合部并不完全以村庄的分布为限，而是包括建成区内的城中村、与建成区相接的城边村以及建成区拓展后形成的外围飞地。作为改革开放的前沿城市，广州市吸纳大量外来人口，而外来人口集聚的地点往往是房租相对低廉、基本生活配套设施较为完善的城乡接合部。城乡接合部空间分布有两大基本特征。

（1）总体人口规模大，外来人口占比较高。除远郊从化外，其他各区常住人口数量均大大超过户籍人口，综合住房供给、价格承受能力、临近工作地、特定产业空间布局规律等因素，多数外来人口居住于本文所指的城乡接合部地区。

（2）空间分布广泛。由于城乡接合部不是一个通行的空间统计单元，因此很难获取广州市精确的城乡接合部的总体分布图。事实上，广州市在1990年之后城市建成区不断向外拓展，居住用地、工业企业和道路交通等重大基础设施布局向内城外围区和近远郊区推进，加上近远郊区本身的个体私营企业不断发展壮大，为外来人口提供了相应的就业机会以及低廉的居住场所。因此，可以发现外来人口和所谓城乡接合部在空间分布上的高度耦合性：外来人口相对集中的地域，也正是非城非乡、亦城亦乡的地区。[①] 这种耦合性尤其在各中心区边缘，以及白云区北区、天河区东北部、海珠区南部、萝岗与黄埔交界等地段分布最为明显。

（二）基本类型及发展特征

从空间形态、演化机制、发展特征等方面，可以对广州市城乡接合部进行简要划分。

1. 城市包围型城乡接合部

即通常简称为"城中村"的地域。在快速城市化背景下，广州市很多原属于村镇和农业用地的地区，被周边不断兴起的建成区各类工业或商业等非农用地包围。这类城乡接合部的分布不仅限于城市外围地区，还广泛布局于都会区或老城区，如白云区的萧岗村、荔湾区的同德围地区。这一类型地区的特点是外来人口众多，数量远远超过本地户籍人口，该类地区人口主要从事劳动力密集型组装和加工业、房屋出租、仓储及其他商业服务；村集体收入较多，主要以出租房屋、商业办公为主，本地村民年终有不菲的分红收益。而以同德围地区为代表的老城区边缘区，则借助交通优势和历史发展基础，大力发展物流、专业批发市场等行业，成为所在地区的商贸中心地带。从长

---

① 袁媛、许学强、薛德升：《广州市1990～2000年外来人口空间分布、演变和影响因素》，《经济地理》2007年第2期，总第27期。

远看，城中村型的城乡接合部作为历史遗留产物，由于在诸多方面存在问题，它们大多都会经历"三旧改造"、征地拆迁等，迟早会从城市地图中渐渐隐退乃至消失。

2. 城市演化型城乡接合部

又称"城边村"，是城市建成区以原有用地为基础，向外扩展的用地扩展形式，是扩展成本较低的一种方式，也是广州都市区近 20 年空间扩展的典型模式。由于都会区与城市郊区在土地供给、劳动力、水电、产业发展政策、未来拓展空间等诸方面形成的拉力，以及原有都会区在人口、物资、信息等各方面的集聚过度产生的集聚不经济性而形成的推力，位于城市边远地区的城乡接合部成为自上而下层面发起实施的工业化、产业园区建设和开发的集聚带，这极大地催生了城乡接合部的产业和生活配套需求，带动了本地相关的生产型和生活型产业蓬勃发展。如位于番禺行政、文化、经济和商业中心市郊附近的莲塘村，依托市莲路一带的工业园区，大力发展出租屋经济，此外还出租土地建设镇级城市广场，让现代商贸经济落户本村。

3. 村镇依存型城乡接合部

又称"外围飞地"，这种城乡接合部增长形态基本上是因为隔离而形成的空间组织现象，或由于自然地理要素的限制，或由于大型产业空间的特殊选择，或由于不同居住人群的生活追求，或政府的政策引导和管控等，这些因素都可能导致用地的飞地式扩展，从而形成飞地型城乡接合部。从 20 世纪 90 年代以来，广州市伴随着内城外围区和近远郊区经济发展为外来人口带来就业机会，城市建成区不断向南、向东拓展，原先远离城市中心区的自然村落逐渐被包围在建成区内，演变成房租低廉的"城中村"，为外来人口聚居提供低成本的居住空间。但是，与通常理解的城中村不同，这些原属于远郊村的外围飞地，一般不具备旧城区内城中村所拥有的如道路交通便利、处于经济文化核心区域等优势，相反往往依赖于所处街镇的发展状况。以增城群星村为例，该村充分利用增城作为"世界牛仔城"的契机，从前务农的村民纷纷弃耕从商，发展牛仔裤生产制造上下游产业，出租房屋做加工厂房、吸引外来人口入住，发展餐饮、住宿等一般性商业项目。我们认为，在对相关服务设施配套与完善的基础上，此类型城乡接合部未来有可能发展成为城市的卫星镇。

二 广州城乡接合部存在的主要问题

由于社会全面的城市化远远滞后于土地的城市化，广州市城乡接合部存在着一系列亟待解决的问题。

（一）规划落实难，违法用地猖獗

广州市近年来频频推出针对城乡接合部发展的举措，尤其是2008年以来，广州市先后制定实施了《关于加快形成城乡经济社会发展一体化新格局的实施意见》和12个配套文件，以及《关于推进城乡一体工程的实施意见》，并部署开展了"美丽乡村"创建及相关的村镇规划编制工作，但囿于城乡二元体制，各层级发展诉求不一、人口构成复杂多元、利益矛盾突出等，加上城乡接合部地区的规划监管相对薄弱，村民的法律意识也较为淡薄，现有规划具体落实不到位。

此外，广州市城市发展的规模和资金投入迅速增加，区域面貌快速改变。然而，由于城乡二元结构突出，固定资产与优质公共资源单向聚集在中心城区的趋势仍非常明显。在城市空间布局层面上，最突出的"单中心"结构未得到有效改善，城市"摊大饼"问题仍然存在。外围新城的建设一直没有摆脱重产业、轻功能的工业园区发展模式，公共服务配套设施不足，尤其是医疗卫生、教育、治安、文化体育、休闲消费等与生活密切相关的功能配套滞后，导致承接都会区功能疏解的能力不足，吸纳、辐射周边区域的能力不强，"宜业不宜居"成为普遍现象。因而，广州老城区的人口、职能、交通等无法有效疏解。总体而言，多中心、组团式、网络型的城市空间结构迟迟未能形成。

再加上长期以来我国规划体系中"乡村规划"一直缺位（2008年《城乡规划法》才正式出台，之前只有《城市规划法》）。乡村发展没有法定意义上的规划，其结果是，在征地补偿利益驱动下，"种庄稼不如种房子"，成为很多城乡接合部居民的共识，广州城乡接合部的违建、抢建等违法用地现象突出，城乡接合部发展呈现出分散化、无序化的整体态势。统计显示，广州市近3年新增违法用地中，除国家、省重点工程用地外，有69%的违法用地是村集体和农民的违法用地。2012年，全市214宗新增违法用地中，作为近郊区的白云区和番禺区乡村集体土地违法用地宗数分别达到50宗和19宗，远郊的花都区乡村集体土地违法用地宗数为51宗，开发区萝岗区乡村集体土地违法用地宗数为29宗，从化乡村集体土地违法用地宗数为16宗，增城乡村集体土地违法用地宗数为26宗，合计占全市土地违法用地宗数的89.2%。[①] 从街镇一级看，越秀区白云街、天河区棠下街、白云区石井街、花都区新华街、番禺区洛浦街、增城市新塘镇、白云区太和镇7个属于城乡接合部的街镇，"两违"问题尤其严重，存在建筑密度大、层数超高、外观千篇一律、消防隐患等现象。从分布区域看，绝大多数街镇都属于城乡接合部范畴。

（二）产业发展低端化，畸形单一特征明显

广州市城乡接合部产业发展水平整体偏低，多以产品组装加工、

---

① 资料来源：参见广州大学广州发展研究院课题组《2012年广州城市建设与管理形势分析与2013年展望》，《中国广州城市建设与管理发展报告（2013）》，社会科学文献出版社，2013。

仓储、物流等劳动力密集型产业为主。^① 收入来源单一，绝大部分来自集体土地上的自建的市场、商铺、厂房、仓库等物业租赁及土地、鱼塘等资源发包，由于产权制度改革滞后，运行机制不适应市场经济发展的客观需求，内部管理水平不高，产业发展粗放，集约经营水平严重偏低。对于都会区内部的城中村而言，不少村民收入虽然很高，但严重依靠村集体分红及出租屋经济。由于收入可观，很多村民成为名副其实的"二世祖"，终日无所事事，游手好闲，不务正业，缺乏进取心和拼搏精神，部分人参与赌博等违法活动，远离原有的纯朴风气和习俗，出现了物质生活丰盈和精神生活堕落的极端状况。尤其在城市产业整体转型升级的大背景下，很多位于城乡接合部的低端制造业企业面临搬迁、升级和转移等问题，产业空心化的风险开始显现，原有出租屋经济模式将被打破，找到新形势下城乡接合部的发展新道路、新动力成为当务之急。

产业的低端化以及产业结构的单一，造成广州市农民增收难度较大。一项调查显示，与北京、上海、天津、苏州、佛山等城市相比，广州市农民的人均纯收入和城乡居民收入存在明显差距。如苏州市2012年农民人均纯收入达19396元，比广州市高15%，城乡居民收入比为1.93∶1，而广州市为2.27∶1。^②

（三）公共服务均等化任务艰巨，城乡差距显著

对村民和村集体而言，城乡接合部最大的问题是公共服务及其基础设施供给严重不足，无法满足大量常住人口的正常生产与生活需要。由于各级政府投资的都会区、核心区与重点发展区的区位选择偏

---

① 这是就广州市城乡接合部产业情况的整体性、一般性描述，不排除一些地域如番禺区大龙街等拥有较高水平的产业状况。
② 广州市人大常委会第三调研组：《关于进一步促进广州市统筹城乡发展的调研报告》，2013。

好，很多城乡接合部的教育、医疗、治安、环卫、市政、绿化、体育、文化休闲、外来人口管理等各项事务方面欠账太多，绝大多数的上述公共服务设施依靠村里的各级集体经济组织来提供和管理，由于整体财力的限制，上述公共服务设施的供给水平和质量大打折扣。例如，截至2013年6月，广州市企业离退休人员月人均养老金达到2833元，位于省会城市的前列，而农转居人员月人均养老金则为671元，城乡居民养老保险月人均养老金为476元，差距比较明显。此外，广州市职工医疗保险、城镇居民医疗保险和新农合统筹基金对参保人员的年度最高支付限额分别为49.5万元、20.7万元和15万元，住院政策范围内医疗费用总体报销比例分别为84.6%、70%和70%，也存在不同程度的差距。①

其他公共服务方面的财政投入也非常不足。例如，广州市城市工业中占地多、污染大的工厂主要集中在城乡接合部及农村地区，这些工厂以及当地的乡镇企业、家庭小作坊等每天都在产生大量的"三废"。在广州市环保局官方网站的"网上投诉举报中心"，污染投诉最集中的地区恰恰是城中村和城乡接合部扎堆的白云区、番禺区、海珠区南部和西南部、天河区东部和东北部等几个区域。

（四）社会矛盾突出，社会建设与管理难度大

城乡接合部地区地理位置偏僻，很多犯罪人员利用这里地域广阔、布局分散、治理难度大的特征，纷纷在此驻扎，城乡接合部的出租屋更是不少犯罪分子的藏身之所。近年来，公安部门在广州市中心城区加大违法犯罪打击力度后，治安案件发生范围逐步向城乡接合部转移，城乡接合部的发案率占全市发案率的50%以上。

此外，城乡接合部是当今广州市群体性事件的主要发生地，因为

---

① 相关数据来自广州市人力资源和社会保障局的资料。

这一地区的社会矛盾多，并且容易激化。主要表现在：一是征地拆迁的矛盾不断激化，土地纠纷大量增加。征地拆迁纠纷多为群发性案件，对征地拆迁纠纷的解决不满意，导致被征地拆迁人与政府或司法机构形成新的矛盾。二是由于城乡之间社会保障、公共服务、城乡收入、乡俗文化的明显差异，引发城乡居民之间、政府与群众之间、本地人与外地人之间的多元化矛盾。以萝岗区的"中新知识城"为例，在中新知识城规划范围内的农民得到高额拆迁款，一夜致富并成为"市民"，但与中新知识城一线之隔的农民依旧维持原先的贫穷状态，呈现出新的二元分割结构，造成农民严重的不公平感。近年来，广州市城乡接合部地区群体性的纠纷明显增多，如处理不当，很容易成为社会不稳定因素，增城市新塘镇的"6·11"事件就是典型案例。

（五）外来人口融入城市的步伐缓慢，面临障碍较多

新型城市化对于城市人口结构的要求是加速外来人口融入城市（即本地市民化）的进程。在广州市的城乡接合部，外来人口的数量通常是本地户籍人口的 10 倍以上，这里就是他们生活、居住和工作的主要区域。外来人口在城乡接合部能否安稳地工作与生活，是关乎城乡接合部乃至整个广州繁荣、稳定的重大问题。目前，外来人口融入城市的进程面临不少障碍：①户籍改革问题。外来人口进城后落实市民待遇仍面临实际困难，以户籍性质作为差别分配依据的现实条件没有得到根本改变，户籍制度改革在破解城乡二元管理体制方面的作用未能充分发挥。新农合与城镇居民医疗保险在管理模式、待遇水平、就医管理、费用结算等方面仍然存在较大差距。②住房问题。外来人口长期被排斥在城市住房制度之外，而广州的商品房对于绝大多数外来人员而言是遥不可及的。2012 年一项针对广州新生代农民工（20 世纪 80 年代及以后出生的农民工）的统计调查显示，只有30.2% 的人月收入在 1500 元以上，月收入超过 2000 元的人所占比例

仅为 11.5%；而相同年龄段的城市户籍人口，则有约 60% 的人月收入在 1500 元以上，月收入超过 2000 元的比例为 29.2%[①]。由于其收入偏低，无力购买广州市商品房，位于城乡接合部的环境较差、租金较低的出租屋，就是他们生活和居住的理性选择。但出租屋在房屋产权、住房质量、住房安全、住房设计等方面均存在诸多问题，严重制约外来人口的本地化进程。结合外来人口的实际购买能力和房屋供给状况，出台适当的住房政策，是加速外来人口市民化的必然要求。③子女入学问题。在城乡接合部，绝大多数外来人员的学龄子女由于没有广州户籍，只能进入私立学校就读。这些学校的师资和教学设施都与公立学校存在显著差距。虽然广州市有 6 个区（黄埔、番禺、白云、萝岗、花都、海珠）已采取"积分入学"的形式，安排非户籍学生申请公办学校。但是对于数量庞大的外来人员子女，"积分入学"所能提供的学籍实在是杯水车薪。而且"积分入学"是一种筛选机制，只有学生的父母达到政府设定的一系列条件，才有可能获得公办学校的学位。这实质上就是一种以家庭出身来决定学生能否使用公共资源的制度，对于接受教育的学生而言，极不公平。

三 推进广州地区城乡接合部发展的对策建议

针对广州市城乡接合部存在的种种问题，我们有以下几条建议。

（一）加强新型城市化理念指引，统筹城乡发展

成立市级"城乡接合部全面城市化工作领导小组"，通过统一部署，建立健全城市化推进工作中涉及的规划、政策、地方法规体系

[①] 黄石鼎、宁超乔：《新生代农民工之城市困境及对策研究——基于广州 3002 名新生代农民工的群体特征调查》，载《2012 年中国广州社会形势分析与预测》，社会科学文献出版社，2012，第 311～313 页。

等，在制度建设中严格贯彻新型城市化发展理念。

对广州市城乡接合部地区展开全面调查研究，评估既有政策的成效，分析存在的问题。在综合性研究的基础上，对城乡接合部地区进行分类，分别实施有针对性的政策：第一类，基本完成城市化改造的地区，政策指向以提供均等化公共服务和加强市民化教育培训为主；第二类，在中心镇建设和美丽乡村创建中取得显著成效的地区，政策指向以建立长效管理机制、帮助实现较大的自主发展为主；第三类，在城市化进程问题较大的地区，探索协同发展的路径，帮助实现该地域与城市化进程的融合。

（二）改革创新城乡管理机制，落实一体化引领

建立和完善基层村社监督管理机制，强化上级党委和政府对于农村事务的指导作用。应该明确的是，这种监督和管理不是针对村委具体决策的干预，而是对其决策过程、执行方式、实施效果等实施法律法规许可的监控。并且，通过建立基层公共事务的民主化治理机制，防止村干部滥用权力，最终目的在于确保村集体能够与城市整体发展自然衔接。

在针对城乡接合部的各类发展规划及政策制定工作中，建立健全民主参与制度，组织农民通过座谈会、咨询会、听证会、选举代表等多种方式发表意见。对于涉及集体和农民切身利益的，在未获得绝大多数农民赞同，且未能对不同意见者合理补偿的情况下，不得形成决议。通过与农民的直接协商，调动农民积极性，共同投入城乡接合部的城市化建设工作。

引入第三方评估机制，科学、客观地评估涉及城乡接合部的规划和政策对于不同主体利益的影响，并将其作为判断规划和政策是否符合"不降低居民当前生活水平，充分保障其长远的生计"的基本原则。在评估意见不符合基本原则的情况下，有关部门应及时调整政策

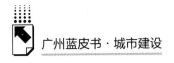
举措。

对城乡接合部处理难度较大的问题，设置时间节点，分批、分步骤加以解决。例如，设定2008年（《城乡规划法》生效时间）为时间节点，规定之后建成的"两违"建筑一律依法拆除，对之前建成的建筑，要求业主承担整治周边环境、禁止大面积占用公共用地等责任。

（三）调整产业格局，推动分层次、分类别的多样化发展

2014年上半年组织专门力量，详细调查广州市城乡接合部的产业状况，6月底完成调查；实施统一部署，根据各地区具体情况、不同问题的难易程度而分步骤推进如下工作。

通过组织村干部在市内外各地区集体参观和学习，推广产业形态优良地区的先进经验，提高村干部改造本村产业的信心和能力。

限期外迁或关停不具备区域竞争优势、安全隐患大的低端专业市场。限期不搬迁的专业市场，可采取建设拆迁、交通管制、消防整改、市场年审等行政手段依法关闭清理。

针对已搬迁专业市场的地区，通过重大项目规划实施与吸引新投资、新产业相结合，大力推动这些地区环境和设施的建设改善，进一步以此为基础招商引资、引智。在整体生活环境和投资环境得到改善之后，借助新投资和新产业的力量，进一步带动、引导当地经济转型和居民生活方式的转变，最终形成具有可持续性的"项目投资—基础建设—生活城市化"的良性循环。

加快推进对具有明显区域竞争优势的传统批发市场的改造升级，支持传统批发市场建立电子商务网络交易平台，实现有形市场与无形市场的有机结合，引导传统市场向"展贸型"市场转型。

按照城市经济发展的定位要求，以及城市历史文化的固有特色，深入全面地研究多元化发展的路径，集中思考如何在充分尊重和保护

固有历史文化特色的前提下，通过大力发展以现代服务业为主的城市经济，带动城乡接合部的改造，形成物业经济、农家乐经济、社区经济等特色产业带。

（四）创建城乡一体化资源配置模式，推动城乡交融

引入市场力量进行城乡接合部地区的土地整治，同时加强国家财税部门以及资本市场监管部门对涉及土地整治项目的监督和管理，促进整个土地综合整治项目的规范化运作。

建立统一的宣传和推广平台，推动村集体积极投入"特色农村"建设，帮助村集体从特色经营中收获经济效益。

以行政体制改革为契机，落实财权和事权的一体下移，保证基层政府有能力加大城乡接合部基础设施和公共服务设施建设的财政扶持力度。

加大城乡接合部农民社会保障的财政支持力度，"补齐"农民与城市居民在社保方面的差额，使城乡居民享受相同的社保待遇。

创新扶持方式，加大对新村建设和回迁房建设的扶持力度，例如政府可以通过贷款利息补贴和税收优惠等方式对新村建设和农民回迁房建设给予支持。

在既有"积分入户"的制度基础上，建立和健全包容性的外来人口政策，助推城市化：第一，2014 年解决经济层面的问题，从稳定、公平、高收入的就业开始，做到同工同酬，为流动人口提供公平竞争的机会；第二，2015 年，解决区位边缘化的问题，通过产业结构调整，逐步改变流动人口的内部结构和区位分布，完善流动人口生产生活的基本配套设施，逐渐使流动人口融入城市社会生活，并解决流动人口子女教育的边缘化问题；第三，从 2014 年开始，借助国家教育体制、房产政策改革的契机，大力推动广州市义务教育制度的改革和创新，以及公租房的建设，解决外来务工人员子女入学问题和住

房问题；第四，2015~2016 年，逐步探索引导流动人口参与当地公共管理事务，解决政治融入的问题，逐步培养流动人口的社会责任感和城市归属感，解决心理边缘化问题。

（五）加大政策支持力度，助推农村自主开发

实施改革创新，为合理利用集体建设用地创造政策空间，实现集体建设用地依法流转。允许集体建设用地在符合规划及其他限制性条件的基础上进行流转，确保集体建设用地使用者享有充分的收益权。同时，除土地利用规划确定的城镇建设用地范围外，经批准占用农村集体土地建设非公益性项目的，允许农民依法通过多种方式开发经营并保障农民合法收益。

合理界定农村集体建设用地流转的收益分配，既可保障农村集体和农民的合法权益，也可使政府增加税收收入。

设立试点，实施集体土地上市、信托管理等制度，并及时总结经验，逐步推广，以制度创新破解非公有制土地的城市化瓶颈。允许村集体与各类社会资本合作改造，开发利用沉淀的土地资源，缓解城市土地资源紧张的局面，提高用地效率。

总结白云区村集体资产公开流转的经验，在全市范围内逐步推广，建立健全村集体资产公开、公平流转平台。

（六）加强教育和培训，增强城乡接合部地区的内生动力

设置试点，建设以各类志愿者为主体的社区纠纷调解平台、外来人员与本地人之间的文化交流平台、针对农民的技能培训平台。2016 年开始，在全市域的城乡接合部地区推广试点经验。

尽快完成建立常规性培训机制的工作，对村集体领导层实施有关本地发展战略、规划和政策的教育，提升村干部把握政策的能力，帮助村集体积极借助优势条件，主动融入本地的整体发展规划。

逐步把对农民的培训列入广州市教育部门和劳动部门的年度计划，加大对城乡接合部农民的教育、培训资金投入和政策扶持，丰富培训内容与培训形式。除了强化基础教育层次外，还要大力开展职业教育与技能培训；除了培养技术工人外，更应培养掌握先进生产技术与经营理念的职业农民，为城乡一体化提供有力人才支撑。

　　　　　　　　　　　　　　　　　（审稿：周凌霄）

B.5
关于提升广州环境竞争力的
对策研究

广州市环境保护科学研究院*

摘　要：

大力推进生态文明建设是党的十八大明确提出的要求。本文在论述城市环境竞争力概念基础上，对广州城市环境竞争力现状进行分析，并归纳广州环境竞争力的主要薄弱环节，最后提出提升广州城市环境竞争力的若干对策建议。

关键词：

城市环境　竞争力　广州

一　城市环境竞争力的概念

城市环境竞争力的概念是在城市竞争力研究基础上，作为城市竞争力的一个子系统发展起来的。城市竞争力的概念主要是从国家竞争力和企业竞争力演化而来的，是城市在竞争和发展过程中与其他城市相比较，利用自身环境和主体素质所形成的外部经济优势以及内部组织效率，吸引、控制和优化资源及占领、控制市场，更多、更高效、更快地创造价值，获取利润，为其居民提供福利的能力。城市环境是城市

＊　课题组组长：李明光，主任，高级工程师。副组长：关阳，硕士，工程师。成员：周娜，助理工程师；彭军霞，博士，高级工程师；牛红义，博士，高级工程师；李志琴，硕士，高级工程师。

的组成部分,城市环境对城市竞争力有着重要影响,因此,城市环境竞争力是城市竞争力的重要组成部分,是城市竞争力评价的一个重要方面。

竞争力包括竞争条件、竞争能力两方面,竞争条件包括先天条件和当前基础两方面,竞争能力是竞争力的实质和关键。竞争力既可以先天传承,也可以后天习得,而后天的不断学习提升是保持并提高竞争力的主要途径,例如先天资源短缺的日本的竞争力公认要高于中国。

城市竞争力概念,特别是在全球化背景下的城市竞争力概念,揭示了城市竞争是吸引控制转化和优化资源,更多、更高效、更快地创造价值,并向附加值更高的价值链条环节发展的过程。竞争的内容是所创造价值的质量(层次)、数量及效率,竞争的目标则是更多、更高效、更快地创造更高质量的价值,吸引、控制、转化和优化资源则是竞争的手段,吸引或控制资源的数量则是竞争结果的一种表现,竞争的核心机制是将资源转化为价值的机制,竞争力的核心就是后天这种转化资源创造价值的能力。因此,城市环境竞争,主要不是竞争城市先天环境资源禀赋及对这些环境资源的一般性管理能力,而是竞争利用这些环境资源,创造环境价值以更好地推动经济社会发展与满足城市居民需求。在全球化与信息化背景下,每个城市都是全球城市体系的一个节点,随着城市竞争程度的日益加剧,城市环境价值也在不断拓展和深化。我们认为,城市环境竞争力的实质是与其他城市相比,城市利用环境资源创造环境价值,管理环境价值并推动环境价值向更高层次发展的能力。

二 广州市城市环境竞争力现状分析

(一)城市环境是城市竞争力指标体系的重要组成部分

当今世界,城市竞争日趋激烈,城市环境也成为重要的竞争要素之一，甚至有人提出城市以环境论输赢。环境竞争力也日益引起人们的重视，成为城市竞争力指标体系的重要组成部分。城市环境竞争力反映城市在环境资源、环境质量、环境保护与环境管理等方面与其他城市相比的竞争能力。城市环境竞争力强，城市通过环境来吸引经济社会发展所需资源的能力就强，创造价值的能力也就强，城市竞争力就强。因此，提升环境竞争力可以提升城市竞争力。

（二）广州市环境竞争力在国内外大城市中排名令人担忧

广州市在国内 12 个城市中排名第 7（排名依次为杭州、大连、沈阳、深圳、天津、上海、广州、成都、重庆、北京、武汉、南京），在 5 个国家中心城市中排名居中，领先京、渝，落后于津、沪。从环境竞争力评分来看，国内各大城市差距不大，从环境竞争力来看，广州市在环境质量竞争力、环境治理与建设以及环境资源与容量竞争力这 3 个方面略强，环境管理与文化竞争力以及环境科技与产业竞争力这两个方面较弱。广州市在参评的 8 个国际大城市环境竞争力排名结果是：新加坡、东京、伦敦、洛杉矶、纽约、首尔、香港、巴黎、广州。广州市排名居后，且评定分值（0.445）与平均分（0.693）差距较大。比较而言，广州市的环境竞争力属于基础条件较好、竞争能力较弱的类型，因此，应从提升环境竞争能力方面入手，改善竞争条件，进而提高城市环境竞争力。

（三）城市环境竞争力将成为广州市未来发展的制约因素

通过国内外城市发展细化比较，可见，广州市与津、渝、蓉等城市现状相反，环境竞争力排名落后于经济发展排名的情况，广州GDP 总量排名第 3，人均 GDP 排名第 2，环境竞争力排名第 7，表明发展转型期的必要。而较强的环境竞争力是发展高端产业、吸引高层次人才和其他资源要素的重要因素，广州未来有可能面临因为环境竞争力落后使经济发展丧失后劲的风险。因此，提升环境竞争力，应该尽早谋划。

三 广州市环境竞争力的主要薄弱环节

（一）环境质量距离国际先进水平差距较大

广州市的环境质量尽管在国内较好，排名较靠前，但距离国际大城市先进水平差距较大，如广州市的二氧化硫和细颗粒物（PM2.5）年平均浓度分别为每立方米 28 毫克和 47 毫克，而国际先进大城市平均分别为每立方米 7 毫克和 20 毫克；广州市的地表水质很多还达不到景观水质标准，而国际先进大城市的主要水体水质基本达到直接接触标准，很多水体水质甚至达到直接饮用标准。

（二）清洁能源、工业用水重复利用和生活垃圾回收利用是主要的薄弱环节

在国内外大城市中，广州市清洁能源发展较为落后，大气环境压力仍然较大。如广州市天然气消费占能源消费总量的比例仅 2%，在国内大城市中排名倒数第 2，远远低于国外其他城市（新加坡，11.1%；纽约，29.2%）。广州市工业用水较粗放，重复利用率低（51.2%），低于国内大城市普遍水平，同省的深圳业达到 88%，亟待改善；另外，广州市生活垃圾回收力度很大，但比起新加坡、首尔、纽约、洛杉矶等大城市而言，在回收利用率方面还相差 20%以上。

（三）环境科技与产业竞争基础薄弱

环保科技与产业方面，广州市有一定的发展基础，但还不是区域

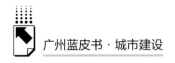

环保科技与产业中心，广州市省部级以上的环保重点实验室和工程技术中心仅2个，没有国家级环保产业园或产业基地，领军科研人员少，环保科技创新能力弱，环保产业上市公司少，环保科技与环保产品主要依赖外界输入。

（四）环境管理与文化竞争力较弱

在制度建设方面，广州市尚未建立健全层次分明、行之有效的环境与发展综合决策执行机制，政府部门重视不够，对企业监管力度不大，公众理解和参与不足，环保治理能力距离先进国际大城市还有较大差距；在环保文化方面，公民低碳消费意识还较差，绿色环境文化还需要培育，如广州市生活用水量为298升/人·日，是杭州（用水量最小的国内大城市）的4倍、巴黎（用水量最小的国际大城市）的3倍，反映了市民的节能环保意识还比较弱。

四 提升城市环境竞争力的若干对策

（一）城市发展重点继续南移，更好地利用环境资源与容量条件

广州市东南部沿海地区通风和水体交换能力强，具有环境资源与容量优势，在城市规划"东进南拓"的发展布局中，建议综合考虑环境竞争力因素，新设重大环保功能产业团，从环境资源与容量最佳配置角度，优化广州市工业布局。

（二）建立环境质量倒逼达标机制，加快改善环境质量

制定广州市环境质量达标管理办法，任务到岗，重点对水质未达标饮用水源保护区和交界断面、超标重点声环境敏感区、扬尘超标或

扬尘重点控制区、土壤污染治理重点区域等，要求地方政府或负责单位制定质量达标规划（计划），限期（如一般不得超过3年，特殊不超过5年）治理达标。同时，制定广州市政府环保责任考核办法，完善环保、纪检、监察等部门的协同、监督和问责等机制，形成制度合力。

（三）大力发展天然气等清洁能源

在保障供应的前提下，促进天然气逐步替代现有燃煤、燃油发电，新建电力项目除生物质发电外都需要采用燃气机组，鼓励热电联产和发展天然气分布式能源站，大力发展使用天然气的工业用户和天然气（LNG）公交车，实施燃煤总量控制，使广州市天然气消费量占能源消费总量的比例到2020年提升到10%以上，届时大气环境质量应有明显改善。

（四）完善工业用水价格机制，促进工业废水深度治理

广州市工业用水粗放的重要原因是工业用水价格长期过低，不能反映资源价值和环境容量稀缺程度。广州市2012年5月前的工业用水价格为1.83元/吨，天津市2011年11月前的价格为7.50元/吨，广州比天津低3.1倍，从近年来的天津市经济发展势头来看，高水价也没有损害天津市的经济发展，反而提升了天津市的经济和环境竞争力。广州市应完善工业用水价格机制，促进企业节水和进行废水深度治理，提高工业用水重复利用率，提升城市环境竞争力。

（五）完善生活垃圾分类回收机制，全面普及分类收集

牢固树立循环经济、固体废物资源再生产的理念，建立促进垃圾分类收集、回收、利用及处理的新机制，使政府、企业及市民能够合理分担成本，共享回收利益。对可资源化利用的垃圾，政府采

用鼓励、合理补贴运营企业的方式，让其直接购买；采用政府主导、企业主动、规则公开的方式，优选垃圾运营企业，统筹分配，实行区域化特许固定企业统一收运、处理；同时，加大投入力度，健全分类回收处理系统，因地制宜，从源头上实现正确分类与收集；加快全面普及扩展城市垃圾分类收集区域，建立分布合理的餐厨垃圾无害化处理设施，做到餐厨垃圾能当日清运和无害化处理。如在2020年将生活垃圾回收利用率提高到50%以上，则该项指标可达到国际前3名的水平。

（六）建设环境科技创新平台，建设华南环保科技中心

建议组织广州市相关高等院校、科研院所以及环保企业，单独申报或联合申报建设国家及省级环保实验室和环保工程技术中心，制定鼓励政策，使之服务广州市环保科技；扶持建设公益性的环保科研机构，建设一批广州市重点实验室和工程技术中心。逐年提高广州市环保科技财政投入，使其在全市财政科技拨款总额中所占比重提高到3%左右。加强环保科技管理，建立环保、科技和教育部门紧密合作的机制，编制环保科技与产业发展规划，健全科研课题立项、资金管理办法及成果推广办法等管理规章。建立环保科技创新"政产学研"战略联盟，打造环保科技创新公共服务平台，共享环保科技创新资源，争取到2020年，使广州市成为华南环保科技中心。

（七）建设新一代环保产业园区，大力发展环保产业

建议在南沙或增城选址建设国家级环保产业园区，大幅提升广州市环保产业竞争力。广州市的环保产业园应定位为第三代环保产业园区，即以综合运营服务为主，能够为客户提供整体解决方案的"大脑型"园区，兼有高新科技研发、环保装备制造及环保咨询服务功能的环保综合服务产业园区。该园区面向国内外环保龙头企业，重点

引进具有世界先进水平的港澳和国际环保运营服务龙头企业，满足广州、珠三角、港澳以及内地环保市场需要，同时以龙头骨干企业为依托，园区发挥专业服务优势，吸引环保制造及服务企业入驻产业园区，形成环保制造及服务产业集群，充分发挥集聚效应，不断发展壮大，形成具有国际影响力、国内领先、华南最强的国家级环保产业园区。

（八）制定广州可持续发展愿景，完善环境与发展综合决策机制

制定凝聚广州市全体市民共识的绿色可持续发展长期（如2030年、2050年）愿景，描绘目标蓝图，分析问题和挑战，包括人口、土地、能源、交通、大气、水资源与水环境、声环境、固体废物、绿地、生物多样性、气候变化等方面，明确说明这些问题与经济、社会发展的关系，与每个市民的切身关系以及当前与未来处理的优先顺序，提出广州市的应对策略和政策框架。

在此愿景下完善广州市的环境与发展综合决策机制，包括建立政策环境评估、部门行动评估、全市环境与发展综合决策咨询委员会以及人大及政协对综合决策的监督机制等，促进政府、企业和市民履行各自的环境责任，提高广州市环境与发展行动的一致性，促进环境管治的社会合作。

（九）提高环保公共服务水平，加强环保能力建设

在财政预算支出中，环保投入年增速应不低于同级财政经常性收入增速，建议到2020年，环保部门经费占当年地方财政本级一般预算的比例在0.8%以上，整体环保投入和人均环保投入达到国内先进水平，主要保障环境基本公共服务、环境管理能力重点建设、环保基础设施建设及重点环境问题污染防治等方面；在环保能力建设方面，

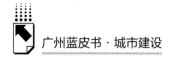

尤其是区县级环保执法队伍建设，应采取派出机构监管模式，优化和理顺中心城区和城市重点发展区域的环境管理体制，强化农村环境管理，尽快实现市、区两级环境保护管理能力全面达标。

（十）发展社会环保团体，培育节俭消费的环境文化

积极发展与倡导绿色低碳和节俭消费的各类型社会环保团体，通过其社会影响与带动作用，结合政府自上而下的宣传主导以及价格杠杆作用，形成广州市节俭消费的绿色环境文化。加强对广州市面临资源环境瓶颈和各地优秀环境文化（特别是岭南传统文化中与环境和谐相处的精华，国外一些地区富而节俭、环境友好的生活方式）的宣传力度，使市民充分认识自身消费行为对环境的压力，提高环境责任意识，改变不良消费习惯。

积极践行低碳环保生活理念，鼓励节约用电、节约用车，多用公共交通和慢行交通，推广使用节水器具，推行水价、电价阶梯式收费，推进分质供水、中水回用及雨水回用，推进污水处理厂再生水利用。争取到2020年，实现人均家庭日生活用水量减少到200升，达到国内前6、国际前5名的水平。

（审稿：丁邦友）

B.6
从化美丽乡村示范村村庄规划的研究报告

周家军　李召兵　马丽珍 *

摘　要：

在分析我国城乡关系发展现状及其存在问题的基础上，充分研究日本、韩国等国外乡村建设的经验，以从化市美丽乡村示范村村庄规划的实践为例，探讨了美丽乡村建设的主要内容和经验，包括因地制宜的村庄分类指导、城乡一体的空间发展规划、管理创新的基层工作模式、注重实效的产业发展路径、质量提升的环境整治与生态文明建设、特色显著的地方文化传承与发展等。

关键词：

城乡一体化　美丽乡村　村庄规划　从化市

党的十八大报告指出，"把生态文明建设放在突出地位，融入经济建设、政治建设、文化建设、社会建设各方面和全过程，努力建设美丽中国，实现中华民族永续发展"；同时指出，"要推动城乡发展

---

* 周家军，从化市规划局村镇规划管理科科长，全国注册规划师，主要从事城镇规划建设管理工作。李召兵，理学学士，从化市规划建筑设计室副主任，城市规划工程师，主要从事小区规划、修建性详细规划、村镇规划、中心村规划、市政道路规划、管线规划等规划工作。马丽珍，文学学士，从化市规划局村镇规划管理科办事员，主要从事村庄规划编制宣传工作。

一体化，形成以工促农、以城带乡、工农互惠、城乡一体的新型工农、城乡关系"。十八大报告首次提出了建设"美丽中国"的美好愿景，并对城乡一体化的发展目标做了进一步的阐释。建设美丽中国，实现城乡一体化的难点和重点都在乡村。因此，建设"美丽乡村"是贯彻落实十八大精神，建设"美丽中国"的最好实践。本文在深入分析我国城乡关系的发展现状及其存在问题的基础上，充分借鉴国外乡村建设的先进经验，以从化市美丽乡村示范村村庄规划的具体实践为例，探讨美丽乡村规划建设的主要经验及其对于城乡一体化新型道路的重要意义。

一　我国乡村发展现状及问题

改革开放 30 多年来，我国已经由一个传统的农业大国逐步过渡到工业化发展的国家，城乡面貌发生了翻天覆地的变化，城镇化进程日益加快，城镇化水平已由 1978 年的 17.92% 提升到了 2013 年的 53.37%。我国总体上进入了"以工促农、以城带乡"的发展阶段，城乡关系调整取得重大进展。但是，城乡收入差距的逐渐扩大仍旧没有得到有效缓解，统筹城乡发展的体制还不够健全，特别是长期以来人多地少的现实矛盾、"城乡分治、城乡分策"的二元结构态势，造成城乡一体化发展模式缺失。农村建设过程中出现的诸多问题，主要体现在以下几个方面。

（一）农业经济和农民收入增长减缓

农村小规模的分散经营方式造成农业效益的低下，从而使农民收入增长缓慢。据国家统计局网站的消息，2012 年全年农村居民人均纯收入 7917 元，比上年增长 13.5%；农村居民人均纯收入中位数为 7019 元，增长 13.3%。城镇居民人均可支配收入 24565 元，比上年增长12.6%。农村居民人均纯收入，无论是从绝对数还是相对数来看，都落后于城镇居民。

（二）农村"空心化"

随着我国城镇化的快速发展，农村青壮年劳动力进城务工的数量激增，2012年，全国农民工总量达到26261万人，同比上年增加983万人，同比增长3.9%。其中，外出农民工16336万人，同比增长3.0%。农村劳动力的外流导致广大农村存在大量的留守妇女、儿童、老人等特殊群体。一方面，特殊群体的大量出现造成一系列的社会问题；另一方面，大量农村人口前往城镇就业、生活，只有逢年过节回家探亲、祭拜，保留了农村宅基地，"建新不拆旧"导致的"一户多宅"、"旧屋村衰败"、"老村空心化"现象严重。

（三）农村发展的滞后

农村发展滞后，主要体现为农业基础设施建设滞后、农业现代化建设水平滞后、农村公共服务体系建设滞后和农村事业发展滞后。究其原因，大致包括以下几方面：农产品价格低迷，多数农产品市场供过于求，严重影响农民增收；农民传统生产意识浓厚，分散经营明显，农业结构调整与规模经营受到严重制约，产品缺乏市场，结构调整效益低下；农业科技推广网络不畅，农民对科技信息了解甚少，缺乏对"名、特、优、稀"农作物品种的了解；农业生产基础设施条件薄弱，农业生产抵御自然灾害能力低，生产成本相对高，农产品效益下降。

（四）农村社会分散化

在落后地区集体组织可控资源减少、农村"空心化"和人员社会流动日益增强的现实背景下，村集体作为一个共同体，其内部凝聚

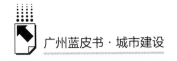

力不断减弱，村庄的社会关联度不断下降，导致乡村社会分散化和集体组织能力弱化。

二 国内外乡村建设的案例借鉴

城乡一体化是每个国家从传统社会迈向现代化的必经阶段。国外一些先进国家和地区已经历过乡村的建设发展，并积累了一定的经验。

日本在20世纪50年代和60年代进行了两次大规模的新农村建设，虽然取得了一定成效，但城乡差距逐步扩大的问题并未得到根本解决，农村劳动力仍大量涌入城市。70年代以后，日本开展得轰轰烈烈的造村运动，尤其是平松守彦提出的"一村一品"理念对世界范围内的农村开发产生重要影响，其思想注重政府的扶持与引导，因地制宜，充分发挥地方特色，开发新的农产品或特色旅游及文化项目。造村运动使得日本农村产生巨大变化，农民生活条件得到极大改善，并基本消除了城乡差距。进入80年代后，休闲农业在日本农村兴起，其发展理念也逐步从注重纯经济理念，转向重视农家乐与生态旅游，再转向注重回归自然、文化传承。

韩国曾经是一个以农业为主的国家，后来随着韩国经济的快速发展，城市化进程不断加快，城乡差距也不断加大。到20世纪70年代，韩国开展了新村运动，统筹城乡发展，彻底改变了农村贫困落后的面貌。其成功经验在于：一是政府在资金、政策、制度等各方面都提供了强大的支持；二是充分发挥农民的主动性、积极性与创造性；三是注重文化建设的重要作用，在韩国农村，每个村都有村民会馆，对村民进行培训。加拿大很好地将当地特色要素融入进农业的建设。美食之旅与休闲农业有机结合，是加拿大现代农业发展的重要特色。美食与乡村之旅的结合丰富了农业的文化内涵。新加坡是一个城市经济型的国家，土地资源十分有限，农产品不能自给，大部分靠进口。但新加坡采用集中经营建设现代化集约的农业科技园的农业发展模式，农业科技园基本建设由国家投资，通过招标方式租给商人或公司。

2011年江苏省出台了环境整治行动，以环境整治为主，以窗口地区为重点，推进村庄治理工作，并做好村镇布局规划。灵活的规划和制度设计，很好地解决了农村的居住和生活环境。浙江省的农村发展实践能成为全国的典范，在于其城乡统筹协调部门的城乡统筹工作，能保证规划落地；点线面结合，立体推进村庄整治工作；对农村宅基地实行差异化管理；等等。此外，印度在20世纪80年代提出的"乡村综合开发"、法国提出的"农村改革"计划等都为乡村建设提供了重要借鉴。

综观国内外农村发展的成功经验，一是政府的强力扶持，政策支持为乡村发展提供有力保障，健全法规制度保证农业健康发展，合理规划布局让乡村规模有序地成长；二是强调生产、生活与生态三位一体，规划理念趋向绿色农业与生态旅游，即集观光休闲、科普教育、文化体验、生态保护功能于一体的思想；三是调动农民主动性与积极性；四是重视对农民的教育和培训，推广运用现代农业科学技术；五是注重农村基础设施和公共服务设施的建设。

三　从化美丽乡村示范村村庄规划的具体实践

美丽乡村的规划建设是在"走新型城市化道路"和"建设美丽城乡"背景下城乡一体化的重要发展方向。与以往的村庄规划相比，美丽乡村的建设并不是笼统的村庄整治和环境改善，美丽乡村之"美"同时体现为外在美和内在美，外在美注重生态良好、环境优美、布局合理、设施完善，内在美则强调产业发展、农民富裕、特色鲜明和社会和谐。从化市正是通过美丽乡村示范村庄规划工作，贯彻"美化乡村环境、集约节约用地、提升农民生活水平"的核心目标，促进城乡统筹，切实改善农村的人居环境，旨在将农村建成规划建设有序、村容村貌整洁、配套设施齐全、生活环境优良、乡风文明和睦、管理机制完善、经济持续发展的宜居、宜业、宜游的社会主义新农村。其具体实践体现在以下几个方面（见图1）。

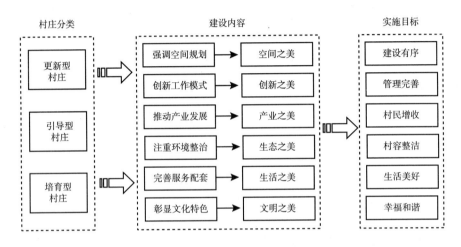

图1　从化市美丽乡村规划建设框架

（一）因地制宜，分类指引，科学对待村庄发展差异

在充分了解和认识从化地区农村的现状、发展特征、差异性和发展模式后，提出差异化的规划编制和实施政策指引。从化市美丽乡村建设根据"村庄规划管理政策分区"，按照城市化规律统筹城乡发展，综合考虑城镇增长边界、城市生态控制线、重点功能区发展等因素确定村庄的类型以及规划建设重点，促成城乡从"城非城、村非村"的格局走向"城即城、村即村"的一体化模式。

从化市将美丽乡村示范村划分为更新型、引导型、培育型三类，不同类型的村庄实行不同的发展目标与产业指引（见表1）。以从化市狮象村为例，狮象村位于从化市昌田镇中部，距昌田镇政府约 6 公里，距从化市区约 60 公里，面积约 29.37 平方公里，总人口约 1790 人。村庄四面群山环绕，村民以种植水稻、三华李、柿子和砂糖橘等为主，村域内自然资源和人文资源都十分丰富。其发展类型属于生态农业发展型和乡村旅游发展型，美丽乡村规划建设工作已将其纳入广州市名村建设，村庄生态农业和乡村生态休闲旅游已初具规模，村庄人居环境得到改善，村民生活水平逐步提高，配套基础设施得到完善。

表 1　从化市美丽乡村的类型划分与发展指引

村庄类型	村庄特征	发展目标与产业指引
更新型村庄	城中村,位于城市建成区范围内,属完全城市化村庄	以优化为主,条件成熟的成片推进,条件未成熟的以控制为主,适度整治
引导型村庄	近郊村,位于城市增长区范围内,属半城市化村庄	新型城市化政策的重点区域,以引导集中安置、分批推进为主,通过政府集中资金与政策改造一批、重点项目解决一批、企业帮扶一批有序推动城市化进程
培育型村庄	远郊村,位于生态控制的乡村地区,属以农业为主的村庄	展现美丽乡村风貌的重点区域,引导村民在用地总量控制的原则指导下,"自主规划建设",建设自己的美丽家园。以生态农业和乡村生态休闲旅游为主导产业

（二）科学规划，形成城乡一体的美丽乡村空间格局

从化市美丽乡村示范村的规划建设根据村庄自身经济发展状况和要求，以及自然环境、资源条件和历史情况，统筹兼顾，科学制定规划，将村庄空间进行科学功能分区，一般将村域功能空间分为中心村发展区（村民居住区）、产业经济发展区、生态保护区、现代农业区、基础设施区等。合理的功能分区有利于生产、生活、农村的建设和发展，为美丽乡村的建设奠定规划基础，以规划引领美丽乡村建设，形成城乡一体的美丽乡村空间格局（见表 2）。

表2 从化市美丽乡村的一般分区及主要功能

空间分区	主要功能
中心村发展区	在原来村庄人口居住区内集中居住，有利于集约节约土地，也有利于污水处理、垃圾处理、供水、供电、供气、网络等公共配套设施的统一配置
产业经济发展区	主要的村经济发展项目，根据需求建立园区，引进企业进驻
生态保护区	加强对水源地或重要生态林地的保护，避免不必要的建设
现代农业区	村民开展农业活动的区域，发展优质、高效、集约化的现代农业
基础设施区	集中或分片设置文化室、学校、敬老院、运动场所、公园及商业设施

（三）创新规划管理，积极探索美丽乡村规划建设的工作模式

从化市在美丽乡村规划建设的过程中，积极调动各方主动性与参与性，加强基层组织建设，积极探索与创新美丽乡村的工作模式。

一是转变工作理念，从"闭门编规划"转变为"共编共管共用"。践行群众路线精神，制定《从化市村庄规划编制实施"村民参与"工作方案》，开展大规模的"村民参与"工作培训，通过"问卷调查"、"规划工作坊"、"村民大会"、"规划公示"等方式，发动村民广泛、深入地参与村庄规划编制实施工作，充分体现村民的主体地位，编制村民"看得懂、用得上"的规划，推进村庄规划落地（见图2）。

二是注重社会动员和金融扶持，充分调动村集体的积极性，发挥社会各种力量的互助帮扶和合作，鼓励金融机构满足农村信贷需求，形成政府积极引导、农民积极参与、社会积极帮扶的发展机制。

三是加强农村资产的经营管理，搭建"善理财、促公开、重监督、严追责"的基层集体经济管理体系，培育农村基础组织建设能力。

四是强调发挥村集体的领导作用，成立美丽乡村建设村民理事会，充分引导村民参与美丽乡村建设，发挥村民主体作用，完善村民

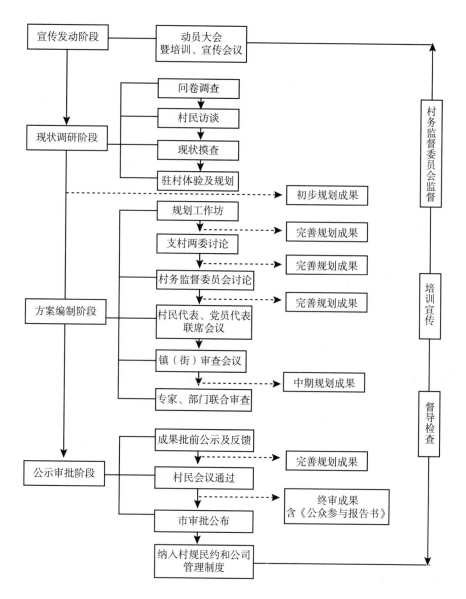

图2　从化市村庄规划编制实施"村民参与"流程

自治制度,在各级政府部门指导下,拟定本村美丽乡村建设方案,引导村民在用地总量控制的原则指导下,"自主规划建设",建设自己的美丽家园。

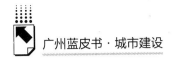

（四）注重实效，努力推动乡村经营管理与产业发展

美丽乡村的建设重点之一就是提高农民收入、增强农村集体经济、带动农村脱贫致富，实现美丽乡村的"产业之美"。从化市美丽乡村规划建设充分利用本市的旅游资源、良好的生态环境和独特的区位优势，促进落实各项强农惠农政策，大力发展现代农业和乡村旅游业，推进农业产业化，着力村级经济的发展以及农民收入的提高。

一是注重农业产业化和公司化的发展模式。强调利用后现代农业的理念，用"规模的服务"替代"集中的生产"，延长农业的上下游产业链，利用市场化构建新型农户组织，超越农村工业化道路，走向农业生产服务业。

二是充分利用周边旅游资源，推动自身产业发展。从化市美丽乡村规划建设充分利用地方特色，形成功能互补、错位发展的旅游发展格局，如北部乡村注重商务会议与休闲养生板块、中部乡村注重乡村风情旅游板块、南部乡村注重产业观光与历史文化旅游板块。从化市狮象村利用临近响水峡景区的区位优势，以及狮象古人类遗址的自身资源，规划在响水峡附近选址布置产业发展区，集中规划乡村酒店、农事体验田、农产品展览馆、农家乐等，形成外来游客接待中心。同时打造狮象岩古人类遗址旅游、森林溶洞探险、乡村体验旅游、田园观光、花卉基地、响水峡、一河两岸生态景观和生态水源林区等"狮象八景"。

三是丰富产业发展模式，吸引不同消费人群的旅游需求。从化美丽乡村的建设充分利用良好的生态环境和乡土资源，开辟丰富多样的休闲农业与乡村旅游发展模式，如农务参与型、观光果园采摘型、科普教育型、乡土民俗体验型、户外康体型、乡村旅游商业等，满足不同游客的不同需求（见表3）。如从化市凤二村利用周围景点特色及错位发展、优势互补的原则，将旅游产品定位为户外康体、休闲养生、乡村野趣、客家风情。

表3　从化市休闲农业与乡村旅游发展模式

模式	主要特点	适宜人群
①农务参与型	以农民为经营主体,体现"住农家屋、吃农家饭、干农家活、享农家乐"的发展模式,经营模式投资不大,接待成本低,游客花费亦较少	近距离城镇的都市居民,利用双休日去消除身心疲劳、逃避都市烦嚣
②观光果园采摘型	以田园风光为依托,利用农业生产的场地、产品、设备、作业及成果获取收益的发展模式	适合客源较广,以近距离、家庭式出游为主体
③科普教育型	在农业科研基地的基础上建设,利用科研设施作景点,融入现代审美观念的特色发展模式	农业工作者实地作业、中小学生教学实习
④乡土民俗体验型	如通过建设客家山歌演艺中心,定期举办客家文化文艺表演活动,传播客家娱乐及生活文化,展现现代客家风情	适合客源较广,以远距离、旅游者体验本地特色为主体
⑤户外康体型	利用森林公园等山水资源,开展户外康体、郊野游赏等活动,是短途多次的休闲旅游好去处	以近距离、家庭式出游为主体
⑥乡村旅游商业	以客家文化为特色,结合传统农业、传统手工业、饮食业、旅游业,发展现代化商业模式	适合客源较广,以远距离、旅游者体验本地特色为主体

（五）提升质量，大力加强环境整治与生态文明建设

从化市美丽乡村的建设强调注重环境整治和生态文明建设,同时努力提升和完善公共服务和基础设施建设,以及各项居民保障体系建设,提升美丽乡村的质量,形成环境美、生态美和生活美的乡村氛围。

一是加强村容村貌整治,提升乡村的环境美。分析村庄自然环境、村落格局、村民住宅等风貌特色,主要对建筑、道路、绿化、水体和市政设施等方面,根据其存在的主要问题,提出合适的整治措施和规划意向。对主要村道的路面进行硬底化,增加路边绿化,设置道路标识系统和路灯等,并结合入口、水塘、河涌、山体、祠堂、公共设施等增加公共绿地和开敞空间,根据不同绿地功能和主题设置相应

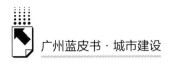

的设施，改善村民的居住环境和提高其幸福感。

二是完善公共服务和基础设施，提升乡村的生态美。在公共服务设施方面，从化市美丽乡村规划提出了一个综合服务中心、一个卫生站、一个休闲文体活动广场、一个文化站、一个宣传报刊橱窗、一个以上合理分布的无害化公厕的"六个一"工程；在基础设施方面，村庄规划对村庄未来十年内的村庄产业发展，包括建房、生产在内的土地利用，道路，工程管线和配套设施以及空间环境等控制要求做出了科学合理的规划，实现道路通达无阻化、100%饮水洁净化、垃圾处理规范化、卫生死角整洁化、生活排污无害化、农村路灯亮化、通信影视"光网化"的"七化"工程。

三是加强乡村居民保障体系建设，提升村民的生活美。从化市通过在民政、养老、医疗、教育和就业保障等方面改善乡村的社会民生，增加各项涉农财政投入，充分发挥公共财政投入对现代化美丽乡村建设的支撑、引导和保障作用，统筹农村居民的社会保障体系建设。

四是完善村庄绿化景观布局，包括农业生态景观（农业大地景观与水系网络）的综合整治以及村庄环境景观等。在充分保护与结合村庄生态基础环境和风水林、古树名木、环村林带、村片林等原有绿化成果的基础上，结合"一路、一园、一林"绿化工程，通过农田林网、村片林、河渠路堤绿化等基础绿化建设，进一步完善村庄生态保护体系，形成绿化景观框架；合理规划村级公园、社区游园、滨水带状公园、绿道等绿色公共休闲空间，提出庭院绿化及农村书屋、社区广场、文化活动场所等公共活动场地的绿化建设指引要求，形成具有岭南山水特色、融生态与文化于一体的点、线、面相结合的绿化景观风貌格局。

（六）彰显特色，注重示范村地方文化的传承与发展

乡村之美，不仅在于乡村优美的自然环境和田园风光，也在于其

独具特色的风土人情和文化景观。如果千村一面，则失去了乡村的生机与活力。美丽乡村的建设，要把培育和创造乡村地域文化作为彰显乡村文化特色的载体，注重乡村优秀文化的传承与发展，体现乡村的特色与差异性。

从化市农村地区占全市域面积近八成，建设美丽乡村对从化的意义重大。从化建设美丽乡村尊重广东文化、岭南文化，注重体现地方特色，多些田园的、自然的味道，少些人造的、工业的色彩。首先，推动文化发展与生态休闲旅游深度融合，积极推动从化市的岭南文化、美食文化、温泉文化、体育文化等的传承与开发，在发展生态休闲旅游的同时展现村庄非物质文化遗产魅力，以多姿多彩的文化内涵，吸引游客品味从化，玩赏从化；其次，为了体现村庄的历史文化，按照统一的建筑风格对村民住宅进行外立面的改造，保存乡村原有的自然风貌和文化风格，对于有历史价值的祠堂、寺庙以及其他文物古迹按照"修旧如旧"的模式进行保护与利用；最后，重视文化设施建设在美丽乡村规划中的作用，积极建设图书室、文化广场、文化站、宣传报刊橱窗等文化设施，开展多种形式的群众文化运动，同时加强文化人才培养，积极提高村民的文化素养，把岭南文化作为重要元素进行谋划，用文化打造美丽乡村。

（七）制定措施，合理安排建设规划实施进度

美丽乡村建设是推进新型城市化发展，建设低碳经济、智慧城市、幸福生活美好家园的重要抓手，需要全市上下高度重视、科学指导、统筹规划、重点突破、全面推进。本着"先易后难、循序渐进、科学规划、整村推进"的原则，制定实施措施，合理安排建设规划实施进度。

一是村庄规划。美丽乡村建设的村庄规划工作是政府发挥主导作用的首要体现，要合理引导企业、群众、社会力量积极参与美丽乡村

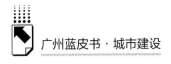

规划建设。

二是农民增收。要指导各村依靠各自的资源、生态、区位、水利等条件，积极发展旅游、文化、商业、生态、休闲等特色经济，争取每个村形成一至两个主导产业。加强对农村剩余劳动力的技能培训。积极谋划把农民房屋、土地等资产变成资本，增加农民收入。

三是优化环境。全力推进"七化"工程以及公共服务"六个一"工程，加强村庄环境综合整治。积极推进打造星级美丽乡村。

四是传承文化。要把岭南文化作为重要元素进行谋划，重点加强农村文化人才、文化设施、文化场所建设，让美丽乡村既有田园风光，又有生态景观，更有文化气息。

五是形成合力。明确美丽乡村建设各试点村的牵头单位、参与单位和工作要求，加强结对帮扶。国土、规划、交通、环保、城建、旅游、工商、文化、财政、水利、电力、园林、教育等部门加强政策指导，合力推进美丽乡村建设。确保资金支持，市级财政每年安排资金集中用于美丽乡村项目建设。

六是机制建设。从完善领导机制、群众参与机制、市场准入机制和考核机制等方面入手，积极探索打造可看、可学、可用的美丽乡村建设模式，在全市发挥示范带动与引领作用。

美丽乡村的规划建设是"走新型城市化道路"和"建设美丽城乡"的重要内容。从化市的城乡一体化建设即是以美丽乡村示范村的规划为重要抓手，基于对村庄进行分类指引，以生态文明建设为目标，统筹空间布局规划、基层组织建设、产业经济发展、生态环境保护、公共服务配套、特色文化传承的协调发展，坚持政府、村民、企业的共同参与，探索新型城市化的城乡发展模式，为推进城乡互补的可持续发展、全面推进小康社会与宜居城市建设提供了重要的经验借鉴与理论探讨。

参考文献

胡锦涛：《坚定不移沿着中国特色社会主义道路前进　为全面建成小康社会而奋斗》，人民出版社，2012。

曲文俏、陈磊：《日本的造村运动及其对中国新农村建设的启示》，《世界农业》2006 年第 7 期。

平松守彦：《一村一品运动》，上海翻译出版社，1985。

Stephen V. ，"Farmers and Village Life in Twentieth-Century Japan"，*The Journal of Asian Studies*，2004，63（4）.

凌强：《日本观光立国战略的新发展及其问题》，《现代日本经济》2008 年第 6 期。

Park CH. Saemaul，*Korea's New Community Movement*，Seoul Korea：Korea Textbook Co. ，Ltd. ，1979.

Bell DS. ，Lee CB. ，*Administrative Dynamics and Development*：*The Korean Experience*，Seoul Korea：Kyobo Publishing Inc. ，1985.

郭一新：《休闲农业旅游开发探讨》，《地域研究与开发》1999 年第 18 期。

何景明：《国外乡村旅游研究述评》，《旅游学刊》2003 年第 18 期。

宋智勇：《印度的农村建设》，《老区建设》2007 年第 7 期。

周建华、贺正楚：《法国农村改革对中国新农村建设的启示》，《求索》2007 年第 3 期。

（审稿：区惠霞）

区域建设篇

Researches on District Construction

B.7

关于广州市荔湾区建设
生态城市的研究报告

唐航浩*

摘 要：

生态、低碳和环保正成为世界经济社会转型发展的时代
潮流。位于广州市西部的"花地生态城"，是荔湾区推
进新型城市化发展的主战场。"花地生态城"将以"广
州西部门户、广佛之心"为定位目标，践行"以人为
本、以文化为根、以花为魂、以水为脉、以绿为韵"的
规划理念，依托区位、水脉、多元产业、历史文化底蕴
等优势，建设成为生产性服务业总部集聚地、人文生态

---

* 唐航浩，管理学硕士，中共广州市荔湾区委书记、区人大常委会主任。

宜居地、花田水乡旅游目的地。

关键词：

　　花地生态城　新型城市化　美丽荔湾　广州

　　当前，生态、低碳和环保正成为世界经济社会转型发展的时代潮流。在特大城市中追求人与人、人与自然、人与社会和谐共融，实现宜居、宜业是广州市新型城市化发展的重要目标。按照广州市委、市政府的发展战略部署，荔湾区于 2012 年起全面拉开了"花地生态城"建设的序幕。

　　"花地生态城"位于广州市西部，是广佛肇经济圈产业聚焦区，广州西联战略的重点区，珠江前后航道商业与生态功能的交会区。作为广州市"2＋3＋9"重大战略性发展平台之一，"花地生态城"规划总面积约 50 平方公里。其中，可建设用地面积 34.12 平方公里，已有建成面积 30.81 平方公里，基本农田保护面积 1.5 平方公里，外江堤防 27.2 公里。目前，常住人口约 21 万人，流动人口约 15 万人。

一　建设花地生态城的重要意义

　　花地生态城位于荔湾区芳村，包括原白鹅潭商业中心区、芳村花地在内的原芳村区区域，是荔湾区推进新型城市化发展的主战场。

（一）花地生态城是践行生态城市建设理念、建设幸福城区的重要平台

　　生态城市这一概念是在 20 世纪 70 年代联合国教科文组织发起的"人与生物圈"（MAB）计划研究过程中被提出的，一经出现，就受到全球的广泛关注。生态城市是一个经济高度发达、社会繁荣昌盛、

人民安居乐业、生态良性循环四者保持高度和谐，城市环境及人居环境清洁、优美、舒适、安全，失业率低、社会保障体系完善，高新技术占主导地位，技术与自然达到充分融合，最大限度地发挥人的创造力和生产力，有利于提高城市文明程度的稳定，建立协调、持续发展的人工复合生态系统。

花地生态城建设从生态城市建设理念的战略高度，重新审视荔湾的优势和劣势、机遇和挑战，突出文化在经济社会中的引领地位，以水秀花香生态为区域投资动力，以人民幸福健康为出发点，全面推动广州市的城市发展理念、城市发展体制和城市发展路径转型升级，努力建设幸福城区、美丽荔湾。

（二）花地生态城是完善提升广州珠江前后航道城市发展带和生态绿色长廊的重要载体

历经广州两千多年的发展历史，珠江前后航道功能划分逐渐清晰明朗。珠江前航道西起白鹅潭商业地区，经广州老城核心地区，过十三行、南方大厦、民间金融街，再到北京路、天河北、珠江新城、金融城、黄埔临港商务区等，为广州城市发展带，代表广州城市建设的最高水平；珠江后航道自花地生态城"芳村花地"起，连接海珠生态城、长洲岛、大学城，顺流而下与番禺新城、长隆生态乐园、南沙新区相接，构成珠三角湾区生态廊道，是广州的"生态后花园"。花地生态城地处珠江前后航道的起点，三江汇聚，引领着城市发展带和生态绿色长廊，在广州城市发展和生态城市格局中占据重要地位，是完善提升珠江前航道城市发展带及后航道生态绿色廊道的重要载体。

（三）花地生态城是落实广州市新型城市化发展战略的重要板块

荔湾区包括"传统、现代、自然"三大功能板块，花地生态城由现代和自然两大板块构成，其功能既可体现荔湾的优势，又符合现代与自然的发展特色，也能与全市各大平台形成特色分工。从都会区的功能结构看，花地生态城属于优化区域，有强化国际化和区域服务职能。从都会区功能布局分解看，花地生态城偏向于商贸、创意产业功能。从荔湾特点看，商贸、花卉、水、岭南文化一直是荔湾的优势和特点。总体考虑来看，花地生态城尤其突出国际现代商贸、岭南文化创意、花卉产业以及相关延伸功能和业态的发展，强化枢纽带动发展的作用，对落实广州市新型城市化发展"123"功能布局规划，加快推进"2+3+9"战略性发展平台建设具有重要意义。

（四）花地生态城是优化广州西部门户、提升广州城市品位形象的重要途径

花地生态城位于广州西部，紧邻广州核心老城区，毗邻佛山南海等地。广佛江珠、广珠北延等城际轨道在此汇聚，是广州向外界展示的"第一窗口"，每天数十万人由此进入广州，通往越秀、天河等地，在此形成对广州的"第一印象"。加快花地生态城建设，有利于优化提升广州城市品位，优化提升广州西部门户。同时，广佛地缘唇齿相依，文化一脉相承，亲如一家。广佛同城化是广东省委、省政府加强珠三角区域一体化的重要决策之一，花地生态城建设对于加快实现广佛同城化具有重大推动作用。

（五）花地生态城是推动经济发展与产业升级的重要引擎

花地生态城依据自身独特的地缘及人文优势，打造广州西部门户、连接广佛之间的核心都会区，这为广佛同城化的推进、珠三角地区整体产业结构优化和整体竞争优势提升提供了有力的支撑。而规划中"国际商业中心"、"专业交易中心"、"华南花卉中

心"的功能定位，既体现了广州市荔湾区逐渐从传统制造业向高新科技产业及现代服务业转变的趋势，也体现了大都市的功能型城市分工理念。这将促使更多的研发设计活动、创新管理活动集中在都会区，在带动经济发展、产业结构优化的同时也能够提升城市的文化品位、教育科技水平，对广州市建设国家中心城市、打造国际商贸中心、培育世界文化名城、发展总部经济将起到积极的推动作用。

二 建设花地生态城的现实条件分析

（一）有利条件

1. 优越的区位优势

花地生态城位于广州西部、荔湾区南片（原芳村区），紧邻佛山南海，是广佛地域空间的几何中心、广佛同城化的核心地区，是沟通广佛地区的交通枢纽、广佛互动的现代服务业集聚区，具有承东启西、贯通南北的枢纽区位优势，既可以吸纳与集聚高层次的生产要素，又可以发挥向周边地区辐射的综合功能。伴随着广州实施新型城市化发展战略，以及广佛同城化，花地生态城将成为广州西部的重要门户、广佛都市圈的核心地带。

2. 良好的自然资源

花地生态城地处珠江三段河道的交汇处，拥有"三江汇聚"得天独厚的天然资源，是广州市唯一拥有一江两岸亲水环境的城区。区域内水系资源丰富，河涌纵横交错，水岸线长达42.4公里，其中珠江岸线长达25.3公里，河涌达103条，总长达98.5公里，其丰富的水量和优质的水资源可为营造水城相融、人水和谐的城市空间提供良好条件。区域内土壤结构良好，农园、花田和城市园林等人工植被丰富，其"十里江岸、百里河涌、千年花香、万亩花地"的自然资源优势将极大地增强花地生态城对高端经济资源和产业集聚的吸引力和辐射力，同时也是花地生态城旅游业发展的重要依托，蕴藏着巨大的旅游开发价值。

3. 丰富的历史文化底蕴

芳村古称"花埭"，早在9世纪的南汉时期就以盛产素馨、茉莉著称，明、清更盛。芳村以其历史悠久的种花传统、博大精深的花文化艺术，赢得了"千年花乡"的美誉。同时，芳村又是中国岭南盆景艺术的发祥地，被世人称为"花卉之乡、盆景之地"。花地生态城所在的原芳村区曾经孕育了最初的工业、航运文明，是近现代广州社会、经济、文化发展的缩影。区域内现存有聚龙村、毓灵桥、德国教堂、协同和机器厂、亚细亚油库龙唛仓、渣甸油库旧址、美孚油库旧址等人文古迹和康有为、何香凝等名人故居，具有较丰富的历史文化资源。丰富的历史文化资源有利于提升花地生态城的历史文化品位，是彰显区域个性的"名片"，也是形成吸引力和凝聚力的重要动力。

4. 多元的产业基础

花地生态城地处广佛交界核心区域，已形成一定的产业规模。产业集中于工业制造业、花卉产业、商贸批发、旅游餐饮、创意产业、房地产、仓储物流等领域，涵盖了广州国际医药港、广东塑料交易所、立白大厦、珠江黄金西岸滨水创意产业带、花地河新经济带等重要地块和重点项目。区域内分布有广州花卉博览园、南方茶叶市场、花鸟鱼虫市场、广州水产品中心批发市场等众多专业市场，"农业产业化国家重点龙头企业"广州花博园内落户的300多家花卉生产企业带动了全省8万多亩的花卉生产规模，南方茶叶市场等八大茶叶市场形成了中国最大、亚洲第一的茶叶贸易集散市场，成为万家客商云集之地，带动了地区的商旅和观光需求。近年来进驻的广东塑料交易所、唯品会、梦芭莎等一批现代商贸企业，经营方式先进、经济效益好、城市管理成本低，代表了商贸业未来的发展方向。

5. 不断完善的交通网络

花地生态城主体是原芳村区，其交通网络是随着城市建成区的扩展自然形成的。区内主要道路包括东南西环高速、芳村大道、花地大道、鹤洞路和其他一些次干道。现有 1 条轨道线路，即地铁 1 号线，是连接芳村区域和老城区的重要轨道，约有 82 条常规公交线路经过，其中，与佛山市联系的线路有 8 条。广佛两市铁路、城际轨道和城市轨道交通对接通道共有 14 条，其中铁路通道 4 条，快速城际通道 3 条，城市轨道对接通道 7 条。在与佛山道路对接的 17 处高快速路通道中已经实施并基本达到高快速路标准的通道有 6 条，在建项目 4 条。此外，有 2 处公路客运站，分别是位于地铁 1 号线坑口站附近的芳村客运站和位于广佛公路上的滘口客运站。现有的码头包括黄沙、芳村、石围塘、白鹤洞、白蚬壳、永兴街，航线 4 条。整体交通格局已初具连通珠三角、粤西地区的交通枢纽规模。

（二）挑战及问题

1. 外围地区发展带来的挑战

面临周边南海"趋同威胁"以及珠江新城的"上位威胁"，荔湾区再次面临成为"边境地带"的危险。

与荔湾相邻的佛山南海区着力发展金融产业，打造"金融商务区"，区域商圈功能日趋完善，已形成金融商务核心区的雏形。广佛地铁的开通、广州大型房地产商的市场认同、廉价的土地资源，形成了房地产性价比高、环境优美的居住条件，吸引了广州居民。特别是与佛山接壤的原芳村区和大坦沙地区，相对于佛山的南海、顺德的经济发展总体上偏弱，形成了"弱周边"对接"强周边"的产业格局。

南海形成的这种产业高位，对荔湾区吸引经济要素集聚、提升产业发展构成强有力的挑战。

"珠江新城—琶洲—员村地区"作为广州市级的核心中央商务区，是广州市最高等级的商务区。珠江新城的建设聚全市之力，具有良好的基础设施以及政策优势，将对总部经济、金融业及其他高端服务业产生强大的吸引力，从而使周边地区的高层次产业继续向中心地区集中，对花地生态城白鹅潭商业中心区建设产生"上位威胁"。

广佛同城是把"双刃剑"，既带来了机遇，也带来了挑战。伴随着广佛快速通道、广佛地铁的修通，佛山与广州的互补性可能集中体现在广州天河、珠江新城一带，荔湾区如果没有产业高地作为支撑，很可能因为缺乏"吸引体"成为过境地带，从而可能再一次成为广佛同城化下的"边境地带"。

2. 内部发展存在问题

第一，内部交通还有所不畅，只有芳村大道、花地大道等少数几条主要通道，道路等级不高，且为过境交通，横向道路缺乏，导致花地生态城规划区域内各街区和功能区联系困难。第二，商业设施陈旧，且配套条件不理想。第三，旧城改造问题较多，拆迁带来的各种利益纠葛，包括搬迁费用、重置地的选择以及搬迁居民的就业、生活等问题。第四，土地产权复杂，许多地块分属不同的主管部门，有些地块甚至已做出了具体安排。第五，行政体制制约。现行的行政审批制度事项过多，审批时间过长，项目开发主体并不十分明确，许多审批权在市，花地生态城所在的荔湾区及各街道决策权有限。第六，产业高度不够。工业仍占较大比重，第三产业有较快发展。但在第三产业中，传统商业、饮食业等低附加值的传统行业仍占较大比重，而金融、保险、房地产、信息咨询等新兴服务业发展不足，社会服务行业、文化、教育、科技、体育与提高人口素质联系密切的服务业发展水平也较低。

三　花地生态城的发展定位和规划设想

（一）发展定位

花地生态城发展定位为：广州西部门户、广佛之心。充分利用花地的独特地理优势，践行以人为本、创新驱动、低碳智慧的发展理念，融合"现代、自然"，整合白鹅潭商业中心、花地河电子商务集聚区、广钢新城、花卉交易区、生态核心区等功能区，把花地生态城规划为广州市新型城市化的样板区，成为广州市"云山珠水"城市生态格局、"花城水城绿城"城市品牌的重要代表，"花（芳村花地）、果（万亩果园）、山（白云山）"城市品牌的重要组成部分；珠江前后航道的交汇点（后航道珠三角湾区生态廊道，前航道城市商业发展带）；都会区城市功能创新环上的重要节点（东部环偏向于创新、科研等功能，西部环偏向于商贸、创意产业功能）。使其成为生产性服务业总部集聚地、人文生态宜居地、花田水乡旅游目的地。

（二）规划理念

按照"以人为本、以文化为根、以花为魂、以水为脉、以绿为韵"的规划理念，高起点规划、高标准建设、高效能管理、高品质服务，不断提升花地生态城的竞争力、吸引力、辐射力和影响力。通过对花地生态城的开发建设，在土地储备和城乡统筹发展方面大胆探索，使其成为荔湾区走新型城市化发展道路的典范，成为旧城、旧厂和旧村综合改造的试验区，形成创新城市更新改造模式的示范带动效应。

（1）以人为本。

深化落实居住、产业、医疗、教育、文化体育、商业、市政、生态、政务服务九大功能的功能布局。第一，居住方面，2010 年以来，退出 32 家第二产业企业，否决 52 个不符合环保要求的项目。规划居住类项目 15 项。第二，产业方面，规划产业类项目 13 项，总投资 87.63 亿元，加快形成新型工业、现代服务业为主体的多元产业体系，增强对高素质就业人口的吸引力。第三，医疗方面，现有综合医院 9 所，社区医院 18 所，实施医疗卫生设施布点规划，规划新增 13 个医疗点。第四，教育方面，现有中学 8 所，小学 18 所，幼儿园 18 所，实施中小学建设发展布点规划，规划新增中小学校 32 所。第五，文化体育方面，整合基层宣传文化、体育健身等设施，建设综合性文化服务中心，规划文化体育类项目 3 项。第六，商业方面，打造千亿级电子商务产业群，发展五百亿级医药产业群，培育钢铁、烟草等百亿级产业群。花地河电子商务聚集区预计全年网络交易额超过 3200 亿元。第七，市政方面，完善"水、电、气、网、路"等城市基础配套设施，规划建设"6+3"的大交通网络（6 条城市地铁，3 条城际轻轨），新增市政类项目 39 项。第八，生态方面，花地地韵灵秀，文化与生态交织，打造花地串珠，规划生态类项目 31 项。第九，政务服务方面，发挥好 10 个家庭综合服务中心、10 个政务服务中心、75 个社区居委会的服务功能。打造政务服务"一站式"平台。分类推进公民服务类、工程项目类、经营法人类三大类服务优化。促进公民服务类下沉街道社区服务中心、社区居委会，方便居民就近办理；工程项目类同步市审批流程优化改革，同步压减同步提速；经营法人类配合商事制度登记改革，优化审批流程，企业注册启动"一表制"专窗。

（2）以文化为根。

秉持"在保护中更新繁荣，在更新中保护传承"的文化理念，深入发掘荔湾岭南水乡文化、商贸文化、工业文化、花文化、茶文化，以珠江岸线为重点，串联协同和机器厂、柴油机厂、石围塘火车站等沿江近代工业文明遗址，打造珠江后航道工业遗产区。以广钢新城建设为契机，突出打造以工业遗产保护为主题的"广钢之轴"。

（3）以花为魂。

历史上花地"八大名园"享誉海内外，目前花地更有"千年花香、万亩花地"的美誉。在原有花卉种植、交易基地的基础上，重点发掘花文化，大力补齐花展示、花旅游、花检测、花交易、花卉艺术培训等系列花卉产业高端链条。以花卉文化传承千年花香，以花卉产业提升万亩花地，以花卉展销打造花卉品牌，以花卉总部集聚花卉产业。

（4）以水为脉。

区域内水系资源丰富，河涌纵横交错，河涌总长达104.5公里，水域面积约5.2平方公里。将以水安全为第一责任，以水环境为第一目标，以水文化为第一主题，利用芳村片区河网密布的自然优势，沿水建立多层次复合的湿地生态系统，规划水道形成河网，营造水城相融的特色空间，实现江水、湖水、河水相连相通，重塑岭南水系空间肌理。

（5）以绿为韵。

划定15.35平方公里生态控制线，新增生态用地2.15平方公里。区域生态控制绿化率将达30%以上。在原来园林绿化的基础上，将以城市公园为点，以江岸、河涌为线，以花田、湖泊为面，串点成线、扩线成面，着力构建一个生态层次多元、物种多样的田园城区，形成珠江前后航道交汇处的第一个生态绿洲。

（三）功能分区

花地生态城由现代和自然两大板块构成，通过密度组团与生态廊道相结合的空间布局模式，将在空间上细化形成9大组团，包括白鹅潭商业中心、花地河新经济带、广钢新城、东沙现代产业区、西部门户综合区、近现代工业遗产传承廊道、岭南 V 谷、万亩花地生态核心区、花地滨水生活区。以之为着力点，分区规划，同步推进，突出区域功能特色，实现功能的整合优化提升。

1. 现代板块

（1）白鹅潭商业中心。

充分利用白鹅潭三江汇聚的地理优势，打造立足广佛、辐射珠三角、面向世界的国际滨水商业中心和广州都会区西部枢纽。重点发展现代商贸产业、电子商务产业以及文化创意产业三大主导产业。重点打造滨江"城市客厅"，依托密集的历史河涌水系打造滨江外滩，构建世界一流的滨水地区，塑造白鹅潭商业中心区的独特形象和名片。

（2）花地河电子商务集聚区。

沿着花地河规划建设华南地区规模最大、集聚效应最强的电子商务集聚区。将花地河电商集聚区规划为"一带一核四园十心"："一带"指电子商务发展带，即以花地河为主轴，由北端向南端延伸，同时向花地河沿岸两边扩展；"一核"指由广佛数字创意产业园、海龙电子商务创新中心和岭南电子商务产业园所构成的核心区；"四园"指塑料电子商务园区、茶叶电子商务园区、时尚消费电子商务园区、花卉生态农业电子商务园区四个园区；"十心"指的是包括广佛数字创意产业园、岭南生态电子商务园等在内的十个中心项目。

（3）广钢新城。

延续工业文化特色，落实新型城市化，广钢新城规划定位为具有工业历史和创意文化的特色新城，资源高效利用和环境优美的宜居新城。整体按"一轴四片区"设计，"一轴"是指"广钢之路"中央文化休闲轴，"四片区"分别是创意文化商业片区、商务办公生活片区、绿色居住片区、水景居住片区。

（4）东沙现代产业区。

以现代产业为主导，打造高端产业集聚地和现代产业基地。整体按照中烟片区、医药港片区、广船片区、西塱先进制造业园区、东沙产业园区五大片区，形成影响全国的塑料交易与物流基地，中国船舶制造设计基地，辐射全省的医药研发、交易及物流基地，华南地区烟草制造基地，广州工业设计与精密仪器设计基地。

（5）西部门户综合区。

在与佛山南海直接接壤、毗邻的滘口车站周边，以混合利用的开发模式完善现有和未来地区性的公交和铁路服务。突出石围塘火车站、通福桥、毓灵桥等历史上广州西联的门户标识性文物古迹，用以界定花地生态城形象和识别性。

（6）近现代工业遗产传承廊道。

白鹅潭地区历史文化积淀深厚，拥有多处历史文物、近现代工业遗产：以协同和机器厂为代表的近代民族工业遗址；以广州柴油机厂为代表的广州工业品牌"老字号"；以广钢、广船为代表的大型工业文明，是广州古代因港繁荣、近代开埠、现代工业发展与改革开放的历史见证。对于这些历史文化载体的保护应采取积极的保护策略，从绝对的实体保护变为积极的功能再生，赋予历史文物新的文化内涵，充分协调保护与发展的关系。通过绿化廊道和休闲步行空间将其串联，结合旅游开发重点打造沿珠江后航道、花地河、大冲口涌—鹤洞山顶3条特色历史文化体验长廊，提升城市建设的文化内涵。

2. 自然板块

（1）万亩花地生态核心区。

生态核心区体现市政府提出的"花城、绿城、水城"的特色，以花卉产业为主导产业，体现生态城的理念，形成大片的生态用地。其规划功能定位为水秀花香展示区、花地湖生态功能区、花卉产业总部区，目标是把生态核心区建设成为今后广州市着力打造的"花（芳村花地）、果（万亩果园）、山（白云山）"的新名片。

（2）岭南 V 谷。

将广钢临江地块改造为高新科技创意产业园，作为集团构建高新技术产业体系和加快推进战略转型的试验基地。建设 14 座形态各异的建筑，引入国内外的钢铁制造企业，开展钢铁深加工和高科技新型钢铁产品展示。

（3）花地滨水生活区。

以水秀花香为特色，以花地河为轴，串联石围塘茶叶市场、花地沿河生态公园、城中村改造社区及紧凑的住宅岛屿，辐射至海龙围片区，打造广佛生态乐居社区。

（审稿：姚华松）

B.8
广州黄埔区长洲岛建设
"绿色慢岛"的对策研究

中共广州市黄埔区委宣传部

摘　要：

长洲岛具有得天独厚的自然、人文和历史资源。本研究从绿色慢生活原理入手，总结长洲岛的特点和独特的地理位置等优势，分析长洲岛"绿色慢岛"发展的必然性，提出"绿色慢岛"开发指导思想、总体思路、开发战略和发展蓝图，将长洲岛打造成一个具有文化底蕴的绿色休闲慢岛。

关键词：

长洲岛　绿色慢岛　战略研究　广州

一　慢生活内涵

格斯勒认为："我们正处在一个把健康变卖给时间和压力的时代。"20世纪90年代中期，正处于事业旺盛期的欧美中年人逐渐从紧张生活中脱离出来，开始重视身体和精神健康，勇敢地让生活"慢"下来。在此背景下，"慢城"、"慢岛"逐渐成为一种新型的生活观和城市发展模式。国外学者 Mara Miele、Mayer H.、Pual L. Knox 和 Sarah Pink 对慢城发展的定义、原则或准则、发展路径、慢城运动及其与全球化和可持续发展之间的关系等进行了初步的学术探讨。

国际上对慢生活的权威定义，是工作和生活中适当降低速度，以欣赏的心态看待和感受周围的人和事，提倡慢开车、慢食、慢爱和慢运动等最佳的心理状态。东方的慢生活以中国慢生活为典型，主要体现为人的休养生息，中国源远流长的人生四大情观：品画、喝茶、养花、安坐，就是"慢生活"的鲜明写照。按照东方的慢生活理念，慢有时就是一种快，东方理念的慢生活，是一种需要细细品味的生活，是每时每刻都镂刻了时间痕迹的生活，为我们找回失去的时间，让生活变得更加精彩。慢生活，是应对当前城市快节奏的发展形势下，人们亲近自然、顺应自然的一种生活方式，彰显了人们积极与健康的心态。

在国外，意大利的 42 个小城已经成功推行了这一模式。以意大利的"慢城市"布拉为例，悠闲的餐饮，恬然的氛围引来大批国际游客。旅游业蓬勃发展的同时，也推动了当地商业持续发展。

在国内，张弛有度的古城杭州、建 10 条步行道打造独特"绿岛链"慢行系统的福州、被世界慢岛组织授予"慢岛"称号的江苏南京高淳县桠溪镇等地都是慢生活成功开发模式的先行者和典范。

二 长洲"绿色慢岛"建设基础

长洲岛位于广州的东部，隶属广州黄埔区，是珠江上的一个江心岛，略呈东北至西南走向，哑铃形状。因形状狭长，故名长洲岛。地貌属丘陵台地，气候属南亚热带季风气候，年平均气温 22.52℃，年日照时数 1906 小时，年平均降水量 1603.13 毫米。地理坐标为东经 113 度 25 分、北纬 23 度 04 分。1958 年，黄埔造船厂将部分河涌填平，使东面长洲岛与西面的深井岛连成一大岛，统称为长洲岛，面积 11.5 平方公里。

（一）蜚声海内外的黄埔军校资源

黄埔军校的旧址坐落在长洲岛。黄埔军校作为近代中国最著名的一所军事学校，其影响之深远，作用之大，名声之显赫，都远远超过该军校设立的初衷和所要达到的目标，是广州屈指可数的大人文资源之一。

（二）丰富的植被和农产品

长洲岛是江心岛，绿色覆盖率甚高，尤似海上盆景，岭南水乡特色浓郁。长洲岛林地面积有1.733平方公里，主要树种有荷木、马尾松、相思、桉树、阔叶林和杂竹。马尾松林和阔叶林主要分布在牛牯岭、扯旗山一带。阔叶林的树种主要有红锥、樟树、凤凰木、荷木、南洋楹等。相思林和竹林主要分布在大飞岗，其生长茂盛，林相整齐。东部的深井岛以旱地和山地为主，旱地以种植经济作物为主，山地主要是以竹林为主，主要品种有龙眼、杧果、荔枝等。深井岛南部有一片古荔枝树，面积0.66平方公里，百年以上的古荔枝树100多株，品种为糯米糍、桂味、黑叶。长洲岛的古树资源丰富，据统计，有64株古树，200年以上的有8株。其中在长洲街道办事处的古荔枝树，树龄长达327年。

长洲岛是离广州中心城区最近的农业耕作区域，有不少特产：长洲大果阳桃、深井霸王花及龙眼、黄皮等。广州黄埔阳桃欢乐节自2008年以来，在长洲岛已成功举办五届，被人民网、中华节庆研究会等单位评为"中国最佳自然生态旅游节"，成为推介长洲文化旅游的最佳载体，也成为市民群众文化活动的重要平台。

长洲岛的自然环境得到了很好的保护，岛上无工业污染企业，空气特别清新，中山公园、圣堂山公园、环岛长堤、钓鱼台度假村等都是休闲的景点，是广州市民周末休闲度假的好去处。

（三）纵横交错的水系承载着历史的轨迹

长洲岛位于狮子洋进入广州的必经之路，珠江前后航道交汇处，岛上河道纵横，除本岛外还有洪圣沙、娥媚沙、白兔沙及大吉沙等沙洲，这些沙洲低矮平坦，水涌纵横。

由于深井岛、长洲岛一带水深且港阔，曾是中国对外贸易的重要海港，清朝粤海关黄埔分关设于此，当年，商贾云集，盛极一时。柯拜船坞为中国最早的外商投资企业，是中国早期产业工人发源地之一。

长洲岛位于珠江主航道南岸，处在由海上水路进入广州的咽喉要道，是防卫广州海路的要冲，历来为兵家必争之地。

（四）古村落的人文气息，深厚的文化底蕴

长洲岛文物古迹遍地，文化底蕴深厚。长洲岛有保存基本完好的古民寨：深井村。这些古民寨始建于南宋、兴盛于明清，是典型的岭南建筑群。房屋多是带有珠三角风情的青砖大屋，建设华美，其中深井的歧西、安来大街、荥阳里的西关式古老大屋最为集中。深井的歧西有三棵广州市的著名古树，一棵秋枫树有近300年树龄，一棵相思树有近200年树龄。村中明清时期的古建筑至今基本保存完好，每栋房屋下半段全是用红砂岩石垒就，上部是青色砖，房屋山墙上有栩栩如生的雕饰，有金鱼、有鱼鳞、有波浪。村中最著名的旧建筑是凌氏宗祠，宗祠砖墙内有三棵凤眼果，枝繁叶茂，据说有一百多年了。它们的欣欣向荣，更衬托出古巷的幽静。长洲岛还有座金花古庙，建于清代，距今已有一百多年的历史，是广州所剩的唯一保存完整的金花庙。此外，长洲岛的古迹还有深井文塔、曾氏大宗祠、南海神祠等。作为中国最早开发的口岸，长洲岛具有众多境外人留下的踪影和古迹，包括：巴斯楼、巴斯教徒墓地、柯拜船坞、禄顺船坞旧址、外国人墓地等。

长洲有千年历史，村民的礼教、习俗有着浓厚的地区特色，体现在婚俗、挂灯、神诞、自梳女、祭神、不落家、人祠堂、龙船等方面。至今，长洲岛原住民仍沿袭传统的生活方式，日出而耕，日落而息。他们吃着传统制作的食品，喝着当地的井水，深井村至今仍保留有一眼一百年历史的水井。岛上风味特产有长洲年糕、深井软骨鸡、黄埔蛋、长洲秘制狗肉、深井烧鹅等。长洲村、深井村都是广州著名的长寿村，长洲岛长寿老人众多，八九十岁的老人到处可见，百岁老人也可找到。

古村落淳朴的人文气息，与黄埔军校的辉煌历史相互照应、相得益彰，形成特有的人文氛围，为将长洲岛建成有别于广州其他区域的"绿色慢岛"奠定了基础。

三 长洲"绿色慢岛"的开发战略研究

（一）长洲"绿色慢岛"开发的指导思想

1. 以原生态的发展理念为主导

长洲岛自新中国成立以来，由于其特殊的政治背景，一直发展滞后，但有效地保持了原有的生态格局，没有发生过大规模破坏性的工业开发，包括水源与水系，空间格局与空气质量，土壤与植被，民居格局等均未被破坏。长洲"绿色慢岛"的开发在政策定位上，不宜大拆大建，应强化其生态旅游功能，打造一个"适合发呆"的"旅游慢岛"。如以生态文化为核心，建立自行车环岛游道，建立"慢岛"让来岛上的人停留下来游玩、活动；在钓鱼台附近开发一块地建生态农业，吸引白领租种，让游客能在长洲岛住下来，留下来。

2. 以悠久淳厚的海外人脉与资金资源为条件

长洲岛虽小，但人杰地灵，聚政治、经济与文化的灵气于一身。

大批志士仁人、赤子同胞，曾经从此出发，漂洋过海，求生、救国、强族……为民族、为国家前仆后继，出生入死，一片赤诚。许多人永远留在了境外。现在他们虽然身着洋装，身在异乡，但他们的心依然是中国心，他们是长洲岛最珍贵的资源之一。

政府是规划者的角色，通过建立休闲规划，以海外人脉和资金资源为条件，设计开发长洲"绿色慢岛"所需要的核心旅游产品，鼓励企业参与长洲"绿色慢岛"开发，让企业从规划中看到最具潜力与盈利价值的项目，积极参与。开发商应立足区域开发与核心项目建设，打造以旅游休闲度假为依托的运营平台，充分导入具有联动供应能力的专业休闲、游乐、餐饮、有机农业等机构，实现运营协同发展。

3. 服务对象的三个面向

（1）面向岛上原住民。

首先，长洲"绿色慢岛"开发建设应面向长洲居民的实际需求。在策划规划中，应从实现项目未来发展终极愿景和实际操作的角度，实事求是地以提高岛上原住民的整体收入水平为目标。因此，要立足实际开发的角度，提出项目未来发展的终极愿景与实际操作的具体方式。

其次，长洲"绿色慢岛"开发建设，要考虑到在政府层面的影响力和示范效应。在符合国家对于旅游开发、度假区打造要求基础上，满足当地发展和居民利益前提下有序开发。

（2）面向大学城的学生。

长洲岛是大学城的延伸，是大学城的后花园，是 20 万大学生的周末理想去处。长洲岛服务学生是有基础的，黄埔军校夏令营已经服务了广州学生多年。赤坎桥连接了长洲岛和大学城，同时也成了大学生环游的必经线路，长洲岛应在历史景观的基础上精心打造学生的心灵家园和浪漫旅程。

长洲岛深厚的人文底蕴为服务大学生提供了底气，长洲岛可以成

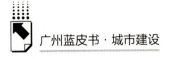

为大学城开学季、踏青季、生日季、浪漫季、运动季、冒险季、创业季、毕业季等派对狂欢的理想场地。

（3）面向岛外游客。

长洲岛在过去吸引岛外游客的措施上没有在"留得住"上下功夫，不论是阳桃节还是音乐节、龙舟赛等在服务游客、引导游客上都是漫不经心的，使得这些项目成为昙花一现。长洲"绿色慢岛"开发建设应着眼在制造留下来的理由，和将来还要来的理由。入岛之处应有遮阳蔽日的游客中心和精心为游客设计线路的导游志愿者。

4. 从旅游区到度假区

（1）引领都市慢生活的示范区。

长洲"绿色慢岛"开发应立足于从旅游区到度假区的过程，这也是从"单一观光"到"复合度假"，从"游憩"到"休憩"的转变过程，包括"7×24×356"的休闲概念，将慢生活的休闲度假理念融入项目打造，从白天到夜间，从游览到住宿的理念充分地融合在产品策划与设计中。"慢"是一种生活方式。它有别于都市中快节奏的"速食"生活，形成一种令人神往的、需要细细品味的悠闲、舒适、放松的生活，是都市人的心灵疗养院。通过对项目基础设施和环境的营造，打造广东"慢生活"旅游度假区、"慢生活"旅游示范区等。

（2）忙里偷"闲"的最好去处。

在设计休闲产品的时候，首先考虑的是本地市场，面向的是休闲群体，以本地游客为主体。广州、深圳1小时经济圈应该是重点研究和挖掘的区域。

"闲"是一种体验方式。把"慢理念、慢品味、慢风格、慢节奏"落实到项目细节中去，可以达到休闲度假的效果。从环境、建筑风格、夜间活动、游乐设施等项目入手，打造"休闲特色"。

长洲"绿色慢岛"开发建设应以打造国际级的休闲度假区为目标，形成以"慢生活体验"为项目底蕴和核心吸引力，以"山"、

"水"休闲度假体验为核心功能的国家5A级旅游度假区。

两种定位思路最终还是要走复合型度假开发之路，把核心定位与项目卖点的差异化作为核心，重点围绕休闲体验模式与生活方式做好文章，抓住"人脉、地脉、文脉"几条线，尊重原乡特色，尊重人文背景，尊重本土风情。

（二）长洲"绿色慢岛"开发的蓝图构想：一村两环四区

1. 民俗村

定位慢生活，将深井码头周边地区建成一个具有岭南风格的乡村。

长洲岛仍有少数近似疍家的原生态生活方式，没有被现代发展所淹没，具有集中发掘的基础。

以深井和长洲码头为中心，可以在停靠打鱼船的几个社区规划相关区域修饰现有的民居、新建部分特色建筑，整理形成岭南特色（含疍家）饮食服务、咸水歌、水上体验、生活体验项目等。疍家人着疍家服饰为游客提供服务，日常仍然维持原有的生活不变。

2. 两环

（1）沿江景观带。

加强绿色生态建设，创造和谐人居环境。道路绿化带、沿江绿化带以及公共集中绿地等多种绿地相结合，形成完善的绿地系统。

针对城市大众不同年龄、收入群体，可以设置大型的活水沙滩游泳池、水上活动中心、湖心水幕电影院，满足年轻人、家庭等群体活动的需求。规划内的游艇泊位，更要注重公共泊位与私人泊位的配置共存，泊位码头附近应设置更多的群体活动设施吸引大众了解、体验游艇文化，利用长洲毗邻琶洲会馆、广州市中心的地缘优势，吸引港澳地区的私人游艇靠泊长洲岛。湿地公园除保留必要的候鸟栖息区外，应尽量利用水网资源设置水路通道，让小型观光艇能无声地滑行

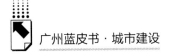

在林荫水道上。

（2）环岛自行车道。

大力发展环岛绿道游，用绿道链接长洲旅游文化要素。交通上倚重自行车、电瓶车、游轮游艇、未来的地铁，减少私家车，杜绝摩托车。环岛绿道应有醒目标识或雕塑。

3. 四区

（1）休闲农业区。

大力发展庄园与农场，整合若干大型果园资源，打造成特供游客观光、采摘、品尝的乐园，如"杨桃园"、"荔枝园"、"香蕉林"、"黄皮园"、"甘蔗园"、"霸王花基地"等，赋予经营牌照与标识。在宣传资料、路巷指示牌中，指引游客进入果园，采摘特色水果作物，出园称重付费。同时，帮助农户打造品牌，如"深井霸王花"成功申请地标证明商标就是一个典范。

（2）休闲中山公园。

目前政府已规划扩大中山公园，将辛亥纪念馆周围地块、体育公园等融入中山公园，加种果树名木，增加绿色生态，给市民与游客一个更大更舒适的游憩场所。

适时申报市级森林公园。在森林公园中，加入概念元素，如打造"长洲桃花岛"概念：沿路条形种植桃花，森林公园集中种植桃花，形成"夹岸数百步，芳草鲜美、落英缤纷"的广州桃花源，同时辟出空地，让游人情侣种植，营造"人面桃花相映红"的浪漫；或者，打造"百年荔枝林"，将长洲岛百年荔枝树围合起来，变成保护性风景，使人们既可在果树下品尝，又可纳凉、喝茶、下棋。

（3）世界廊桥集锦区。

廊桥为有顶的桥，有遮阳避雨，供人休憩、交流、聚会等作用。廊桥在中国已有2000多年的历史，目前全国尚存30余座古廊桥。欧洲及北美也有风格迥异的廊桥。可以把全世界三四十座特色明显的廊桥按一定的比例仿制并集中在长洲岛上，构造中国独一无二的廊桥景观区，借用了深圳"世界之窗"、"锦绣中华"的理念，但又突出了自己的特色。

长洲岛根据原有的水系河涌并结合湿地公园的设计，使用软件建模对不同的岛上旅游线路和客流量进行模拟，在游客需要歇脚、观看演出节目和吃点心或正餐的旅游节点安置相应特色的廊桥。同时廊桥下的流水又可以构建另外一个"威尼斯式"的水上旅游线路，以岛上特色的龙舟替代"贡多拉"，培训原住民作为撑船的渔夫，沿途或高歌一曲或"羊城讲古"。水上环岛的景观设计可以包容原有的水松、疍家生活展（可以安排疍家居民和龙舟水手来一次对歌）、短途游客参与的龙舟赛，摇旗呐喊互相泼水，夜色下的景观设计可仿照新加坡圣陶沙的声光水幕电影来一场声势浩大的印象长洲。

（4）文化休闲区。

长洲岛深井村自古特别重视子女教育，村内有"进士巷"。据有关资料，古村自南宋至今，出进士十数人，举人不胜枚举。我们以深井文塔、进士巷为主要依托，深挖深井科举文人之辉煌，出功名之密集，即可形成科考（高考）访拜圣地，吸引参加中考、高考的学生及其家长前来参观。多设座位，让都市匆忙的脚步在这里慢下来。让慢下来的游人可以欣赏革命伟人的雕塑、李海鹰《弯弯的月亮》歌词中概念人物"阿娇"的塑像等。

参考文献

Mara Miele, "Citta Slow: Producing Slowness Against the Fast Life", *Space and Polity*, 2008, (1).

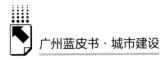

Mayer, H. , P. Knox, "Slow Cities: Sustainable Places in a Fast World", *Journal of Urban Affairs*, 2006, (4).

Pual L. Knox, "Creating Ordinary Places: Slow Cities in a Fast World", *Journal of Urban Design*, 2005, (1).

Sarah Pink, "Sense and Sustainability: The Case of the Slow City Movement", *Local Environment*, 2008, (2).

李洁、李之霞:《新编基础旅游学》,南开大学出版社,2008。

沈祖祥:《旅游心理学》,福建人民出版社,2009。

伏六明:《女性悠闲行为研究》,湖南大学出版社,2009。

（审稿：王玫）

关于广州从化打造美丽乡村的研究报告

李利东*

摘　要：

广州市第十次党代会和十四届人大一次会议提出要加快统筹城乡一体化发展的重大战略部署，走新型城市化道路，推进农村经济发展方式转变，实现生产发展、生活富裕、生态文明的目标。作为广州三大副中心之一，从化是广州不可或缺的重要组成板块。在分析从化打造美丽乡村存在问题的基础上，重点提出若干优化对策。

关键词：

美丽乡村　城乡一体化　从化　广州

打造现代化美丽乡村是广州市第十次党代会和十四届人大一次会议提出的统筹城乡一体化发展的重大战略部署，是广州市为走新型城市化道路，推进农村经济发展方式转变，实现生产发展、生活富裕、生态文明的目标而提出的一项重要举措。从化是广州市重要的山区县级市，也是一个经济欠发达地区，无论是区域面积，还是人口规模，农村比重占70%以上。推进从化现代化，重头戏应在农村。从化要改变农村的落后面貌，按照广州北部城市副中心定位，就必须抓好副

---

* 李利东，广东省从化市人民政府办公室，科长。

中心规划和各类专项规划的编制实施，进一步提升城乡规划水平，优化主体功能区规划，构建城市副中心、卫星城、新农村三级新型城镇体系，着力打好广州牌、生态牌、幸福牌，立足独特的生态优势、地缘优势和后发优势，以缩小差距为核心，以美丽乡村建设为突破口，全面提升村民幸福指数，让农村居民共享改革发展的成果。

一 从化基本概况

从化位于广东省中部、广州市东北部，全市总面积 1985 平方公里。截至 2013 年 9 月底，全市总人口 58.96 万人，其中农业人口 10.8 万户、42.98 万人，占全市总户数的 61.9% 和总人口的 72.9%。全市辖三街五镇，221 条行政村、2715 条自然村、48 个社区居委会。改革开放以来，从化市与全国各地一样发生了巨大变化，经济社会保持平稳较快发展，2013 年 1～11 月全市实现地区生产总值 255.15 亿元，增长 13.8%；工业总产值 552.99 亿元，增长 21.6%；公共财政预算收入 25.38 亿元，增长 11.1%，完成全年目标进度 86.02%；税收收入 36.04 亿元，增长 5.5%，其中地方库税收收入 15.49 万元，增长 11.2%；固定资产投资 138.03 亿元，增长 21.3%；旅游总收入 56.69 亿元，增长 18.5%；社会消费品零售总额、商品销售总额分别增长 16.1% 和 35.7%。金融机构贷款余额 189.15 亿元，增长 20%。经济综合发展实力跃居全省 67 个县（县级市）第二名，先后获得广东省文明城市、教育强市、旅游强市、林业生态市和全国农村中医工作先进市、全民健身活动先进单位等荣誉称号。

二 当前从化美丽乡村建设存在的主要问题

从 2006 年开始，从化市围绕"生产发展、生活宽裕、乡风文明、村容整洁、管理民主"新农村建设的基本方针，坚持规划先行、因地制宜、合理布局、协调发展，以"五改五有"为切入点，大力开展生态文明村创建活动。经过 7 年多的努力，全市 221 条行政村和一批自然村实现"五通"，累计创建风格各异、特色鲜明的生态文明村 685 条（含自然村），为统筹城乡一体化发展，建设美丽乡村奠定了坚实基础。但是，从打造现代化美丽乡村的战略高度来看，当前从化农村建设还存在一些亟待解决的问题。主要表现在以下几个方面。

（一）农村规划建设滞后

目前，从化市已基本完成了 221 条行政村的村庄规划，并逐步推进村庄整治、三旧改造、新农村建设的实施，村容村貌有所改善。然而，由于用地紧张等原因，村庄规划一直无法落地实施，农村建房总体混乱，"有新房无新村"现象十分突出。由于"祖业不可废"以及宅基地是祖业等传统思想，加上相关补偿费偏低，即使是旧房、烂房，大部分村民都不愿拆除，"建新屋不拆旧房"，空心村、空置村在从化普遍存在，建设美丽乡村难度很大。

（二）农村经济发展困难大

由于农村基础设施落后，尤其是边远山区的路、水、电、气、污水处理、网络通信等硬件基础设施建设滞后，无法适应经济发展的客观需要，从化各类优质资源得不到开发，极大地制约了农村经济发展。虽然近年来从化实施"一村一品"，把发展特色产业作为新农村建设的重要工作来抓，但许多镇村的特色产业，普遍存在着"优"而无"势"、"特"而不"强"的现象，缺乏规模效应，农业产业化程度偏低。加上一些镇村存在重"五改五有"、轻"生产发展"等现象，导致产业培植难，农业龙头企业量少质差，科技含量不高，带动辐射能力不强，抵御市场风险和自然灾害的能力弱。截止到 2013 年

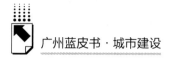

底，从化仍有村集体年收入低于 10 万元的贫困村 201 个，人均年收入低于 5000 元的贫困户 8032 户，涉及人口 22908 人。

（三）环境卫生较差

近年来，从化市深入实施城乡清洁工程，农村环境有了明显改善。由于思想上重建轻管及村级经费紧张等原因，村庄卫生保洁、设施维护、绿化养护等方面缺乏长效管护。农村畜禽粪便、生活污水和废弃物、农药化肥等引发的污染问题突出，加上资金投入有限、资源浪费、重复建设等问题，造成设备简陋、设施总量不足、共享率低的局面，农村生态环境整体脆弱，公共设施难以满足农民生活生产的需要。

（四）资金筹措困难

资金问题是制约建设从化美丽乡村的最大瓶颈。美丽乡村建设不管是墙面改造、村道改造、绿化美化、环境清洁，还是宣传培训等，都需要一定规模的资金支持。但目前看来，建设美丽乡村尽管有上级一定的财政补贴，但从化自身财政配套能力较弱，相对于大规模大范围实施美丽乡村建设，财政支持可谓杯水车薪。尤其是欠发达的山区镇和贫困村，自身运作经费本就捉襟见肘，更难有余力来支持美丽乡村建设。同时，由于农民群众和社会参与度不高，少数镇村"等、靠、要"思想严重，资金筹措难以落实，美丽乡村建设只能是小打小闹、望洋兴叹。

（五）农村文化特色有待挖掘

从化农村蕴含着丰富的文化资源，仅明清时期的古村落、古建筑就多达 16 处，由于缺乏整体规划，农村文化特色没有得到深入挖掘。很多优秀民间文化、传统文化与非物质文化遗产亟须抢修、保护，一些特色文化内涵需进一步丰富，文化形象需进一步提升。同时，受制于人才、经费、场地和资源等影响，目前从化农民文化生活相当贫乏，除看电视、打麻将、扑克外，几乎找不出其他的时尚健康的娱乐活动。

（六）基层组织职能发挥不充分

随着我国农村改革的不断深入，农村基层党员干部难以适应农业和农村经济与社会发展的新形势与新要求。很多农村党员干部年龄偏大，思想保守，创新意识不强。对新时期农村出现的新情况、新问题束手无策，对于发展农村经济的能力不够、路子不宽、方法不多，带领群众致富的本领不高。村级组织管理不规范，政务、财务、村务公开不及时、力度不够，农民对组织缺乏信任，村委会的凝聚力、战斗力与号召力不强，很大程度上制约了从化美丽乡村建设工作。

（七）村民参与意愿不强

尽管美丽乡村建设最大得益者是农民，但现实当中，农民的主体作用发挥不强，农民整体素质低，参与美丽乡村建设的积极性不高，在一定程度上存在政府包办代替的现象。美丽乡村不仅对环境有客观要求，对个人行为亦有所制约与规范，而这些都与农民原有习惯差异较大，部分村民卫生意识不强，随地乱扔乱倒垃圾现象普遍，一些村民由于资金或个人利益、宗族恩怨等多种因素，对美丽乡村建设不够配合，这都给从化美丽乡村建设带来困难。

三 破解制约"美丽乡村"建设难题的对策建议

据测算，2012～2016 年，从化市需投入美丽乡村建设资金约 4.4 亿元，平均每年投入 0.88 亿元。虽然从化市已将每年 2500 万元生态文明村建设资金调整用于美丽乡村建设，但从化经济发展水平滞后，财政收入薄弱，难以承担创建工作所需的巨额资金。同时，受土地供给、审批和管理体制制约，实际供地能力难以满足建设用地需求，导致部分建设项目无法顺利开展。

新型城市化是城乡一体、城乡和谐发展的城市化，是城市经济与农村经济互补发展的城市化，是公共资源在城乡之间均衡配置的城市化。新型城市化，要求破除城乡二元结构，实现"城乡一体、共同富裕"。结合从化发展实际，农村是从化走新型城市化道路、推进城乡一体化发展的主战场。同时，在市政及公共服务基础设施、社会保障体系、文教卫体等社会事业以及人力资源配置等方面，农村与城市的差距还很大。建设现代化美丽乡村不能仅仅停留在对乡村外表的保护与改造上，而是要以农民增收为核心，努力促进公共资源向农村地区倾斜，加快农村经济发展，加快推进公共服务均等化，让广大农村群众享受市民的同等权利，享受改革开放的发展成果。

笔者以为，要解决"美丽乡村"建设中存在的若干困难和问题，应加强组织保障，优化村庄规划，加大投入力度，具体建议如下。

（一）进一步完善村庄规划

强化规划引领，根据从化经济社会现状和趋势，结合人口分布，科学编制美丽乡村建设规划，细化区域内生产、生活、服务各区块的功能与定位。把美丽乡村建设规划作为重中之重，在具体规划中引入生态文明的理念，按生态规律行事，充分体现科学性、连续性和严肃性。规划要注重村庄的差异性，立足村庄实际，保留村庄特色，做大村庄生态文化，切忌低水平重复，千篇一律，大拆大建。按照衔接配套的总体要求，用长远眼光，科学、民主地编制村庄规划，高起点、高标准、高质量规划建设美丽乡村，打造一批示范工程。科学规划村落分布，合理安排农田保护、生态涵养等乡村空间布局，统筹安排旧村改造和新村建设，防止"只见新房不见新村"现象。增强规划的前瞻性与科学性，征求农民、社会各界和专家学者意见，顺应群众意愿，使乡村规划得到当地群众的认可，保证规划能落地、可实施。

（二）进一步推进环境综合治理

推进综合整治，是建设美丽乡村的重点。转变以往村庄单点式整治方法，从整体上推进村庄内部整治，做好畜禽污染防治、污水处理、农业面源污染治理等工作，整体改变村庄面貌。通过"三旧"改造、村庄整治等系统专项治理，抓好改房、改路、改厕、改水、卫生保洁、污水治理、垃圾处理、村庄绿化美化等项目建设，构建优美的农村生态环境体系。如选择路边树时，应做到因村制宜，选好树种，实现村道两旁四季花开，达到提升绿化美化水平，改善农村人居环境的目标。

优化生态环境，构筑乡村美景。大力推进"七化"工程（供水普及化、生活排污无害化、道路通达无阻化、农村路灯亮化、垃圾处理规范化、卫生死角整洁化、通信影视"光网"化），以及公共服务"五个一"工程（一个不少于300平方米的公共服务站、一个不少于200平方米的文化站、一个不少于10平方米的宣传报刊橱窗、一个户外休闲文体活动广场、一批合理分布的无害化公厕），统筹抓好试点村污水治理、垃圾处理、卫生改厕等工作，实施村庄绿化美化工程，营造宜人的生态环境。从责任分工、经费保障到制度完善入手，加强村庄保洁队伍建设，推进环境卫生管理长效机制。全力推进村庄整体改造，把村民住宅集中到一块，让"住宅进区"，实现集约节约用地。

（三）进一步提升产业发展水平

增加农民收入是美丽乡村建设的关键和落脚点。指导各村依靠各自的资源、区位、生态、水利等条件，积极发展旅游、商业、休闲、文化、生态等特色经济，争取每个村都能形成 1~2 个主导产业。加强对农村剩余劳动力的技能培训，帮助创业就业。发展岭南特色农业、都市型现代农业、观光休闲农业和生态农业。深入推进扶贫开发工作，突出抓好产业化扶贫，建成一批永续性"造血"功能项目并发挥效益，确保如期实现扶贫"双到"目标，确保79条贫困村两年脱贫，实现从化市整体发展水平提速 5 年，山区发展水平提速 10 年的目标。大力发展高效有机现代农业，大力推广设施农业，提升农产品精深加工，拉长产业链，提高附加值。按照"基地＋合作社＋农户合作"模式，实施种养结合等新型农作制度，使现代农业成为农民就业创业的重要领域。利用从化农村森林景观、山水资源、田园风光和乡村文化，发展壮大各具特色的乡村休闲旅游业，形成以重点景区为龙头、骨干景点为支撑、"农家乐"为基础的乡村休闲旅游业发展格局。

同时，以钱岗、宣星等古村落建设为契机，大力推进从化乡村民俗开发，精心策划都市型乡村旅游精品线路。提升农家乐品质，出台农家乐运营管理规范，推进农家乐星级评定，促使各类农家乐"经营规范、各有特色"。加快发展农村信息服务、商贸流通、保健服务、养老服务等服务业，为农民提供更多创业就业平台和增收机会。适度发展低耗、低排放的乡村工业，鼓励有条件的村建设标准厂房，积极发展来料加工服务点、家庭手工作坊，利用村级留用地、出租集体公房、荒山等方式增加集体收入，不断壮大村集体经济实力。

（四）进一步拓宽资金渠道

美丽乡村建设涉及方方面面，需要长期稳定的资金保障。一是整合项目资源。把美丽乡村建设各个要求予以任务分解，然后通过不同渠道予以打造包装，如通过对农房改造、村庄整治、饮水工程等项目包装，使其符合上级支农资金拨付条件。加大财政投入，形成相对应的以奖代补机制，调动各单位的创建积极性。二是整合村庄自身资源。如村民自有资金的筹措、村级留用地的开发、村集体经济的使用等。三是整合社会资源。发动社会力量共同参与美丽乡村建设。鼓励村企结对共建，鼓励金融资本参与美丽乡村建设，鼓励社会贤达捐资兴建交通等基础设施，降低村民所承担的费用。四是积极争取上级部门的专项资金支持。

（五）进一步丰富农村文化生活

传承特色文化，提升乡村软实力。各相关部门在推进文化建设时，要重点加强农村文化人才、文化设施、文化场所建设，让美丽乡村有田园风光、生态景观、文化气息和文化品位。大力推进名镇名村创建工作，加强古村落保护性开发，彰显从化村庄地方特色，增强村庄文化底蕴。

身心美是美丽乡村的内在美，是美丽乡村建设的重要任务。着眼于提高农民生活品质，加强以生态文化为核心的文化体育建设，促进农村社会和谐。继续加强农村文化设施建设，提升农村文化设备配置水平，构建农村"10里文化圈"。广泛开展农村文化活动，深入推进文化"三下乡"。加强基层文化、体育队伍建设，着力培养农村文化带头人，创作广大农民群众喜闻乐见的作品，增强农村文化建设的内生活力。深入开展文明村镇创建活动，提高农民群众生态文明素养，形成农村生态文明新风尚。充分保护利用古村落、民俗文化等历史遗迹遗存，深入挖掘传统农耕文化、山水文化、田园文化、人居文化中丰富的生态内涵，大力培育特色文化村。

（六）进一步改善农村公共服务

"和谐美"是建设现代化美丽乡村的长期任务。加强农村社会保障体系建设，提高保障水平，满足广大农民"老有所养"、"病有所医"、"困有所济"的愿望。推进农村文化建设，切实加大对古村落、古建筑等文化遗迹遗存的保护和开发，加大对人文典故、传统民俗、地域风情等非物质文化的发掘，丰富特色农产品节庆活动的文化底蕴。加强农村社会管理服务，抓好农村社区建设，创新管理模式和管理机制，健全农村文化、体育、卫生、培训、托老、通信等公共服务。加强农村矛盾纠纷排查化解工作，完善利益诉求和矛盾调处机制，维护农村社会和谐稳定。

全面落实强农、惠农、支农政策，增加农业投入，重点抓好水利工程建设，改善农村生产生活条件。加快推进"五个一"工程和"六个一"服务体系建设，创新镇村社会服务管理改革。实施农村劳动力就业工程，推进城乡就业服务均等化进程。加快覆盖城乡居民的社会保障体系建设，力争到 2017 年实现与广州城区"同覆盖、同标准、同保障"。进一步扩大新型农村养老保险范围，确保 2013 年实现城乡全覆盖。健全社会救助，优抚保障机制，扩大城乡困难群众救助范围，提高各类救助标准，不断提高基本保障水平。加快推进规范化学校和校安工程建设，促进教育均衡化发展。基本完成 10 所镇级卫生院建设和 116 所未达标的村级卫生站扩建工程，构建农村 30 分钟医疗服务圈。加快 1360 套保障房建设。采取"几个一点"办法，充分调动群众积极性，力争在 2014 年、2015 年两年全部完成 13000 多户农村泥砖房、危破房改造任务。

（七）统筹城乡综合配套改革，增强农村发展活力

统筹城乡综合配套改革是推进现代化美丽乡村建设的制度保障。深化农村综合改革，进一步加大改革创新力度，力争在农村社区管理体制、集体土地管理制度、集体资产产权制度、基层社会管理和公共产品供给制度等方面探索更多新经验。积极探索切实保障农民财产权

益的有效方法，加快推动土地承包经营权、农村集体经济股权、宅基地使用权、林地使用权、集体建设用地使用权和村民住房产权的确权、登记、颁证工作，切实保护农民以土地为核心的财产权利，不断增强建设现代化美丽乡村的内在动力。

（八）注重民生民意，形成工作合力

充分发挥农民的主体作用。这是建设现代化美丽乡村的力量源泉，决定现代化美丽乡村建设的成败。要维护好农民的合法权益，完善和落实农村民主选举、民主决策、民主管理和民主监督机制，保障广大农民的知情权、参与权、决策权和监督权。调动农民的发展积极性，把握农民群众所思所想，解决农民群众所急所需，使广大农民群众在现代化美丽乡村建设中得到更多实惠。善于发现并推广来自群众实践的新创意和新经验，尊重农民群众的意愿，量力而行，讲求实效，决不搞劳民伤财的"政绩工程"、"形象工程"。要突出以人为本，体现民意，建立美丽乡村建设村民理事会，充分尊重广大农民在创建工作中的主体地位。广泛发动当地群众和社会各界参与创建，广辟建设融资渠道，吸引社会资金、民间资本广泛参与创建工作。服务民生，发展完善公共服务，办好民生实事，促进就业创业，完善社会保障，提升农民的生活质量。提升素质，实施新型农民素质提升工程，把创建过程变成提升全体市民素质的过程。

（九）进一步加强农村基层组织建设

继续深入开展"三级联创"活动，创新农村党的基层组织设置形式，加强农村基层领导班子建设，不断增强农村党员队伍生机活力。抓好村级组织活动场所建设，抓好干部驻村挂职锻炼和选派大学生到村任职工作，大力提高村干部待遇，建立与健全农村基层干部激

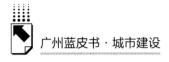
励保障机制。加强农村基层党风廉政建设，密切党群干群关系。充分调动村干部的积极性，改善其待遇，解决其后顾之忧。

加强村干部的学习培训，切实提高村干部的领导力和执行力。完善村党组织领导下的村民自治治理机制，积极推行以村党组织为核心和民主选举法制化、民主管理规范化、民主决策程序化、民主监督制度化为内容的农村"四化一核心"工作机制，有序引导农民合理诉求，合理调节农村利益关系，有效化解农村矛盾纠纷，维护农村社会和谐稳定。加强组织领导，建立健全有效的沟通协调机制和考核机制，形成齐抓共管的良好局面，确保"美丽乡村"各项建设内容落到实处。

（审稿：姚华松）

交通管理篇

Researches on Transport Management

B.10

提高广州市公共交通占机动化出行比例的对策研究[*]

广州大学广州发展研究院课题组[**]

摘 要：

公共交通是广州市国家中心城市建设和新型城市化发展的重要支撑。本文通过分析广州市公共交通发展的现状和特点，查找制约广州市公共交通占机动化出行比例（分担率）提高的主要因素，研究公共交通发展改革创新路径，提出全面建设国家"公交都市"、提高广州市公共交通分担率的目标任务、工作思路和具体

* 本报告系广东省普通高校人文社会科学重点研究基地广州大学广州发展研究院、广东省教育厅"广州学"协同创新发展中心、广州市教育局"广州学"协同创新重大项目研究成果。
** 课题组组长：涂成林；成员：周凌霄、蒋余浩、姚华松、艾尚乐。

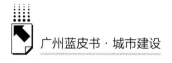
措施。

关键词：

公共交通　分担率　公交优先　公交都市　广州

广州市公共交通建设和发展近年来取得了令人瞩目的成绩，门户型综合交通大格局已初具规模，城市交通设施建设取得重大突破，以信息化改造传统公交初步实现。不过，广州市处在城市化快速发展阶段，城市空间迅猛扩张、各类人财物资源高速流动、机动车保有量增长迅速，这些状况给广州市交通发展造成巨大压力。本文对广州交通发展如何应对新的机遇和挑战，实现重大突破，加快提升公共交通占机动化出行比例（以下称"公共交通分担率"）展开研究，为广州市优先发展公共交通、提高公共交通服务能力和服务水平、有效引导个体交通向公共交通转移，提出对策建议。

一　广州市城市交通和公共交通的发展现状

（一）城市道路交通基本情况

2013 年 1～10 月，广州城市道路交通工作日平均速度为 30.2 公里/小时，同比下降 0.57%；交通拥堵指数[①]为 5.21，处于"轻度拥堵"等级，同比上升 5.15%；全天运行效率指数[②]为 6.1，处于"较

---

① 交通拥堵指数：着眼于拥堵路段的拥堵情况，反映路网中的拥堵路段比例。取值范围为 0～10，其中 0～2、2～4、4～6、6～8、8～10 分别对应"畅通"、"基本畅通"、"轻度拥堵"、"中度拥堵"、"严重拥堵"五个级别。

② 运行效率指数：着眼于整体路网的运行状态分析，表征城市道路达到道路设计水平的期望度。取值范围为 0～10，其中 0～2、2～4、4～6、6～8、8～10 分别对应"低效率"、"较低效率"、"轻度低效"、"较高效率"、"高效率"五个级别。

高效率"等级，同比下降2.9%；交通稳定指数①为4.34，处于"轻度不稳定"等级，同比上升6.56%，环比上升10.15%。

从交通运行状况来看，广州市城市交通运行仍面临较大压力，核心区平均速度小于20公里/小时（低于国际交通拥堵警戒线）的主干道已占31%。据评估，虽然广州市实行了中小客车总量调控政策，拥堵趋势有所放缓，但城市交通形势不容乐观，预计如按此趋势发展，4年后广州市中心区将处于"中度拥堵"等级。为了积极应对城市交通拥堵逐步恶化的趋势，广州市有必要通过进一步大力发展公共交通，提倡公共交通出行，减少个体交通出行，不断改善城市交通运行状况和环境。

（二）近年来广州市公共交通发展的特点

近年来，围绕建设国家中心城市的总目标，广州市坚持以"公共交通引领城市发展"为战略导向，大力发展立体城市交通体系，坚持公交优先，建设适应现代大都市的交通基础设施，全面打造多模式、多层次、换乘便捷的与国家中心城市地位相适应的城市公共交通系统。广州市公共交通的近期发展成效明显。

1. 基本确立了"公交优先"的城市交通发展战略

广州编制完成《广州市"十二五"时期综合交通体系建设规划》、《广州市城市公共交通专项规划》、《广州市公共交通一体化发展策略研究》、《广州市轨道交通线网规划（2011～2040）》、《广州市公交站场布局规划修编》、《广州市水上巴士发展规划》等文件，发布《广州2013～2016年公共交通发展行动方案》。

加强组织领导，健全交通工作管理体制，组建以市长为组长的市

---

① 交通稳定指数：着眼于路段稳定性，表示市民出行时间的变化情况。取值范围为0～10，其中0～2、2～4、4～6、6～8、8～10分别对应"不稳定"、"较不稳定"、"轻度不稳定"、"较稳定"、"稳定"五个级别。

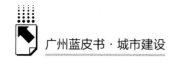

交通工作领导小组，基本建立起交通规划、建设、管理"三位一体"协调机制。

积极申报国家"公交都市"，并成功入选第二批国家公交都市创建示范城市。

2. 全方位立体公共交通体系基本建成

基本构建以轨道交通为骨干，公共汽（电）车为主体，新型有轨电车、水上巴士、出租车等为组成部分的城市公共交通体系。各种交通方式的功能可大体概括为：公共汽（电）车持续发挥公共交通出行的主体作用；轨道交通服务骨干作用日益显现；出租车行业稳步发展；水上巴士成为市民出行的特色补充；大客车（包括楼巴、交通车等）发挥必要作用。

3. 公共交通建设成效显著

近3年，通过加大公共交通资源供给，新增投放公交车辆约1700台，新开公交线路300条，使广州市公交线网服务范围进一步扩大，乘车舒适度进一步提高。截至2013年末，全市共有公交车辆1.29万台，公交线路968条，日均客运量727万人次。

建成开通中山大道快速公交试验线，线路日均客流量达80万人次，居亚洲首位。连续获得"可持续交通奖"、"绿色低碳奖"、"联合国应对气候变化灯塔奖"等多个国际奖项。

轨道交通建设发展迅猛，至2013年已建成开通1、2、3（含3北线）、4、5、6号线首期，8号线，广佛线首通段，APM线9条线路，运营总里程260公里，日均客流量563万人次（2013年平均值）。

站场及站点建设取得一定成效。市区共建成公交站场总面积约93.7万平方米（包括停车场、维修厂、保养场）；中心城区设置公交站点5216个，新建和改造新型候车亭4600座。

大力推进公交专用道建设，基本形成城市干道公交快速通道网络。近 3 年，截至 2013 年 6 月共计建设了 320 公里公交专用道，公交平均运行速度提高 15% 以上，通过公交专用道建设有效提高了广州市公交服务水平。

4. 公共交通建设资金投入力度稳步增加

"十一五"初期至 2012 年，广州市公共交通基础设施投资额累计超 1000 亿元。

对公共交通行业实施财政补贴机制，出台《广州市市本级城市公交行业财政补贴资金管理暂行办法》、《广州市公交地铁票价优惠补贴资金管理暂行办法》和《广州市中小客车总量调控增量指标竞价收入资金管理办法》等。

5. 信息化程度和科技化水平明显提升

以信息化改造传统交通。广州市坚持"以信息化改造传统交通"的战略，先后建设和推广应用了一大批公共交通信息化项目，实现了对全市约 1.2 万台公交车信息化管理和服务的全覆盖。建成公交客流分析系统、公交行业监管系统，全面掌握、分析和调控全市公交车客流和发班情况，基本实现了以信息化提升公交运行效率，提升公交服务水平。此外，还建设了公交专用道电子警察和视频监控系统、公交治安视频监控系统、城市道路运行分析系统等一系列信息化系统。

"羊城通"发卡超过 3100 万张，普遍应用于公交、地铁、轮渡、BRT、出租、公共自行车、咪表、停车场等领域，覆盖全省 17 个地市，成为国内应用最成功的一卡通收费系统之一。

建成出租车智能管理系统，覆盖全市 2.1 万辆出租车，提供定位监控、防盗报警、电召、羊城通刷卡、车辆司机管理等近 40 项服务功能，有效提高了出租车经营管理效率和服务水平。

建成广州市交通信息指挥中心，承担电子监控、行业监管、情报收集、数据应用、交通仿真和总值应急六大职能，利用信息化手段，

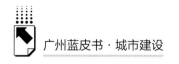

实现了广州市全市出租、公交等各行业的信息化监管全覆盖。

开发应用了国内首个手机综合交通信息服务系统"行讯通"，提供公交、出租、停车场、路况等 12 种交通信息服务，满足公众出行需求，目前已有超过 100 万用户下载使用。

（三）制约广州市公共交通分担率提高的主要因素

尽管广州市公交发展成绩显著，但不可否认广州市公共交通发展中也存在一些短板，严重制约着公共交通分担率的大幅提升。这些问题降低了广州公共交通综合优势，难以促进个体交通向公共交通转移。

1. 公共交通服务水平与市民日益多样化的需求还不能完全适应，综合优势相对缺乏

（1）公共交通基础设施还有待完善。

由于建设资金缺口较大、规划用地难落实、征地拆迁难度大、部分配建公交站不按规划实施等，部分规划建设或配套的公交站场难以实施，公交站场规划建设滞后于公共交通的发展。

首先，公共交通衔接设施建设不足。表现在公共交通内部不同方式之间、个体交通与公共交通之间的衔接两个方面。比如目前广州市地铁、公交之间换乘枢纽站场寥寥无几，成为加强地面公交与地铁衔接的瓶颈。中心城区外围缺少便捷的"P＋R"换乘枢纽，不利于个体交通换乘公共交通。同时，受广州市原有城市道路、建筑的限制，部分道路无法通行公交车，在公交、地铁无法覆盖的区域，人们通常只能靠步行到最近的站点。在"便捷性"方面，公共交通相比个体交通竞争力明显要弱。

其次，公共交通（主要为地面公交）的路权和优先通行权还有待提高。广州市区目前运营公交线路道路总里程约 3450 公里，公交专用道 320 公里，占比为 9.3％。在交叉路口的通行上，公共交通相比个体交通也并未享受优势。无论高峰期还是平峰期，公交车的行驶速度都显著低于小汽车，早晚高峰时段公共汽（电）车平均运营时速为17.16公里/小时，小汽车行驶速度是公共汽（电）车的1.5倍以上。在"快速性"方面，地面公交相比个体交通竞争力不足。

最后，公共交通（主要为地面公交）的候乘环境还应继续改善。受通电、占道开挖等条件限制，一是部分候车站点简易，无遮阳棚、长凳等，候乘环境较为简陋；二是全市智能化候车亭不多，不能提供明确的候乘信息。在"个性化"方面，地面公交相比个体交通竞争力不足。

（2）公共交通的通达性有待继续提高。

公共交通覆盖率有待提高。目前，广州市中心城区建成区公共交通站点500米覆盖率为92%，公交线网密度为3.73公里/平方公里，公共交通对人口和岗位的300米覆盖率达到70%，高于国家标准（国家标准《城市道路交通规划设计规范》中规定，公共交通车站服务面积，以300米半径计算，不得小于城市用地面积的50%；以500米半径计算，不得小于城市用地面积的90%）。但是由于部分城乡接合部区域道路通行条件较差，公交车辆通行基础条件不具备，这些区域公交线网密度和公共交通站点覆盖率仍然偏低，不利于吸引市民选择公共交通出行。

快速公交（含轨道）站点覆盖率亟待提高。目前广州快速公交站点144个，远少于上海的275个、香港的171个、韩国首尔的264个。广州的快速公交（含轨道）站点对人口和岗位600米的覆盖不到30%，而香港500米覆盖就达到50%，两者相差将近1倍，难以满足市民快速通达的出行需求。

（3）公共交通舒适度还需继续提高。

受城市功能布局影响，工作地与居住地分离，造成高峰期集中乘车需求大，乘车较为拥挤，目前，早晚高峰时段客流量较大的路段公共汽（电）车平均饱和度达76%，地铁平均饱和度高达116.8%，拥

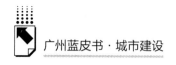

挤的车厢严重降低了市民的公共交通出行体验，更降低了公共交通出行的吸引力。

2. 个体交通出行吸引力高，综合优势明显

（1）个体交通速度大、舒适度高。

相对公共交通，个体交通占用道路资源多，乘坐舒适度高。公共交通与个体交通出行的公共资源使用差异，近年明显拉大。研究表明，公交群体享有的资源和权利相对较小，虽然存在费用上的优势（票价低），但是非货币成本负担相对较大（出行时间长、负面体验、心理压力等）。个体交通享用社会资源多，出行舒适度高，权利落差造成的出行成本收益对比高，促使公交群体向个体交通流动。

（2）个体交通通达性高，较好解决了一次出行问题。

个体交通相对于公共交通出行最大的优势之一，在于其能够享受"一次出行"的便利。而公共交通由于自身的特点（能否做到"门对门"服务，取决于乘客自己的条件，而不是公共交通能够选择的），加上前述接驳相对较差的问题，难以在"最后一公里"服务上与个体交通相竞争。

（3）个体交通综合使用成本相对不高。

随着广州市经济的发展，人们收入水平逐步提高，更有能力负担个体交通出行成本，对比个体交通速度大、舒适度高、通达性高、门对门般便捷等优势，个体交通的使用成本相对不高，吸引更多人选择使用个体交通出行。

（4）私人小汽车购买欲望强烈。

2013 年 1～10 月，广州市中小客车增量指标个人普通车摇号配置平均比例为 26∶1，最高单月比例为 39∶1（10 月），个人购车欲望强烈，潜在需求量较大。至 2012 年底，广州市机动车保有量达到 244 万辆，中小客车达 174 万辆，是 5 年前的 2.5 倍，近五年年均增长率达 19.6%。广州市人均机动车保有量为 0.19 辆,高于上海(0.11 辆)、天津(0.17 辆)、香港(0.09 辆)和新加坡(0.18 辆)。小车拥有量年增速在 2012 年之前始终保持在 15% 以上,购置私人小汽车的社会心理强烈。

二 提高广州市公共交通分担率的发展目标与指标测算

广州市公共交通建设的发展目标是:加快提高广州市公共交通出行分担率,保障 2017 年核心区公共交通占机动化出行比例达到 70%。

上述发展目标的确定,具有十分紧迫的必要性。

第一,加快提高公共交通出行分担率,是广州市走新型城市化道路,建设国家中心城市的客观需要。广州推进新型城市化发展,要求紧紧围绕满足人的需求、提升人的素质、促进人的全面发展,牢固树立低碳、智慧、幸福的城市发展新理念,要求提高公共服务均等化和优质化水平,不断提升城乡居民生活品质。大力提升公共交通承载力、吸引力和综合服务水平,不断提高公共交通出行分担率,正是坚持以人为本,建设幸福宜居城市,提升市民生活品质的重要手段。

第二,加快提高公共交通出行分担率,是广州市治理城市交通拥堵,改善城市环境的有效途径。目前广州市机动车的保有量已超过 240 万辆,其中中小客车超过 180 万辆。核心区晚高峰平均车速已逼近 20 公里/小时的国际拥堵警戒线,其中晚高峰平均车速低于 20 公里/小时的主干道路已占 31%,交通拥堵已从点逐步向面分布,同时机动车排气污染已成为影响广州市空气质量的主要因素之一。加快提高公共交通出行分担率,引导个体交通向更集约、更环保的公共交通

转移，减少中小客车的使用，降低个体交通出行比例，对于从根本上缓解城市交通拥堵、改善城市环境具有重要作用。

但必须清醒地认识到，加快提高公共交通出行分担率是一项长期的、艰巨的系统工程。在广州亚运会之前，广州市加速轨道建设，2005~2010年的5年时间里，轨道运营里程从37公里跃升到236公里，并且新增23公里BRT，公共交通分担率相应从2005年的54.8%上升到2010年的60%。亚运会之后，公共交通分担率徘徊在60%（2012年为59.4%），未有显著增长。与国内其他特大型城市相比稍高，北京2007年、2010年公共交通占机动化出行比例分别为56.4%、57.5%；上海2012年底公共交通占机动化出行（含电动自行车）比例为55.7%。北京、上海在轨道交通网络已相对完善的情况下，公共交通分担率的提升仍不明显，尤其是在公共交通分担率已经到达或超过一定数值以后（45%~50%），每提升一个百分点都非常困难，需要加倍的努力和付出。为了能够突破提升公共交通分担率的发展瓶颈，广州市必须下定决心，集中资源和力量，坚定树立公交优先的理念，采取积极有效的方法，开创公共交通发展工作的新局面。

本文根据广州市公共交通具体情况设定分担率测算模型，根据既有公共交通发展的规划、计划和措施，测算2017年在上述三个区域各种交通方式所能实现的分担率。

要快速提高广州市公共交通分担率，应努力促进各种交通方式的协调、有序发展。根据2012年7月国家发改委批复的广州市城市轨道交通近期建设规划（2012~2018年），批复线路7条，合计里程228.9公里。规划实施后，广州市轨道交通线路数将达到13条，运营里程约520公里。经市政府同意并由市发改委、建委联名印发的《广州市"十二五"城市轨道交通规划建设工作方案》（穗发改城〔2012〕33号），明确广州市新一轮轨道建设的总体目标是力争到

2016 年累计开通里程超过 500 公里。同年 12 月，根据广州实施"123"城市发展战略的重要举措，广州市轨道交通征地拆迁动员大会提出，广州市至 2016 年将新增开通 284.3 公里里程，累计里程将达 520 公里。而根据地铁公司制订的 2014～2017 年具体工作计划，2013 年底开通 6 号线首期，2016 年底开通 6 号线二期、7 号线一期、9 号线一期，2017 年底前开通 8 号线凤文区间、8 号线北延段、13 号线首期、14 号线、14 号线知识城支线、21 号线、4 号线南延段，至 2017 年，地铁里程累计达 520 公里。在市政府的大力支持下，各方齐心协力，截至 2013 年 10 月，轨道交通新一轮线网建设用地征（借）地已完成总量的 93%，拆迁完成总量的 83%，地铁的建设正在按计划有序推进中。

地铁建设按计划顺利推进，2017 年的地铁里程顺利实现规划目标，在达到 520 公里的前提下，同时加快推进常规公交、水巴、出租车的发展，可以实现城市建成区公共交通占机动化出行分担率 70% 以上的目标。

三 加快提高广州市公共交通分担率的具体措施

具体措施是在结合上述分析的基础上，按照"建"、"增"、"管"、"限"四大类功能分别予以设计，以保障至 2017 年核心区实现公共交通分担率达 70% 的目标：以"建"来完善交通基础设施，以"增"来加强服务功能、提升公共交通承载力，以"管"来加强交通管理和提升交通运行效率，以"限"来优化出行结构，优化资源在不同公共交通方式的配置，充分发挥公共交通体系的综合优势。依据"建、增、管、限"的基本要求，结合市政府已颁布实施的相关规划、方案等，下面提出至 2017 年末，提升广州市公共交通占机动化出行分担率的 30 条具体措施（见表 1）。

表 1 提升公共交通占机动化出行分担率具体措施

工作项目	序号	具体措施	措施来源
建	1	至 2017 年底前,开通 6 号线二期、7 号线一期、9 号线一期、8 号线凤文区间、8 号线北延段、13 号线首期、14 号线、14 号线知识城支线、21 号线、4 号线南延段,共计 260.3 公里,累计里程达到 505 公里(广州境内)	既有地铁规划
	2	按计划新增开通专用道 80 公里,累计建成开通 400 公里	《广州市 2013 ~ 2016 年公共交通发展行动方案》(以下简称《行动方案》)
	3	加快规划建设公交枢纽站、首末站、停车场,解决公交站场缺口,实现公交优先	《行动方案》
	4	至 2015 年,投放电动公交车 2000 台(其中,2014 年 800 台、2015 年 1200 台)。结合公交车辆更新及新增运力的投放计划,新建 30 座以上 LNG 加气站、30 座公交车充电站及 570 个公交车充电桩等配套设施,保障新能源公交车辆正常运营	
	5	改善公交候乘环境,候车亭总数达 5000 座以上	《行动方案》
	6	配合省有关部门开展城际轨道建设,到 2016 年建成穗莞深城际广州至东莞段、广清城际广州北至清远段、广佛环线佛山西站至广州南站段、佛莞城际广州南站至旺洪站段,预计新增里程约 55 公里	《广州市交通工作领导小组关于印发系统改善广州中心城区交通状况一揽子工作方案的通知》(以下简称《一揽子方案》)
	7	积极推进道路网络建设和完善,为完善公共交通线网布局提供基础条件,改善道路交通运行	《一揽子方案》
	8	根据城市轨道建设进度同步配套建设"P + R"换乘枢纽,加快推进嘉禾、坑口、海傍、南浦、汉溪长隆等"P + R"换乘枢纽项目,鼓励和引导市民通过停车换乘方式进入中心城区	《行动方案》

续表

工作项目	序号	具体措施	措施来源
增	9	增加轨道交通运力投放 178 列车	《行动方案》
	10	增开公交线路 300 条以上	《行动方案》
	11	增加公交运力投放,新增 3025 台	《行动方案》
	12	探索推行优质优价的公交服务,如商务公交、定制公交等服务形式,提升公交服务能力和水平	《行动方案》
	13	新开水巴线路 8 条,累计开通 18 条航线,航程达 110 公里	《行动方案》
	14	增加水上巴士船舶 22 艘,累计达到 60 艘	《行动方案》
	15	强化常规公交与轨道交通、水上巴士的衔接,提高公共交通换乘便捷性	《行动方案》
	16	增加出租车运力投放 3500 台	《行动方案》
	17	不断提升公共交通信息化管理和服务水平,为方便群众公共交通出行提供技术支撑	《行动方案》
	18	提升公交行业职业吸引力,解决公交行业缺员问题	新增
管	19	优化轨道交通调度方式,提升地铁网络运输能力,进一步降低拥挤度,提升乘车舒适度	《行动方案》
	20	严格公交专用道执法,确保公交车专用时间的专用路权,有效提升公交车运营速度	新增
	21	在条件允许的区域适度发展自行车服务,解决市民公共交通最后一公里出行问题	新增
	22	研究通过交通管理、财税政策鼓励企业为职工提供通勤班车服务,倡导集约出行	新增
	23	开展交通出行调查,动态评估公交分担率的实现情况	《一揽子方案》
	24	研究完善大型项目建设阶段的交通影响评价机制,保障公共交通服务设施的配套落实	《一揽子方案》
	25	鼓励文明出行、绿色出行。深入宣传文明出行、集约出行、公交优先等理念,鼓励低碳与绿色出行,实施文明交通行动计划,开展文明交通志愿服务	《一揽子方案》

工作项目	序号	具体措施	措施来源
限	26	继续坚定实施中小客车调控管理办法	《一揽子方案》
	27	配套中小客车调控政策,研究实施外地籍中小客车高峰期错峰出行管理措施	《一揽子方案》
	28	实施停车场差异化收费和动态价格调整机制,引导部分个体交通选择公共交通出行	《一揽子方案》
	29	加大对黄标车限行监管执法力度,严控高排放车辆上路行驶	《一揽子方案》
	30	加大力度综合整治五类车,引导市民通过公共交通出行	《一揽子方案》

四　落实各项具体措施的保障机制

（一）完善组织保障

广州市交通工作领导小组统筹协调全市公共交通发展,市及各辖区相关职能部门按职责共同履行推动所辖行政区域公共交通优先发展的主体责任,确保形成全市公共交通科学、协调的发展格局。在综合公共交通枢纽的建设方面,由市交通工作领导小组统筹各单位职能和资源,协调各种公共交通方式的无缝衔接和综合开发。番禺、南沙、花都、从化、增城区(市)政府要参照市的模式,建立本辖区交通工作领导和协调机制,制订本辖区公交分担率提升工作方案。

（二）实施规划保障

1. 发挥规划调控功能

进一步完善城市总体规划,加快城市副中心建设,引导人口和产业适当疏散，优化全市域功能区划和产业布局，实现公共交通规划与城市功能布局和人口分布相协调。在推进"2+3+9"战略平台建设过程中，合理平衡居住人口与就业岗位，尽可能在新城区内部实现通勤出行。

2. 加强公共交通总体规划及各专项规划实施，满足优先发展城市公共交通的需要

完善规划审批程序，严格落实《广州市公共汽车电车客运管理条例》的相关规定，加强各类型配建站场（小区配建、三旧改造配建、地铁站点配建等）的建设力度。

（三）加强用地保障

1. 落实年度用地指标

根据区域规划总人口，按照国家标准规范规划公交站场用地，符合《划拨用地目录》的，可按划拨方供地，同时加大公交站场建设涉及的征地拆迁工作。2013～2016年公交站建设用地约20公顷，平均每年新增建设用地指标约5公顷。公交建设用地被擅自改变用途的，由国土部门收回并按规划优先用于公交基础设施建设。

2. 优化公交场站建设管理模式

对《广州市房地产开发项目配套公共服务设施移交管理规定》进行修订，参照中国香港、新加坡的做法，将配建公交站场从归口管理部门向发展商成本价购买修改为发展商向归口管理部门无偿移交。完善场站竣工验收流程，将作为规划配套建设的公交场站竣工验收与首期工程验收同步进行。

3. 实施公交场站用地综合开发

对新建公交场站设施用地的地上、地下空间，按照市场化原则实施土地综合开发。对现有公共交通设施用地，支持原土地使用权人在符合规划且不改变用途的前提下进行立体综合开发。城市公共交通用

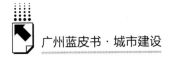

地综合开发的收益专项用于城市公共交通基础设施建设和弥补城市公共交通企业运营亏损。

（四）强化资金保障

1. 加大公共交通财政资金投入

落实公共交通基础建设计划和交通信息化建设资金投入；落实广州市公交地铁票价优惠、城市公交财政补贴和《广州市中小客车总量调控增量指标竞价收入资金管理办法》等办法，支持城市公共交通事业发展。

2. 落实公共交通运营补贴补偿机制

继续落实对公交行业合理成本足额补贴的财政补贴机制，并给予公交行业合理的利润，促进行业可持续发展。科学预算，足额安排财政补贴年度预算，优化调整补贴资金预拨及清算方式，及时落实财政补贴资金，保障公交平稳运行，确保公交行业可持续发展。

3. 加大公交车辆购置财政补贴投入

建立对更新及新增购置公交车辆（地铁、船舶）的财政补贴机制，缓解公交行业发展资金不足的问题，改善公交车辆（地铁、船舶）的数量和质量，增强与提升公交服务能力和服务水平。

（五）加强企业经营机制保障

1. 推动企业管理改革

进一步深化国有公交企业改革。通过继续整合公交资源、优化公交线网、提高信息化运用和完善清洁能源等方面的工作，积极推动公交企业创新发展。通过建立绩效评价制度，加强对"集约化、环保化、智能化、精细化"现代化公交体系的建设。通过对国有资产监管规定、公司法人治理机制、风险评估机制、财务预算制度等方面的建设，加强公交企业的内部管理及风险控制。

2. 强化企业成本监控

执行公交行业成本规章制度。由市公交行业监管（或委托监管）机构根据客观情况的变化，适时调整完善现行公交行业成本规章制度，并通过签订年度经营责任书和日常监管工作，协调、督促公交企业执行规制成本；执行成本控制与经营者薪酬挂钩。由市公交行业监管（或委托监管）机构对国有、国有控股公交企业经营者进行年度经营业绩考核；将经营者执行公交行业成本规制列入考核内容；经营者的考核结果与薪酬挂钩。

（审稿：李江涛）

B.11
关于广州城市道路交通运行状态感知
与管理应用的研究报告

章威 张孜*

摘 要：

在分析智能交通管理应用的新需求，以及新技术的发展
为道路交通运行管理创造条件的基础上，本文提出以城
市道路交通运行感知体系为基础，以基于大数据处理的
城市道路交通运行分析评价体系为核心，最终满足城市
道路交通运行管理应用需求的城市道路交通运行感知评
价和管理应用的体系框架。以广州为例，本文介绍了城
市道路交通运行状态感知评价与管理应用体系的实践
应用。

关键词：

交通 运行状态 感知 评价 广州

城市发展，交通先行。随着我国国民经济的快速发展和城市化进
程的加快，交通问题日益突出。为了确保城市交通合理、有序的可持
续性发展，全国各大城市都开展了智能交通管理体系的研究应用，但
是目前关于感知评价与管理应用体系框架方面的研究应用还比较少。

---

* 章威，博士，广州市交通委员会副主任，主要研究方向：智能交通系统。张孜，博士，广州
市交通委员会科技信息处处长，交通工程高级工程师，计算机系统分析师，主要研究方向：
智能交通系统。

因此，亟须利用物联网、大数据和新一代无线通信为导向的新兴技术，研究如何实现对交通设施的全面感知，对交通态势的透彻分析，对交通运行的精细管理。

一 新技术的发展为道路运行管理创造条件

（一）以无线射频识别、传感器、无线传感器网络为代表的新兴物联网数据采集传输技术，为交通状态感知提供新方式

新兴的物联网数据采集技术是在互联网的基础上将用户端延伸和扩展到物与物之间，并进行信息交换和通信。其在智能交通系统方面的应用主要是通过无线射频识别（RFID）、传感器、无线传感器网络（WSN 自组网）等信息传感设备获取交通基础设施与交通运输工具的各种信息，结合互联网、移动通信网等进行信息传送与交互，采用智能计算技术对信息进行分析处理，从而提高对车辆的感知能力，实现智能化的决策和控制物联网数据采集技术主要应用于车辆定位感知、停车场感知、道路桥梁状态感知、交通事件感知等方面。

（二）以大数据为代表的信息数据存储和分析处理技术

伴随着大数据的采集、传输、处理和应用的相关技术就是大数据处理技术，是系统使用非传统的工具来对大量的结构化、半结构化和非结构化数据进行处理，从而获得分析和预测结果的一系列数据处理技术。以 Map Reduce 和 Hadoop[①] 为代表的非关系数据分析技术，以

---

① Hadoop 是一个能够对大量数据进行分布式处理的软件框架，是大数据分析的主流技术，具有高可靠性、高扩展性、高效性、高容错性等特征。Map Reduce 是一种编程模型，"Map"（映射）和"Reduce"（化简），通过把对数据集的大规模操作分发给网络上的每个节点实现可靠性。Map Reduce 是 Hadoop 的核心组件之一，hadoop 技术框架包括两部分，一是分布式文件系统 hdfs，二是分布式计算框 mapreduce。

其适合非结构数据处理、大规模并行处理、简单易用等突出优势，在互联网信息搜索和其他大数据分析领域取得重大进展，已成为大数据分析的主流技术。大数据技术在交通方面的应用主要在于对交通工具GPS 地理位置、线圈、视频、路网、基础设施等结构化与非结构化海量数据的存储与处理。

（三）ZigBee、3G/LET 等新兴无线通信技术为面向公众的信息服务创造条件

新兴的无线通信技术主要有近距离通信和远距离通信，其中近距离通信技术主要有 ZigBee①、DSRC②、WIFI 等，远距离通信技术主要有 3G、LTE、4G 等，这些技术都具有容量大、成本低、传输速度高等特点。智能交通中的无线通信技术具有多节点交互功能，可实现快速、海量的传输图像及视频流等多媒体，为公众提供高效、便捷的交通信息服务。

综上所述，物联网、大数据及新兴无线通信等高新技术为城市道路交通信息化运行管理创造了新技术条件，将引导 ITS 向更先进、更智慧的方向发展。

二　城市道路交通运行感知评价和管理应用体系框架

城市道路交通运行感知评价和管理应用的体系框架（见图1）以

---

① ZigBee 是基于 IEEE802.15.4 标准的低功耗个域网协议。根据这个协议规定的技术是一种短距离、低功耗的无线通信技术。

② DSRC 即 Dedicated Short Range Communications（专用短程通信技术），是一种高效的无线通信技术，它可以实现在特定小区域内（通常为数十米）对高速运动下的移动目标的识别和双向通信，主要用于停车收费、出入控制等领域。

城市道路交通运行感知体系为基础，以基于大数据处理的城市道路交通运行分析评价体系为核心，最终满足城市道路交通运行管理应用的需求。同时，在此过程中融入闭环管理理念，在循环积累中不断提高智能交通管理应用和服务水平。

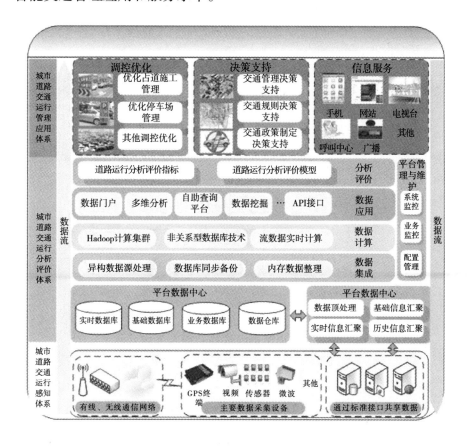

图1　城市道路交通状态感知评价与管理应用体系结构

（一）城市道路交通运行感知体系

城市道路交通运行感知体系采用"移动＋固定"的采集手段采集"动态＋静态"的交通信息，实现交通信息的"采集＋共享"，为分析评价体系提供坚实的数据基础（见图2）。

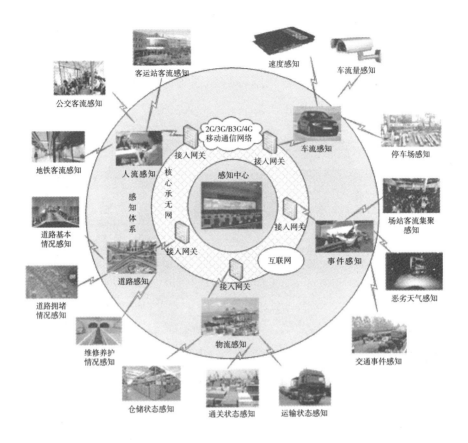

图2 城市道路交通运行感知体系

1. 感知内容

感知内容即感知城市道路交通资源及其运行状态,包括道路条件(长度、车道数、通行能力、维护保养情况、通畅情况、替代道路情况、在路网中的地位、限行条件)、车流(流量、流速、车型、停车场静止态、身份、号牌受限条件等)、人流(日常客流、假日客流、公交客流、地铁客流、出租车客流、步行客流等)、物流(货物种类、通关状态、仓储状态、运输状态、应急处置方法等)及事件(道路设施设备故障、交通事故、出行需求、场站客流集聚、恶劣天气等)。

2. 感知方式

静态数据通过建设数据库人工填充和维护（如道路长度、维护保养情况等）；动态数据即道路交通运行状态，应用以 RFID、传感器、WSN 自组网为代表的物联网数据采集传输技术，通过 GPS 终端、视频、传感器、微波等采集方式，采集上述车流、人流、物流和事件信息。

（二）城市道路交通运行分析评价体系

城市道路交通运行分析评价体系利用感知体系采集的数据，应用大数据处理技术进行存储、融合、多维度挖掘等分析处理，并在此基础上对道路的交通运行情况、拥堵情况和路网稳定性进行分析评价，为城市道路交通运行管理应用体系提供支持。

1. 城市道路交通运行数据分析

随着大数据时代的来临，数以千计的交通数据类别每日以 TB 级别增长，海量、动态、实时是重要特征。结合交通系统的实际情况，设计基于 Hadoop 计算集群、非关系型数据库技术、流数据实时处理技术等主流大数据处理技术的模型体系，按照数据流向依次进行数据集成、数据计算、数据应用，并在此基础之上研究和验证综合交通大数据的接入、融合、处理、挖掘、管理技术，最终成为交通数据的存储、分析、管理中心。

2. 城市道路交通运行评价

城市道路交通运行评价立足于城市道路交通运行管理应用的需求，建立多维度、多层次的评价指标体系和评价模型，对道路交通的"线—区域—全市"进行实时分析、趋势分析、预警分析和措施分析，从而增强对城市总体、重点区域、主干道交通运行的超前研判，为城市道路交通运行的调整优化、辅助决策和信息服务提供支持（见图3）。

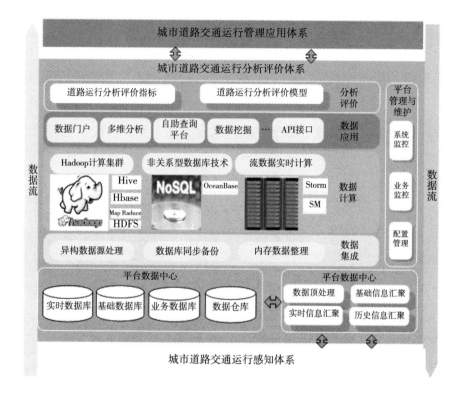

图3 城市道路交通运行分析评价体系

（三）城市道路交通运行管理应用体系

城市道路交通运行管理应用体系主要是利用城市道路交通运行评价体系的评价结果，进行城市道路交通运行调控优化、决策支持以及公众出行信息服务等管理应用（见图4）。

城市道路交通运行调控优化主要是对城市道路交通运行过程中的具体问题进行有针对性的调控优化，例如占道施工管理优化、停车场管理优化、中小客车总量调控优化等。

城市交通规划管理决策支持主要是对采集的交通大数据进行综合、宏观的分析评价之后，为城市交通的需求管理、交通治理措施制定、交

图4　城市道路交通运行管理应用体系

通管理控制等宏观层面的交通管理措施提供支持；为公交地铁线网规划、交通枢纽规划、道路网络规划、交通影响评估等交通规划提供支持；为错峰出行、拥堵收费、限号等交通政策的制定、优化提供数据支持。

城市道路交通综合信息服务。在物联网时代，感知体系采集了更加全面的数据，利用大数据处理技术对交通数据进行了更加深入的挖掘处理，使得交通信息服务的内容更加全面，同时无线通信技术使得交通信息服务手段更加丰富多样、服务质量更高。以多样的发布渠道、丰富的服务内容、全方位公众信息互动为代表的新型交通综合信息服务已变成现实。

159

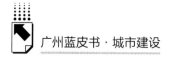

（四）基于闭环理念的流程化管理

以物联网为代表的城市道路交通泛在感知和以大数据为代表的智能数据处理，在技术层面有效解决了智能交通底层瓶颈。尽管如此，在管理应用层面还必须建立起配套机制，以满足智能交通发展的需求。基于闭环理念的流程化管理，在数据采集与状态感知—分析评价—管理应用等环节加强管理，并通过外部反馈机制（如交通调控措施的反馈、交通信息服务质量的反馈）进一步优化交通运行状态感知内容和手段，优化分析评价方式，最终全面提升管理应用水平（见图5）。

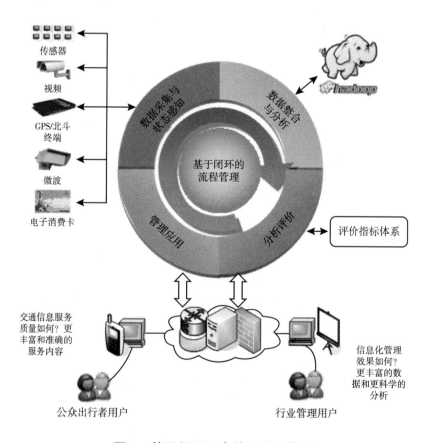

图5　基于闭环理念的流程化管理

三　城市道路交通运行状态感知评价与管理
应用体系在广州的实践

近年来，按照"以信息化改造传统交通，加快实现广州交通现代化"的发展战略，广州智能交通建设取得丰硕的成果，信息化已渗入到交通行业的各个层面，覆盖了公共交通、客货运输、道路及公路养护、交通综合执法、交通治理等综合交通领域，成为交通行业管理、企业生产经营、市民出行服务的重要支撑（见图6）。

（一）以物联网示范工程为依托，城市道路交通运行状态感知手段丰富

2012年，经过全面考察，国家发改委、交通运输部将广州正式确定为全国首批唯一的城市智能交通国家物联网应用示范城市，目前，整个物联网示范工程已取得阶段性进展。

随着物联网的研究和应用不断深入，大数据的研究越来越引起广泛的重视。现已实现海量的综合交通数据的采集。目前平均每年采集的总数据量约为4427TB，平均每天的数据量为12.12TB，平均每天采集的数据条目数超过6.72亿。

在数据共享方面，广州市建成交通信息资源整合系统，实现交警、铁路、航空、电信、移动、联通、各高快速路运营公司等20多个相关部门交通信息数据资源的初步整合。

（二）以大数据处理技术为支撑，城市道路交通运行数据分析技术领先

在大数据处理技术的支撑下，广州市深入开展多元异构的海量数据分析处理工作。以综合交通海量数据处理为基础，为交通规划、决

图6 广州城市道路交通运行状态感知评价与管理应用体系

策、预测、管理和调控等提供全方位的支持。其中，规划指的是交通
发展规划、公共交通线网规划、交通枢纽规划、道路网络规划等；决

策指的是公共交通新运力开通、新线路开通、出租车运力投放等；管理指的是停车场差异化收费管理、占道施工管理等；调控指的是中小客车总量调控、交通治理措施优化等。

目前，广州市交通部门建设了城市道路运行分析系统，每天利用约 4500 万条浮动车数据，进行道路交通运行状态实时分析、趋势分析，为交通行业日常管理工作提供决策支持。

全国首创公交客流分析系统，每天处理约 2200 万条数据，分析公交客流规律、客流与运能匹配情况等，为公交企业及交通主管部门提供了现代化的管理手段和辅助决策支持，自系统建成以来，市民投诉锐减 60%。

（三）以地方标准规范为依据，城市道路交通运行评价规范准确

在海量数据的采集、分析、预测的基础上，广州市交通部门制定了统一的、科学的、客观的《城市道路交通运行评价体系》（DBJ440100/T 164 – 2013）地方标准，并于 2013 年 2 月 25 日联合广州市质监部门共同发布该指标体系。目前，广州市交通部门还在起草停车场系统接入、客运站场联网售票系统等地方标准，以此加强广州市智能交通系统相关技术规范的建设工作。

（四）以交通管理和信息服务为导向，城市道路交通管理应用成效显著

在交通决策支持方面，广州市交通部门建立了交通仿真系统，利用微观仿真模型对交通组织方案、缓解交通拥堵措施等进行仿真评估，为交通治理工作提供辅助决策依据；建设广州市公交线网基础数据管理信息系统，为公交线路的设置和调整提供直观的图形和数据支持，为公交线网的规划提供决策依据。

在交通运行调控方面，建设了广州市停车场行业管理系统及停车差异化监管系统，完成全市10万多个停车位数据接入，实现对全市停车场分布以及运营情况的掌握；2012年建成广州市中小客车指标调控管理系统，系统自正式上线以来，最高峰一天点击量达1044万次，成为中小客车指标调控管理工作的信息中枢。

在交通信息服务方面，构建了以多样的方式选择、丰富的服务内容、多元的信息发布渠道、全方位的公众信息互动为代表的新型交通综合信息服务体系。通过"行讯通"、交通信息网站（羊羊网）、公交电子站牌、停车诱导屏、广州交通直播室、自助票机、交通电台、"96900"呼叫中心、导航终端共9种方式提供公交、出租、地铁、公路客运、铁路、航班、实时路况、停车场、驾培、天气等共16项信息。平均每天预计服务280万人次以上，网站日均访问量达22538次，"96900"呼叫中心日均话务量达8000次。

成功建设和推广国内首个综合交通信息服务系统"行讯通"。为广大市民免费提供路况、停车、公交等16项综合交通信息服务，平均每天的访问量为180万人次；2010年开拓创新推出了全国第一档以交通路况信息播报为专题的"交通直播室"节目。以全天滚动直播的方式，将交通路况视频、航班、铁路信息和交通管制信息等向广大市民实时播报。

目前广州智能交通已达到国内领先水平，广州智能交通系统得到国家交通运输部、工业与信息化部、科技部等有关单位的充分肯定。但是，随着新兴技术的不断发展，交通运输从数据贫乏的困境转向数据丰富的环境，而面对众多的交通数据，如何从中根据用户需求提取有效数据成为关键所在。交通信息化大数据时代的到来，对交通信息化的发展既是机遇也是挑战，我们将继续致力于研究采用新兴技术提高交通智能化管理水平，为交通事业做贡献。

参考文献

傅仁轩、肖连风：《基于物联网技术的新型数据采集与监控系统设计》，《移动通信》2011 年第 9 期。

章威、徐建闽、张孜：《基于出租车 GPS 定位技术的 ITS 共用信息平台实时路况信息采集及处理方法》，《公路交通科技》2007 年第 5 期。

过秀成：《高速公路交通运行状态分析方法及应用》，东南大学出版社，2012。

DBJ440100/T 164 – 2013，城市道路交通运行评价指标体系，广州市质量技术监督局，2013。

http：//www. tranbbs. com/Case/collection/Case_ 101854. shtml（2012/13/23）.

金春燕：《论我国智能交通系统建设》，《中国外资》2010 年第 8 期。

（审稿：叶卓朗）

B.12

关于广州市短途客运公交化
改造与优化的研究报告

刘 杰*

摘　要：

　　本文首先介绍了短途客运公交化改造产生的背景，概述了目前广州市短途客运公交化改造的线路情况，并从多方面对改造前后的运行情况进行对比分析，提出目前模式存在的问题，最后从政府管理角度和企业经营角度提出近期和远期行业发展建议。

关键词：

　　短途客运　公交化　运行　评估　广州

为进一步完善短途客运公交模式改造工作，促进相关企业规范经营，提高服务质量，强化运营管理，优化站点线路，实现"运营规范化、管理制度化、服务人性化"的改造目标，广州市交通运输管理局开展了短途客运公交化改造运行效果后续评估工作。

一　公交化改造背景

（一）公交化改造产生背景

城市化进程的加快，使许多相邻城市之间融合程度快速提升，直

* 刘杰，广州市交通运输管理局客管科科员，主要研究方向：道路运输管理。

接导致公路短途客运需求的总量迅速增加，空间分布更为分散。传统的公路客运点到点的低频率班车模式已很难满足全天候、大容量、短距离、高频度的公众出行需求。同时，大部制改革的深化，使城市公交和公路客运统一归口交通运输管理部门，为实现公路短途客运与公交、客运在线路设置、站场布局、技术标准和经营管理体制等方面的融合，实现客运资源的统筹管理，加快城市之间、城市边缘与中心区的融合提供了有利条件。短途客运公交化正是在此背景下应运而生的。[①]

（二）公交化改造概念

短途客运公交化是指依据合理的管理制度、规范和政策，对原有公路客运线路进行公交化模式运作改造的过程。经过短途客运公交化改造后的运输方式，称为短途客运公交化，以该方式运营的线路，称为短途客运公交化班线。

短途客运公交化改造是一种介于城市公交和公路客运之间的新型的旅客运输服务方式，它是指行驶在毗邻区域（市或县等区域，下同）之间的道路上，有固定的起始点，按照公交化运输组织模式，中途设停靠站点，定点按时发车，按照规定的路线、站点运行，主要服务于沿途群众出行需求的一种道路客运方式。[②]

二 广州市公交化改造基本情况

根据《广州 2020 城市总体发展战略规划（2010～2020）》提出的"南拓、北优、东进、西联、中调"十字方针，广州已经拉开

---

① 管驰明、崔功豪：《公共交通导向的中国大都市空间结构模式探析》，《城市规划》2003 年第 10 期。
② 周鹤龙、徐吉谦：《大城市交通需求管理研究》，《城市规划》2003 年第 1 期。

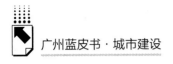

"一主六副"的城市总体构架,未来广州交通体系的构建将确保市域范围内的各重点发展区、重要节点的交通可达性和出行时间目标。

为支持"一主六副"多组团网络型城市发展,根据省交通运输厅相关文件指导精神,广州市积极开展短途客运公交化改造工作,从2008年起相继对广佛线、广增线、广从线、广花线等客运班车实施公交化改造,通过整合经营主体、优化线路站点、更新营运车辆、提升服务质量、规范企业运营等手段达到为周边旅客出行提供便利的目的。

目前,广州市进行短途客运公交化改造的经营主体共有10家,公交化改造线路57条,配备车辆运力744台,基本覆盖广州十区两市,惠及周边出行群众近百万人。具体情况如下。

(一)广佛城巴

广州至佛山城巴公交化改造工作于2008年在两地交通主管部门的积极推动下正式启动,截至2013年12月,处于营运状态的城巴线路共13条,共投入运力126台,广州市主要经营该线路的公司有广州长途汽车运输公司、广州粤运二汽公司、广州安迅经济发展有限公司、佛山汽运广佛客分公司。

(二)广增公交化改造

广州至增城线路公交化改造工作于2011年正式启动,截至2013年12月,处于营运状态的线路共18条,共投入运力228台,广州市主要经营该线路的公司有广州粤运公司、广州市运增城分公司、广州二汽增城分公司。

(三)广从公交化改造

广州至从化线路的公交化改造工作于2010年正式启动,截至

2013 年 12 月，处于营运状态的线路共 14 条，共投入运力 177 台，广州市主要经营该线路的公司有广州二汽从化分公司、广州顺途公司。

（四）广花公交化改造

广州至花都线路公交化改造工作于 2008 年正式启动，截至 2013 年 12 月，处于营运状态的线路共 12 条，共投入运力 213 台，广州市主要经营该线路的公司有广州花都恒通公司。

三 现有改造成效

（一）激发旅客出行需求，客流量和实载率提升

短途客运线路公交化改造后，增设了沿途上落客点，在一定程度上激发了旅客的出行需求。统计数据显示，大部分线路公交化改造后日均客流量和平均实载率都有不同程度的提高，各企业也能够根据客流量的变化，合理安排车辆和发车班次，做到准时发车，并规范各线路的上落客点，为旅客提供了方便、舒适、优质的出行服务。

广州至从化线路 2010 年公交化改造前实载率普遍维持在 30% ~ 40%，改造后，11 条线路中有 10 条线路实载率都有小幅提升，上升幅度为 3% ~ 5%；主要原因一是规范了上落客点，乘客候车点相对固定；二是从化各高校扩招，学生出行需求不断增加。

广州至花都线路启动公交化改造时间较早，经过 4 年的发展，客流量增长明显。改造前 5 条线路平均客流量为 11.49 万人/月，最高客流量为 16.9 万人/月；改造后 5 条线路平均客流量为 18.49 万人/月，最高客流量为 25.1 万人/月，平均客流量增幅为 60.92%。其中，701 线路改造前客流量为 11.27 万人/月，改造后客流量为 20.56 万人/月，增幅为 82.48%。

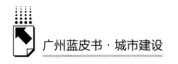

（二）规范运营管理，企业经营效益提高

经过公交化改造，各企业由竞争方式转变为合作经营形式，有利于企业规范运营，且在广州市交通主管部门的大力推动下，一是各线路公交化改造企业统一编码、同一经营单位的车辆统一车身颜色，按规定统一设置了"三牌"（前牌、腰牌和后牌），规范了经营车辆的标识，提升了经营企业的整体形象；二是统一了中途站牌的设置样式，规范了站牌的设置程序和维护管理机制；三是车辆规范经营，按照交通主管部门核定的站点进行停靠，严格遵守"即停即走，不得停车候客"的规定，并按照核定的载客人数载客，严禁超载。

广州至花都线路2008年公交化改造前月均营业收入68.55万元，改造后月均营业收入75.29万元，平均增幅为9.84%；虽然公交化改造后广花线客流量大幅增长，但由于票价向公交看齐，且增加了中途站点，全程票营业收入减少，营业收入增长呈现趋稳态势。

广增线公交化改造一年后，实际运营情况也较好，以广增14~17线为例，改造后实载率都有不同程度的小幅上升，而企业利润也有了5%~19%的增长，经营成本维持相对稳定，平均降幅为1%左右，整体上来说企业经营效益有一定程度提高，促进了企业的良性发展。

（三）区域范围覆盖广泛，交通环境畅达便捷

公交化改造的重要目的之一就是增设中途停靠点，由点对点运输方式变为公交模式运营。结合这一原则，一是各线路在公交化改造设置起讫点时相应设置了市汽车站、滘口汽车站、海珠汽车站、东站汽车站、天河汽车站等便于接驳地铁的起点站；二是各线路所有中途站点均与公交站点相邻，站点名称基本与公交站点一致，便于接驳市内公交；三是按物价部门核定的标准实行分段收费，与改造前相比，收

费更规范了，市民到达中途站点的乘车费用也有所下降。

同时，根据区域送达原则，合理规划线路走向和站点设置，由单一出城走向改造成多方向覆盖，基本涵盖了广州市区与佛山市、增城市、从化市、花都区等地区主要客运站、大型商业区和住宅区、高等学校、医院、专业市场等两地市民往来密切的区域，确保向旅客提供畅达便捷的交通环境。

（四）加强监督管理，提升旅客舒适度和安全度

伴随着公交化改造的深入，各公交化改造线路大力提升车辆等级和服务质量，一是车辆的技术、类型等级及尾气排放符合相关规定，车身内外整洁美观，在车辆更新时优先选择双门、底盘较低的公路客运车型，以提升旅客舒适度；二是建立完善线路运营服务管理机制，严格执行交通部门的有关规定，并做好后续监督，确保向旅客提供优质舒适的服务。

同时，各公交化改造线路严格落实安全生产责任，明确各责任人的安全生产责任和工作要求，充分发挥 GPS、车载视频监控等设备的作用，规范司乘人员的服务及安全操作行为。各线路实施公交化改造后，未出现过造成人员伤亡的重大安全事故和旅客投诉事件，旅客安全性得到了有力保证。其中以广从线较为明显，顺途公司公交化改造前发生过 3 宗人员伤亡事故，造成 5 死 23 伤，改造后至今未出现造成人员伤亡的事故。

四　存在问题

（一）地铁对部分短途客运公交化改造班线产生冲击

一是广佛城巴自广佛地铁开通后，经营效益大幅下降，现 18 条

线路中有 5 条因长期处于亏损状态已停止营运。现有运营的 13 条线路大部分也是勉强经营，随着广佛同城化的深入，地铁轨道也会不断完善，后续经营状况不容乐观。

二是国家发改委近期正式批复广州新建 7 条地铁线路。其中，14 号线一期工程为嘉禾望岗站至街口站，途中站点有太和站、钟落潭站、太平站、江埔站等，预计将大幅吸引广从线班车长线出行旅客；13 号线、21 号线工程分别为鱼珠站至象颈岭站、天河公园站至增城广场站，途中站点有南岗、新塘、黄村、镇龙、钟岗等，与广增线部分站点重合，将对广增线班车营运影响巨大。

（二）区域公交线路延伸对公交化改造班线造成不利影响

在市区区域调整过程中，城区公交线路会逐步向广州市城郊和县、乡不断延伸，与已有的短途客运公交化改造线路产生重复、交叉等矛盾。由于旅客出行需求的多样性，且公交车的票价均低于短途客运公交化改造票价，中短途乘客大多数选择乘坐公交车，对部分短途客运公交化改造班线造成不利影响。

其中，广增线部分线路受 2011 年新开通的天河至镇龙 345 路公交的影响，中短途客源流失较严重，预计广增 9、10 线的收入增幅将呈下降趋势；广增 11、12、13 线受荔城至新塘 101 路公交（区内公交）的影响也出现了客源流失现象。广佛城巴 1 线因受广州流花车站至里水总站的 231 路公交（开行快慢线）影响，客流量也呈大幅下滑趋势。

（三）部分站点站牌设置不合理，存在过境班车违章现象

一是各公交化改造线路站点站牌设置仍存在部分不合理的地方。如广增线"黄村立交"站点与地铁的接驳便利性不足，乘客需过天桥才能换乘；广从线"黄石东路"站牌被树木遮挡且距原公交站上

客点距离远，乘客换乘不便。部分站牌还存在标识不清、站点错漏等问题，需要进一步完善。

二是广增线、广从线仍存在部分过境班车不按核定站点停靠等违章现象。广增线、广从线过境班车较多，经营环境比较复杂，导致存在一些不按核定站点停靠的违章黑点，例如广增线的黄村立交，广从线的白云堡立交等地，这些违章行为扰乱了广州市正常的客运秩序。

（四）经营成本不断攀升，部分班线运转效率较低

一是近年来成品油价格不断攀升，零配件价格、人工和管理成本的不断增加对企业影响很大，使企业运营成本大幅增加；且由于公交化改造后仍属于客运班车，故不享受公交车政府补贴及政府公共服务油价补贴优惠。

二是拥堵的城区交通状况造成部分班线运行效率较低，平均车日行程 300 ~ 400 公里，与中长途线路的差距较大，线路直达客源少，中途营业收入占很大比例。且短途客运公交化改造后仍需进入两地站场，需缴纳一定的代理费和 1 元/人次的售票费，对于票价不高的线路来说也在一定程度上增加了企业的运营成本。[①]

五 发展建议

（一）近期发展措施

1. 企业层面

各公交化改造企业应做好自我规范工作，不能满足现有取得的成

---

① 吴燕、宿帆、梁晓辉：《我国道路运输市场发展现状及问题研究》，《产业经济与管理》2009 年总第 198 期。

效。一是要继续规范经营，做到依章守法，通过合理合法手段吸引客流，减少运营成本，提高企业效益；二是要树立旅客至上的服务理念，在站点站牌设置的便利性、车辆的舒适性和安全性、发班密度的便捷性、票价的合理性等方面不断完善旅客服务；三是要加强司机和相关乘务人员的培训，提高服务意识，树立服务形象，规范服务行为，以取得旅客的满意和认同。

2. 政府层面

为督促各企业做好旅客服务工作，广州市交通运输管理局将在合适时机启动各公交化改造线路服务监督考评工作。因为线路属于短途客运公交化改造班线，故不能完全与公交、客运考评保持一致，广州市将根据其性质制定相关监督考评方案，包括安全管理、经营行为、服务水平、收费、站点站牌维护等方面，以达到促进企业提升服务质量的目的。

（二）优化站点路线，与公交合作共赢发展

1. 企业层面

各公交化改造企业应根据各线路现有状况，一是经过调研确实存在站点站牌设置、线路走向不合理的情况下，可提交相关申请报告，通过调整站点、融合站牌、优化线路等方式解决现存问题；二是要通过合理方式减少与公交线路的重叠与竞争，注重站点与公交地铁接驳的便利性，根据客流变化努力培育新的客流增长点，实现与公交线路的合作共赢发展格局。

2. 政府层面

一是根据各企业的需求，着力协调解决各公交化改造线路现存的问题，促进广增线、广从线的公交化改造站牌站点与公交站点融合；二是在下一步改造线网布置时，着重考虑重要乡镇、重要产业带、旅游景点等客流密集区域对短途客运的需求，避免线路过于集中；三是根据广州市交通委员会 2012 年出台的《跨片区公交线路开行审核工

作规范》（穗交函〔2012〕464号），审批新开公交线路时应减少与原有公交线路和已进行公交化改造的客运班车线路重叠，综合考虑对公交化改造客运班车造成的影响，避免重复和矛盾。[①]

（三）打击违章行为，营造良好客运氛围

1. 企业层面

各公交化改造企业一是要规范自身经营，做到"车进站、人归点"，严格按照核定线路行驶、核定站点上落客，并做好车辆定期维护和安全管理工作；二是同线路企业要做好相互督促工作，加强合作车辆管理，做到守法经营，并重点监督过境班车违规现象，发现问题取得相关证据后，需及时向上级交通主管部门汇报，以维护正规企业合法权益。[②]

2. 政府层面

一是由于广增线、广从线班车沿途经过广汕公路、324国道、105国道等交通要道，这些道路过境班车较多，经营环境复杂，前期对沿线不按站点停靠、违规上落客等违规行为进行打击，并取缔部分违章黑点。二是由广州市交通运输管理局与执法局联合行动，对公交化改造运营班线存在的非法营运、不按站点停靠、违规上落客等行为加大打击力度，保持高压态势，有针对性地重点打击违章黑点，净化线路客运环境，营造良好客运氛围。

参考文献

管驰明、崔功豪：《公共交通导向的中国大都市空间结构模式探析》，《城市规划》

---

① 王庆云：《交通运输的政府规制与市场竞争》，《交通运输系统工程与信息》2003年第3期。

② 周菊：《中、美道路交通安全监管体系比较研究》，北京交通大学，2012。

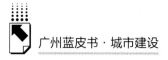

2003 年第 10 期。

周鹤龙、徐吉谦：《大城市交通需求管理研究》，《城市规划》2003 年第 1 期。

吴燕、宿帆、梁晓辉：《我国道路运输市场发展现状及问题研究》，《产业经济与管理》2009 年第 11 期。

王庆云：《交通运输的政府规制与市场竞争》，《交通运输系统工程与信息》2003 年第 3 期。

周菊：《中、美道路交通安全监管体系比较研究》，北京交通大学，2012。

李一勇、曾远志、童正纲：《在市场经济条件下道路客运如何管理》，《综合运输》2002 年第 4 期。

曹绮霞：《我国道路旅客运输经营权授予方式研究》，长安大学，2004。

（审稿：苏奎）

关于优化广州客运枢纽
布局的研究报告

广州市交通委员会课题组 *

摘　要：

随着广州市社会经济的发展，城市交通运力日趋紧张，综合客运枢纽建设发展未能适应经济快速增长的要求，影响广州市客运枢纽地位的提升和功能的发挥。笔者建议：通过优化完善广州综合客运枢纽的功能布局，建立布局合理、功能完善、内外畅通、衔接高效的国际性综合交通枢纽，强化广州交通的对外辐射能力，支撑广州城市空间结构的发展，推动广州成为立足珠三角、服务全国、面向世界的中国南部交通枢纽中心。

关键词：

综合客运枢纽　布局优化　广州

2007年国务院审议通过《综合交通网中长期发展规划》，规划要求在上海、北京、广州、深圳、武汉、西安、大连、成都八个城市进行综合交通枢纽衔接试点，2012年《国务院关于印发"十二五"综合交通运输体系规划的通知》（国发〔2012〕18号）进一步提出

---

* 执笔人：刘兆强、刘建齐；课题组成员：沈颖、龙小强、郤蕴鹏、刘建齐、刘兆强。

"基本建成 42 个全国性综合交通枢纽"。广州作为国家中心城市之一，铁路、公路、水路、航空客运方式十分发达，是我国"五纵五横"综合运输通道上的关键节点，也是华南地区最大的水、陆、空客运枢纽，其综合客运枢纽设施水平及运行状况从根本上影响珠三角综合客运运输网络的系统效率。因此，优化广州市综合客运枢纽布局，推进提高城市客运的服务水平和整体效率，是统筹协调各种运输方式、适应广州建设国家中心城市的客观要求。

一 广州综合客运枢纽发展现状

综合客运枢纽是指衔接三种及以上客运运输方式、辐射一定区域的客运集散中心，一般由车站、港口、机场和各类运输线路等设施组成。城市综合客运枢纽的主要功能就是对枢纽点的到、发客流，按不同的目的和方向，实现"换乘、停车、集散、引导"的四项基本功能，核心的功能在于换乘。

（一）广州客运发展总体情况

近年来，广州市航空、铁路、海港、公路等对外交通均取得了跨越式发展，2012 年完成客运量约 7.6 亿人次，其中公路客运量 5.89 亿人次，比上年增长 15.2%；民航旅客运输量 6185 万人次，比上年增长 5.7%；铁路客运量 1.07 亿人次，比上年增长 1.9%；水路客运量 307.39 万人次，比上年增长 3.0%。但整体上看，广州综合客运系统运能依然偏弱，尤其是广州火车站、白云机场、广州东站等重要枢纽，不能较好适应广州经济快速增长的要求，各种交通方式的衔接发展严重滞后，一定程度上影响了广州综合运输体系的形成。总之，目前的广州综合交通枢纽未能发挥应有的功效。

（二）综合客运枢纽布局现状

目前广州市综合客运枢纽共9个，按照主体运输功能不同，可分为航空综合客运枢纽、铁路综合枢纽以及公路综合客运枢纽。其中，航空综合枢纽为白云国际机场；铁路综合客运枢纽主要包含4个，分别为广州火车站、广州东站、广州南站以及广州北站；公路综合客运枢纽包含芳村客运站、天河站、窖口汽车站、海珠汽车站。目前，广州市综合客运枢纽现状布局总体呈现过多布在市中心城区，如铁路枢纽中有广州站以及广州东站位于市中心城区，承担将近70%的客流量。

（三）存在的主要问题

1. 客运枢纽总体布局，不能满足"123"城市空间发展

广州市城市总体规划中提出"123"的城市总体布局，为实现这一布局，还提出"东进、西联、南拓、北优、中调"的空间发展战略。而现有的综合枢纽布局根本无法满足"123"的城市空间发展要求，尤其南沙滨海新城、东部山水新城都缺乏大型综合客运枢纽的支撑，北部广州北站功能尚未发挥，与白云机场实现空铁联运的衔接不畅，中部广州站、广州东站客流规模过大，加剧了中心城区的交通压力。

2. 多元的监管体制，综合枢纽一体化建设上存在较大困难

综合客运枢纽的规划、建设与管理机制、投融资机制密切相关，目前在客运枢纽规划建设上存在多元管理的情况，各交通方式各自为政，导致在综合枢纽一体化建设上存在较大困难。由于各种运输方式之间的规划建设缺乏统一协调，各种运输方式自成网络体系发展，引入广州市各大综合枢纽的交通方式未能从系统性、全局性进行考虑，各种交通运输方式缺乏有效衔接，整体服务效率有待提高，综合枢纽监管体制还有待整合，开发、建设、运营和管理需全局考虑。

3. 现有综合枢纽各交通方式衔接不良，未能形成一体化的综合客运枢纽

目前，广州市现有的综合枢纽尚未实现真正意义上的一体化换乘，大部分枢纽各交通方式衔接不良，存在"功能异地、联系分割、人车交织、秩序混乱"的情况，造成枢纽中乘客换乘不畅，并给周边城市交通带来较大影响，成为道路交通拥堵的黑点；在春运、节假日等出行高峰期内，乘客交通组织、车辆交通组织困难，给周边行人通道和车行通道带来巨大压力。

4. 铁路枢纽功能定位及布局不合理

铁路枢纽功能定位及布局不合理，如承接普通铁路客流的广州站、广州东站位于都会区核心圈内，而作为华南地区枢纽城市，广州铁路还辐射周边佛山、东莞、中山、惠州等地，导致大量中转客流对核心区道路交通造成较大压力；承接高快速铁路客流的广州南站位于中心区外围，对前来广州办公、购物、休闲的商务、旅游等客人出行造成不便。

5. 公路客运枢纽层次不清，功能交织

公路运输在全市综合客运的主体地位明显，但从公路客运站分布状况看，主要公路客运枢纽多集中于中心城区，对中心区交通影响较大；各主要客运枢纽主营线路多有重合，跨省长途运输、省内及市内中短途运输层次不清，运输范围的划分不尽合理；同时客运站功能定位上也有欠缺，尤其公路主枢纽与铁路配套公路枢纽没有分离，造成换乘客流过度集中。

二 国内外城市经验借鉴

从国内外大城市综合客运枢纽整体布局及单个枢纽衔接规划来看，它们都有一些共同特点，对广州市综合客运枢纽规划布局有如下经验与启示。

（一）枢纽整体布局与城市空间结构相协调，不同功能站点实行分类布设

1. 普通铁路站场尽量避开老城区布局在外围

综合客运枢纽会吸引大量的人流、车流聚集，对城市交通势必带来不利影响，因此要避免与中心区交通压力重合，从伦敦、巴黎、上海等大城市的布局经验来看，将大型客运枢纽布置在城市中心区外围，对于枢纽型城市分离经过性客流具有显著效果，采用大容量轨道交通与市中心衔接，可有效分散城市交通压力与枢纽节点压力。

2. 高速铁路站场多选择建造于市中心区

对世界许多地区和城市高铁车站选址的综合分析结果看，主要包括3种类型：城市中心地区、城市边缘地区和机场。日本东京至大阪新干线有12个车站，其中9个位于城市中心区，3个位于城市边缘区。位于城市中心区的车站一般在原有车站基础上进行适度改建；位于城市边缘区的车站，往往都是新建。相比较而言，位于城市中心区的高铁车站，其综合运行效率较高，在边缘区或城市新区建设车站，其综合运行效率较低。

（二）单个枢纽的换乘设施应实现一体化布置，各种交通方式在平面和立面布局上高度"综合"

1. 多种交通方式之间实现一体化衔接

综合枢纽交通衔接应做到一体化规划，以形成紧凑的换乘空间，合理、紧凑地布置交通设施，可以缩短各种交通运输方式之间的换乘距离，提高换乘效率。从国内外各大城市交通枢纽的总体布局方式看，多方式复合型枢纽是城市交通未来发展的主流趋势，会提供多种交通方式，如地铁、城际、市郊列车、常规公交、出租、长途汽车、

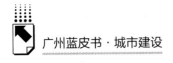

自行车，甚至航空转换，并尽量集中布局，强化交通衔接功能，提供高效便捷的换乘服务。

2. 客运枢纽交通设施采用立体化布局

国际城市客运枢纽交通设施发展趋向于采用立体化模式，多以人车分离为发展原则，从而实现高度开发、高效利用；最初仅有交通设施，随着城市的不断发展和迅速扩张，如今已发展成为包含城市各种复杂功能的综合交通枢纽。新的交通枢纽，结合交通枢纽的发展规模和功能定位，正推进人车分离、综合性高、地下地上空间立体综合利用等交通设施的建设，结合国内外经验发现，北京南站、法国拉德芳斯枢纽和德国柏林中央车站均采用了立体布局模式。

三　广州综合客运枢纽发展目标及战略

（一）功能定位及发展目标

1. 功能定位

基于地理区位、城市定位、交通地位，将广州综合交通枢纽定位为：国家三大国际性综合交通枢纽之一、中国南方交通枢纽中心，广州综合客运枢纽是全球交通网络的核心节点，与北京、上海同踞我国综合客运枢纽体系的最高层级，是国家对外开放的南方门户和建设国家中心城市的战略支点。

（1）国家层面：广州综合客运枢纽面向港澳地区及东南亚，服务亚太地区，辐射全球，是我国通往世界的南大门。

（2）区域层面：广州综合客运枢纽服务于华南地区，并将珠江三角洲的辐射力呈扇面向西南大部分地区扩展。

（3）省域层面：广州综合客运枢纽为珠三角地区的核心，联通辐射粤东和粤西两翼。

（4）市域层面：广州综合客运枢纽服务于广佛两市的市域客流的集结与疏解。

2. 发展目标

作为国际性综合客运枢纽，广州综合客运枢纽的功能目标应充分体现国家对外联系门户功能、国家综合交通网联通功能、区域（城市群）干支线连接功能及城市内外交通衔接转换功能等。广州综合客运枢纽的总体战略目标是：以世界级的空港为龙头，以高速铁路、城际轨道、高速公路网络为支撑，建立内外畅通、布局合理、功能完善、衔接高效的国际性综合交通枢纽，成为立足珠三角、服务全国、面向世界的中国南部交通枢纽中心。

（1）打造亚太地区门户复合型航空枢纽：巩固白云机场在全国三大枢纽机场的主导地位，建成华南地区最大，以广州市、广东省、泛珠三角为依托，辐射东南亚和太平洋地区的大型复合式航空枢纽机场。

（2）打造全国铁路枢纽中心：确立全国四大铁路客运中心地位，成为辐射广西、湖南、贵州等泛珠三角地区的南方铁路主枢纽，国家高速铁路、城际轨道等干线铁路中心。

（3）建设广州国家公路主枢纽：构筑以广州为中心的区域高速公路格局，成为华南地区高速公路网络中心和公路客运综合运输枢纽；加强机场、港口、铁路枢纽与高速公路的联系，加强高速公路、公路与城市道路的衔接，构筑一体化综合运输网络，成为广州国家公路主枢纽。

（二）总体发展战略

根据广州综合客运枢纽的功能定位、发展目标，结合目前综合客运枢纽现状和存在的问题，提出广州综合客运枢纽发展的战略。结合高铁、城际轨道等交通线路的规划建设，优化完善广州综合客运枢纽

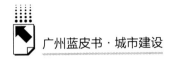
的功能布局结构，加强对外辐射能力，支撑广州市城市空间结构的发展。

其一，统筹航空、铁路、公路等方式的客运枢纽在功能定位上的协调配合，进而优化配套设施的布局。

其二，充分考虑珠三角城市群利用广州对外枢纽的便捷性和合理性，通过调整功能、布局，利用城际轨道及地铁环线，有效分流外部中转客流进入中心区。

其三，根据城市新区发展要求，规划综合客运枢纽，满足广州市城市空间结构的发展需要。

（三）各方式枢纽发展战略

根据以上广州市综合客运枢纽发展目标和总体发展战略，结合各主要交通方式的特点，提出各交通方式枢纽的发展战略。

1. 空港方面：提升机场的辐射能力，与广州北站良好衔接，共同构建辐射华南地区的国际航运中心

（1）建设国际、国内航线均衡发展的干、支线航线体系，构筑面向全球的航线网络，不断强化白云机场在泛珠三角地区枢纽机场地位，最终形成以白云机场为核心的"枢纽—干线—支线"机场网络。

（2）加强与广州北站的衔接，通过轨道交通建立白云机场与广州北站之间的快速联系，完善城市轨道、高速铁路、高速公路、普通城市道路等多种交通方式的衔接。

（3）提升机场辐射能力，结合城际轨道网络，设置异地航站楼，采取虚拟机场的模式，将白云机场辐射范围进一步扩展至泛珠三角，把白云机场建设成为泛珠三角地区多种交通方式的综合换乘中心和国际级综合交通枢纽。

（4）结合武广、贵广、南广高铁站点，及珠三角城际轨道，考虑航空与高铁、城际轨道间的便捷联系，开展广州第二机场的规划研究工作。

2. 铁路方面：优化铁路枢纽功能布局，分离外部中转客流，强化广州作为全国铁路客运枢纽的中心地位

（1）通过将外部中转客流分离至广州北站，从而实现广州站与广州北站的功能互补、分工合作，辐射珠三角乃至华南地区。

升级改造广州北站，使其承接广州站普铁客流，将其构建为集高铁、普铁、城际、城市轨道交通、公路客运、航空客流为一体的旅客换乘中心，打造成广州北部门户综合客运枢纽。

改造广州站，抽疏广州站普铁客流至广州北站等外围地区，将广州站构建为铁路直达快线、高铁、城际轨道与城市轨道、常规公交等衔接的旅客换乘中心，打造成广州都会区内部的高端综合客运枢纽。

（2）以新塘铁路客运站为中心，构建高密度和换乘便捷的集多种交通方式的旅客换乘中心，将新塘铁路客运站打造成为广州东部门户综合客运枢纽，与广州东站枢纽站实现分工合作、功能互补，辐射深圳、东莞、惠州等珠三角东岸城市乃至华东地区。

（3）强化广州南站的功能作用，结合城际轨道、省内客运直达班线，将其打造成为区域高端综合客运枢纽。

（4）将万顷沙站打造成为综合客运枢纽，支撑南沙新区的建设发展。

3. 公路方面：优化公路客运站布局，加强与铁路的衔接，形成功能分工合理的枢纽体系

（1）结合航空、铁路枢纽功能布局的调整，进行配套公路客运站场的布局规划和功能调整，强化与铁路的一体化换乘，分离不同服务群体，将中转客流分离至主城区外围，减少主城区客运枢纽的压力。

（2）结合城际轨道、地铁站点，在主城区边缘各个方向合理分散布局公路客运枢纽，按照"向性"原则调整设置客运班线，形成

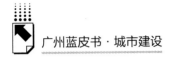

高效服务主城区的对外交通客运枢纽，优化城市对外交通与内部交通的合理衔接，减轻城市内部道路网络的压力。

（3）在主城区外，根据城市空间发展战略，结合其他交通方式，合理分散布局综合客运枢纽，方便城市居民出行，实现与主城区、周边地市的对外交通衔接。

4. 城际轨道方面：合理衔接对外交通方式，完善广州市综合客运枢纽空间布局体系，支持广州市城市空间的拓展

（1）在合理衔接航空、铁路等大型对外交通枢纽的基础上，进一步规划其终点与广州其他交通方式衔接的客运枢纽布局，完善广州市综合客运枢纽空间布局体系。

（2）按照广州市"南拓、北优、东进、西联、中调"的城市空间发展战略十字方针以及"一个都会区，两个新城区，三个外围城区"的整体空间结构，结合城际轨道的建设，统筹各种交通方式，打造城市新发展区各交通方式衔接一体化、立体化的综合客运枢纽，支撑城市空间的发展。

四　广州市综合客运枢纽布局优化

（一）规划原则

第一，与城市总体规划相协调。客运枢纽布局应适应广州轴带城市结构，整体符合广州城市主导发展方向，与用地规划布局、综合交通网络规划保持协调。

第二，与区域发展格局相协调。客运枢纽的布局应综合考虑城市所处地理区位、城市与周边城市的发展关系，从而最大限度地保证对外交通与城市交通的合理衔接。

第三，根据综合客运枢纽在交通链中的作用、功能和服务对象，在城市各个方向合理分散布局。20 公里范围内布置城市枢纽中心，30～40 公里范围内依托主城枢纽适当分工，降低主城枢纽压力，50～60 公里范围布置相对独立枢纽。

第四，发挥铁路与轨道的骨干作用，依托城际、高铁、普铁、城市轨道网络，在城市主要交通走廊、转换地带与客流集散地布局各级客运枢纽，实现客流的快速转换及有效集散。

（二）优化布局方案

根据未来区域发展的格局、广州城市空间布局结构和人口就业岗位的分布，以及各种对外客运方式的特征，按照上述布局原则及方法，规划布局 6 个一类客运枢纽、10 个二类客运枢纽和 13 个三类客运枢纽共 29 个综合客运枢纽。

1. 一类综合客运枢纽

以航空、铁路等大型对外客运站设施为依托，规划布局白云机场—广州北站组合枢纽、广州南站、广州站、广州东站、新塘站和万顷沙站共 6 个一类客运枢纽，总体形成"内三外三"的一类客运枢纽布局框架。

（1）"内三"是指在城市中心城区范围内，以广州火车站、广州东站、广州南站为主体，借助规划高铁、城际接入中心城区的契机，优化完善中心城区火车站、东站两大客运枢纽功能，强化广州南站枢纽功能地位，以铁路客运站为中心，构建换乘便捷、高密度的集城际、高铁、公路客运及城市客运（城市轨道、常规公交）等多种交通方式为一体的旅客换乘中心，打造广州都会区三大核心综合交通枢纽，提升交通出行服务品质。

（2）"外三"是指在城市中心城区外围的东部、南部和北部打造大型综合客运枢纽。

通过轨道交通建立白云机场与广州北站之间的快速联系，将白云机场和广州北站联合打造成为空铁联运的国际级综合交通枢纽。将白云机场构建为功能完善、辐射全球的大型国际航空枢纽；将广州北站构建为集高铁、普铁、城际、城市轨道交通、航空客流为一体的有竞争力的综合交通枢纽，形成珠三角对外铁路交通、空铁联运、北部地区客流换乘中心。

顺应广州城市"东进"发展战略，依托增城经济技术开发区、东部新城、增城新塘重点镇等重要策略节点，以新塘铁路客运站为中心，构建换乘便捷、高密度的集多种交通方式为一体的旅客换乘中心。

适应广州城市"南拓"发展战略，依托南部新城重要策略节点，按照南沙新区的目标与定位，依托海港，构建以万顷沙（南沙）铁路客运站为中心，集公路客运、水运和城市客运等多种交通方式为一体的旅客换乘中心，打造广州南部地区的综合交通枢纽。

2. 二类综合客运枢纽

以城际轨道、长途公路客运站等大型交通设施为依托，规划布局庆盛、琶洲、镇龙、海珠客运站、天河客运站、滘口客运站、番禺客运站、从化客运站、荔城客运站和南沙客运港共10个二类客运枢纽。按照枢纽车站的运输方式划分，包括庆盛、琶洲、镇龙3个轨道枢纽、6个汽车客运枢纽（包括海珠客运站、天河客运站、滘口客运站、番禺客运站、荔城客运站、从化客运站）和1个水运客运枢纽。

3. 三类综合客运枢纽

以城际轨道、对外客运站、城市轨道交通站、公交站换乘、中转设施为主，规划布局广州西站、沥滘、太和、知识城、坑口、嘉禾、官桥、长隆、石围塘、增城站、萝岗汽车客运站、黄埔汽车客运站和广园客运站共13个三类综合客运枢纽。按照枢纽车站的运输方式划分，包括8个轨道枢纽〔广州西站、沥滘、太和、知识城、官桥、长隆、石围塘（白鹅潭）、增城站〕和5个汽车客运枢纽〔坑口（芳村客运站)、嘉禾(永泰客运站)、萝岗汽车客运站(长平)、黄埔汽车客运站和广园客运站]。

参考文献

《综合交通网中长期发展规划》(发改交运〔2007〕3045号)。

《国务院关于印发"十二五"综合交通运输体系规划的通知》(国发〔2012〕18号)。

《广州市城市总体规划(2011～2020)》,广州市规划局,2012。

《广州市综合交通规划(2011～2020)》,广州市规划局,2011。

《广州城市空间发展战略——"123"实施政策》,广州市规划局,2012。

《2012年广州市交通运输行业发展年报》,广州市交通运输研究所,2012。

《广州市交通发展年度报告(2012)》,广州交通规划研究所,2012。

《广州市综合交通客运枢纽布局规划》,广州市交通运输研究所,2013。

《广州市综合交通枢纽布局及发展规划》,广州交通规划研究所,2012。

《广州综合交通枢纽总体规划研究》,国家发展和改革委员会综合运输研究所,2012。

《广州市新一轮客运站建设规划研究》,广州市交通运输研究所,2013。

(审稿:王多全)

B.14 关于香港公共交通发展经验的研究报告

广州市交通委员会课题组

摘 要： 为学习香港公共交通先进经验，以香港公共交通引导城市发展及其实践为考察对象，对香港的地铁、轻轨、有轨电车、常规公交、出租车、水上巴士、公共交通枢纽等公共交通设施进行现场调研，对调研成果进行整理与分析，并提出可供广州借鉴的若干发展公共交通的对策与建议。

关键词： 公共交通 发展对策 香港

一 香港公共交通发展基本情况

香港常住人口 711 万人，面积 1104 平方公里，道路总长度为 2086 公里。目前，香港建立以地铁、轻轨为骨干，有轨电车、双层巴士、公共小巴为主体，水上客运、出租车、居民巴士、支线巴士、缆车为补充的一体化公共交通系统。公共交通现状：日均客流量为 1164 万人次，其中轨道交通里程 218.2 公里，日均载客量 503 万人次；常规公交 17242 辆，日均客流量 629 万人次；出租车 18138 辆，日均载客量约 98 万人次；轮渡线路 20 条，日均载客量 14.5 万人次。

（一）轨道交通

1. 地铁

线网及站点。香港地铁总里程182公里，共有11条线路84个站点，其中22个站点具有换乘功能。换乘站主要分为：同向同站台换乘、异向同站台换乘、通道换乘和站厅换乘、立体换乘及垂直换乘五种类型，其中同站台换乘和垂直换乘的站点占2/3以上，换乘时间较短、换乘效率较高，使得站台内客流输送效率高。

车厢容量大，环境舒适。香港地铁列车车厢数为4、7、8、12节四种，其中迪士尼线路（旅游线）4节编组，东铁线7节编组（预留1节车厢的站台），西铁线（12节编组，设2节头等舱，普通乘客进入头等舱罚款500港币），其余线路均为8节编组，座位数37～50座/车厢，且每节车厢均有5扇门，额定载客量为300～330人/节。车厢容量大，高峰期会显示出运能高的优势。

站台及票价。地铁站台空间相对较大，足够乘客排队及上下车，加上换乘时间短，保障了乘客在站台内的快速、有序流动。地铁票价跨度范围较大，在4～51港币，平均每次乘车票价为10港币以上。

起始站及出入口。除迪士尼线外，地铁起始站均实行先到先发，且地铁站出入口均在6个以上（有的出入口超过10个，并且与周边的建筑物、公交中途站、商场等紧密衔接），大大提高了起始站台客流的集疏散能力。

较完善的其他设施。地铁其他设施非常完善，比较人性化。如救援专线、视障人士触摸屏、大件行李通行扶梯、紧急疏散出入口等。

2. 轻轨

线网及站点。香港轻轨交通线路主要聚集在屯门地区，线网全长36.2公里，共有11条线路75个站点（站点间距约500米），票价4～6.3港币，单程票6港币，为屯门地区的主要公共交通方式，与

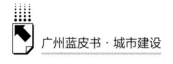

西铁线的屯门、元朗、天水围地铁站以及多个公交首末站形成无缝接驳，提高公共交通系统的运输效率。

车辆及发车间隔。轻轨的列车为1节或2节编组，座位数为26、38、40座/车厢三种，额定载客量为80~100人/节；首末站发车间隔约为6分钟，但由于中途站均为多条线路的站点，几乎1~2分钟就有一列车辆经过，从站点和断面的发车频率来讲，较好地满足了周边居民的出行需求。

完全开放的站台。乘车前需在站台的入口通道处持"八达通"进行确认或在站台中部购买单程票，出站时在出口通道处拍卡出站。全过程无工作人员监督，完全靠个人自觉，若被查出逃票罚款290港币或被检控，体现了香港居民素质较高和政府法律执行力度较大。以独立路权为主。车道布设分为独立路权（专门轨道）和非独立路权（与道路处于同一平面），非独立路权以路中式为主，可以保证轻轨交通的运行速度。

3. 有轨电车

线路及票价。香港有轨电车已经有108年的历史，有轨电车：现状线网总长度30公里，有6条线路。由于票价低（成人2.3港币，学生、老人1港币）、站点间距小、发车间隔较小等特点，深受香港市民喜爱，同时也是休假、观光旅游的首选交通工具。

车辆及车道布设。有轨电车车厢上层26个座位，下层24个座位，载客量约为90个（一般乘坐超过100人）；车道布设方式有路中式和路侧式两种。

（二）道路公共交通

1. 常规公交

常规公交类别。香港常规公交分为专营巴士和非专营巴士，其中专营巴士包括双层巴士、红巴、绿巴，其特点是以自负盈亏形式经营

（经营权公开投标或以其他方式批予，每期 10 年，每 5 年一续），政府无须直接补助，间接补贴为减免车辆首次登记税、牌照费等。双层巴士作为市内骨干线路，票价为 4.4 元、4.6 元，载客量为 126～132人（双层巴士上层 53 个座位，下层 27 个座位，上层不允许站人）；红巴线路较长，票价为 6～20 元，16 个座位，部分通宵运营，"灵活"是其最大的特点，除总站外不设固定车站，可以选择通畅的线路到达目的地；绿巴线路较短，票价一般为 6 元，固定线路，多与地铁站接驳。非专营巴士包括居民巴士和铁路（地铁和轻轨）支线巴士。居民巴士的特点是往返大型住宅和市区，且仅在繁忙时间提供服务；铁路支线巴士的特点是仅用于与铁路支线进行衔接。多样化的公交线路、车型等，较好地满足了市民的出行需求。

首末站及中途站。除城市外围外，首末站一般都以首层架空形式，用地综合开发，集约用地；部分小巴首末站设置在支路上。中途站点密集，且每个站点最多不超过 6 条线路（一般为 3 条线路以下），不会造成高峰期站点饱和度过高、乘客比较拥挤的情况。

2. 出租车

香港出租车为公共交通服务的重要一环，出租车大部分为个体经营，经营权为 10 年/期，以不同颜色来分区经营，红色为市区的士（15250 辆）、绿色为新界的士（2838 辆）、蓝色为大屿山的士（50 辆），总计 18138 辆，日均载客量约 100 万人次。同时，不同类型的的士有其指定的经营范围：市区的士可在本港大部分地方行驶（东甬道及南大屿山的道路除外）；新界的士主要在新界东北部（即沙田以北）及西北部（即荃湾以北）营运；大屿山的士只可在大屿山（愉景湾除外）及赤鱲角行驶；所有的士均可在香港国际机场及香港迪士尼乐园提供服务。正是这种分区经营、合理的出租车数量及竞争机制，保障了出租车市场的有序、高服务质量和服务水平。

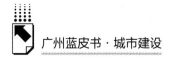
（三）水上交通

目前，香港有20条班次固定的领牌乘客渡轮航线，主要提供进出岛以及港内线渡轮服务，涉及码头多且相关配套设施完善。以中环码头为例，其共有11个子码头，其中8号、9号、10号码头为公众码头，功能主要为一些特殊服务，如团体包船旅游、接待船停靠等；2~7号码头功能为客运码头（分别开往不同码头，如6号码头天星码头线路为往返尖沙咀码头，票价2.0~2.8港币，轮渡空间容纳约800人，座位约600个）；1号码头为政府码头；港澳码头主要是去往澳门、珠海的航线，并且直接到达澳门飞机航线，15分钟到达。

连接设施。香港码头附属设施相当完善，特别是步行连廊，可以直接延伸至地铁站、公交首末站、码头等，3不仅步行环境好，而且能遮光避雨，沿途风景更好，这也是能吸引大量游客参观、游览的重要原因之一。

（四）公共交通枢纽

香港九龙枢纽。香港九龙枢纽（九龙交通城）位于香港西九龙站，周边地区密集分布有大量基础设施、多层立体的商务设施及多向连接的超级交通枢纽。停车场、机场快线、公共汽车站、出租车站以及大型商场、酒店、写字楼、娱乐设施等均密布于周边地区。香港九龙枢纽整体秉承三维立体的规划方式与理念，地面层及所有地下层均设置公共交通设施、道路及停车场；交通层上设二层人行通道和购物层，用以开设商业及小型商业广场；购物层之上设置大型平台，包括花园、开敞式露天广场及大厦入口，以步行连廊方式与覆盖西九龙的人行路网相连接。

中环公交总站。中环公交总站位于香港中环康乐广场8号交易广场首层，站内车坑数目达到14条，是香港车坑最多的车站，约20多条线路在此站始发。乘客可以通过多条位于二层的步行连廊去往地铁香港站、香港国际金融中心、怡和大厦及环球大厦等进行方便换乘，实现高效便捷的公交换乘功能。

香港青衣枢纽。香港青衣枢纽位于香港新界青衣岛青衣机铁站，属地铁公司旗下的物业之一。青衣枢纽最底层是地铁站，地下一层至三层是商业建筑，三层以上是呈围合布局的高层居住建筑。香港青衣枢纽通过二层的步行连廊使得商业居住建筑与公交站场直接相连，实现简单便捷的换乘，约 20 条公交线路和小巴线路通过连廊进行换乘，交通十分方便。

香港九龙塘枢纽。九龙塘枢纽位于香港中心，是铁路站、地铁站、地面公共交通站场及大型综合商场的综合枢纽。地铁与铁路相通，公交站场采用半下沉的设计设置在枢纽首层，车辆站位明确，交通秩序良好，旅客换乘距离较近。枢纽外围通过信号灯的有效管理，公交车辆效率较高，违章现象极少。

香港荃湾枢纽。香港荃湾枢纽及与之相连的新之城就是集约利用土地进行交通枢纽及上盖物业一体化开发的典型例子，建筑物首层建设公交站场，二、三层群楼利用大量的换乘客流开发商铺及酒楼餐饮，塔楼开发写字楼物业。由于各部分功能衔接紧密，各种交通方式的换乘也十分便捷。香港荃湾枢纽是一个全方位的地铁与各种交通方式立体衔接的紧密系统。乘客通过与地铁站厅匹配的二层步行连廊进行换乘，在二层步行连廊就开始把换乘不同公交线路的乘客分流到首层的"岛"，每一个"岛"都是特定线路的候车区。

二 广州可以借鉴的发展公共交通的若干做法

（一）注重法律在交通规划及管理方面的权威性

1. 注重规划法定图册的有效性和执行力

香港的城市规划和发展制度的核心在于法制精神，注重依法办事、依法审批、依法仲裁。城市建设充分尊重城市规划的权威性和严肃性，对经充分论证并经审定发布的城市规划，由行政长官会同行政局核准的规划图则，具有法律效力，不得随意修改变更（类似广州正在推荐的"三规合一"），同时对城市规划确定的各类交通资源，实现"同步规划、同步建设、同步使用"，有效保障了香港城市规划和交通规划的科学性与稳定性。香港城市整体运输规划最重要的原则是任何一块土地城市建设发展容量必以交通容量为上限，并作为法定文件落实。例如，在香港如果某区域的所有交通方式加起来所能容纳的客流量为每天 20 万人次，那么周边的房产项目设计必须在 20 万人以内，不能超过这个底线。依据这一政策香港现在仅开发了总土地面积的23.7%，灌丛、草地、湿地等生态硬质空间预留达66%。

2. 注重法律在管理方面的地位和作用

从世界地铁公司看，香港地铁公司是"地铁＋物业"模式运作最成功的公司，且这种模式有法律保障。原来的《地下铁路公司条例》和后来的《香港铁路条例》以及《九龙铁路公司条例》都已专门立法。通过这种"地铁＋物业"的运作模式，香港地铁公司对其土地价值做到了"一地四吃"。主要体现在：一是被免除获得土地时应支付的地价收入；二是取得因地铁开发形成的站点及辐射区域的土地增值收入；三是取得开发站地面区域商业、房屋的收入；四是由此形成的商业地产和经营商业铺面会带来长期可观收入。因修建地铁而获得的土地增值收入，是香港地铁成为世界地铁少数盈利地铁之一的重要原因。

（二）科学规划公共交通引导城市布局

香港城市空间布局，主要沿公共交通走廊沿线高密度发展，整体形成以"公交走廊为城市发展轴，车站作为城市的发展节点"的TOD 发展模式，沿线布设尽量覆盖人口及就业岗位。据统计，全港

45%的人口居住在地铁站500米范围内，且九龙、香港岛等地铁站人口覆盖率高达65%。同时，香港轨道交通站点均采取这种TOD开发模式：即地下一层地铁站、地面一层公交枢纽（含公交、出租车、自行车等），地面二层以上为商业或停车场，一般在地面6层以上为住宅。这种土地混合开发不仅减少了居民出行量，而且减少了用地的开发，实现了紧凑、聚集的城市空间形态。例如，香港屯门地区市民下轻轨交通站点后，可以通过连廊到达自行车停车场，公交车枢纽实现无缝换乘，或者进入商场购买东西，或者直接回家。

（三）坚持公共交通枢纽的综合规划及开发

1. 公共交通枢纽一体化设计

换乘枢纽布局、功能紧凑一体化设计。将各种交通方式的换乘集中在一处甚至同一建筑物内。实现地面、地上、地下立体全方位换乘，使庞大复杂的客流沿着不同而合理的功能分区有序平稳流动，互不交叉。大幅减少了乘客换乘距离及换乘时间，换乘舒适度与便捷度也大大增加，还有效提升了城市形象。综合交通枢纽每一层承担不同的功能，层与层之间通过楼梯、自动扶梯等相连，使不同的交通工具在不同方向上就近衔接，大大节省乘客的换乘时间，提升了整个枢纽交通组织的效率。

集约利用土地，提升土地利用价值。香港十分关注土地的综合利用，在建设交通枢纽的同时，注重与枢纽紧密结合的物业开发，通过合理引导乘坐交通工具的客流为配套的商业物业带来无限生机。随着城市节奏的加快和管理水平的提高，车站的城市功能逐渐增强，并逐渐与车站本身的功能齐平。综合交通枢纽的大量客流使车站发挥作用面临"天时、地利、人和"，综合交通枢纽的娱乐场所、商场、服务场所不再只对交通出行起基本的补充作用，其吸引力本来就很大，人们是专程来这里购物，而非上下班出行时的顺路购物。香港的综合交通枢纽通过现代而合理的管理和组织方法，使这里的娱乐、购物等秩序井然，没有因为人多且杂而秩序混乱。综合交通枢纽通过多层、立体与多方位的分流使乘客、购物者及有其他城市需求的顾客感觉空间舒适，使他们乐于在这里从事与城市功能相关的活动。

以人为本、注重细节。香港的交通枢纽建设很注重人性化的设计，在很多细节上都体现了以人为本的理念，使枢纽的服务水平得到很大的提高。很多公共活动空间、楼宇、商场及公交站场之间都会设置步行连廊，一方面减少天气对市民正常出行活动的影响，另一方面发挥步行连廊导引功能，完善换乘体系。香港大部分公交站设在建筑物的首层，而乘客从地铁站厅出来已经是建筑物的第二层，必须通过步行连廊"前置"的换乘导引。同时，交通枢纽的行车路线都尽量避免出现交叉或对冲，在站场内会预留足够的车辆疏解通道，以防车辆在枢纽站场内堵塞；落客区设置锯齿形的停车位，可以增大转弯半径，方便公交进出停靠。

2. 鼎力支持公共交通枢纽物业综合开发

香港地铁公司（简称"港铁公司"）不需要政府补贴，主要原因是地铁公司得到的土地由香港政府特许提供。为扶持香港地铁发展，香港特区政府先按十足市场价评估的地价授予港铁公司用于发展物业的土地发展权，由第三方发展商根据港铁公司要求进行实际发展工程。港铁公司通过与发展商按协议约定比例分摊销售或租赁物业的利润、分摊实物资产或透过发展商支付的预付款从物业发展中获得利益，从而补充相关铁路收益，提高兴建新铁路线的投资回报率。过去30年间，港铁公司通过该运营模式已成功开发超过1000万平方米的房地产项目，其中一些大型商住项目为人们所熟知，如在九龙站、地铁之上的圆方商场、88层的国际金融中心二期和118层的环球贸易广场，以及君临天下、凯旋门等高档住宅楼，整片区域都由港铁公司开发，其中部分已出售，部分已出租。

通过"地铁＋物业"的开发建设模式，港铁公司获得物业发展这一重要收入来源，既为铁路项目提供兴建资金，也因物业发展而有助于增加乘客量。2011年，港铁公司总利润达到133亿港元，其中物业利润占46％，地铁车站商业收入占21％。同时，港铁公司充分利用车站商用设施，例如在九龙、香港岛的一些城市综合发展体中设立的地铁站办理市内登机手续等，很好地延伸了地铁的服务空间。

（四）以多样化设计强化公共交通枢纽与其他方式的衔接

通过利用枢纽或建筑物的首层配建公交场站，进行多样化设计，加强公交枢纽与其他方式的衔接，特别是与立体步行网络的设计结合，如二层步行连廊。通过立体步行网络将商业建筑与城市交通有机结合，人流可以直接进入建筑内部，实现周边建筑与步行过街设施的连续和一体化。一方面，大大提高了商业建筑的可达性与疏散能力，增强了商业的竞争力；另一方面，减少地面行人与行车的冲突，提高行人的安全性和舒适性，同时提高行车的速度和效率，最大限度地改善和缓解城市干道的交通压力及人车的相互干扰，极大地改善了城市公交出行条件，提高了公共交通服务水平。香港的步行过街设施较为发达，先后建成了近600条空中连廊和人行天桥，几乎都配有顶篷，与地下通道相结合，组成了一个完善的立体步行系统。以上环到中环为例，之间有一条全港最长也最具特点的空中连廊，由西向东全长1000多米，加上其他旁支，总长度至少有3000米。同时，这一带是香港的"心脏"，凭借这条纵横交错的空中连廊，出行者可以轻而易举地抵达公交首末站、地铁、轻轨、码头等公交枢纽以及旅游景点、各政府部门、港交所、银行、保险公司、大型商场、电影院等。

（五）严格的交通需求管理措施

香港按照"谁使用谁付费"、"谁污染谁付费"的原则，制定交通管理政策。首先，采取"车辆首次登记税"（1974年开始实施）、"牌照费"等措施，从增量上控制机动车的总量；其次，通过收取高额燃油税、停车费等措施提高小汽车使用成本，从存量上限制车辆的使用。多管齐下的交通需求管理措施，保障了香港道路交通运行顺畅。

香港"车辆首次登记税"按照不同车型和购车成本实施不同的税率。如一辆私家车购车费为14万港币，对应税率为35%，则首次登记税为4.9万港币。随着车辆价格的增加，登记税的费用也在增加，并且随物价上涨而进行调整，间接提高小汽车购车成本，从增量上限制车辆的总量快速增加。

香港"牌照费"按照不同的汽缸容量、不同的燃料进行收取，并分为一年收取、四个月收取两种模式。如一辆排量为2.4L的汽油车，每年牌照费为5794港币；若排量超过4.5L，则每年牌照费高达11329港币。"牌照费"还随着物价上涨进行调整，间接提高小汽车使用成本，从存量上限制车辆的使用。

参考文献

顾国祥：《香港和南京城市交通状况比较分析》，《统计科学与实践》2011年第9期。

广州市交通运输研究所：《数据来源课题组对香港公共交通设施现场调查整理》，2012。

张临辉、李朝阳、李俊果：《香港轨道交通枢纽简析及启示》，《城市轨道交通研究》2011年第11期。

广州市交通站场中心：《香港交通站场规划建设调研报告》，2013。

苏跃江、刘兆强、李樱：《道路网容量与容积率互动关系分析》，《交通与运输》2012年第7期。

广州市交通运输研究所：《香港公共交通调研报告》，2012。

《香港铁路条例》，http://www.legislation.gov.hk/blis _ pdf.nsf/6799165D2

FEE3FA94825755E0033E532/5D049A7D7470415F482575EF001A1026？OpenDocument&bt＝0。

林依标、陈权：《地铁线路选择及站点区域土地利用模式研究》，《综合运输》2013年第4期。

隋映辉、高庆宁、迟建平：《城市地铁：运营模式及效益的实现》，《科技导报》2003年第12期。

黄良会：《香港城市交通影响评价实践及启示》，《城市交通》2006年第8期。

赵俊超：《"轨道＋物业"模式及对内地城市的借鉴》，《决策探索》2013年第1期。

香港运输署：《关于车辆首次登记税的政策》，http：//www. td. gov. hk/sc/public_ services/fees_ and_ charges/index. html#transfer。

香港运输署：《关于车辆牌照费的政策》，http：//www. td. gov. hk/sc/public_ services/fees_ and_ charges/index. html。

（审稿：叶卓朗）

城市管理篇

Researches on City Management

B.15
广州生活垃圾治理的
现状及对策

敖带芽　赵超文*

摘　要：

随着城市规模的发展，广州生活垃圾治理工作面临垃圾
产生量大、处理方式单一、处理设施能力不足等问题。
做好生活垃圾治理，要求做到控制源头、扩大分类、推
进垃圾处理设施建设、深化农村生活垃圾治理，建立健
全生活垃圾治理配套支撑体系。

关键词：

生活垃圾　治理　设施　分类　广州

* 敖带芽，博士，广州市委党校市情研究所所长，教授，主要研究方向为公共参与与应急管理；赵超文，硕士，广州市花都区区委区政府办公室综合二科科长，主要研究方向为公共管理。

生活垃圾治理不仅是公共事务治理的重要组成部分，更是城市生态环境保护、城市安全运行和经济社会可持续发展的重要内容。做好生活垃圾治理工作、破解垃圾围城问题，是广州建设生态城市、低碳城市、幸福城市的重要体现，也是建设宜居广州的关键抓手。

一 广州市生活垃圾治理的现状

过去十年，是广州市生活垃圾治理工作的重要时期。市委、市政府高度重视生活垃圾治理工作，坚持走"先分类、回收减量，到无害化焚烧、填埋和生化处理"的垃圾处理技术路线，生活垃圾治理从简易填埋向无害化处理、减量化、资源化发展。2002 年，兴丰生活垃圾卫生填埋场建成投产；2005 年，市第一资源热力电厂一分厂建成投产；2010 年开始全面推广垃圾分类；2011 年出台《广州市城市生活垃圾分类管理暂行规定》；2012 年出台《广州市生活垃圾终端处理设施区域生态补偿暂行办法》，成立城市废弃物处理公众咨询监督委员会。经过十年的发展，广州市在生活垃圾分类减量、设施设备建设、专项垃圾治理等方面取得较好成效，垃圾治理水平显著提高。

（一）生活垃圾产生量和清运量

目前，全市十区两县级市共有 131 条街 35 个镇 1150 多个行政村。2011 年全市固废总产量约 4147 万吨，万元 GDP 固废产量约 0.3吨，全市（含十区两市）生活垃圾日均清运量为 12525 吨，全年总量 457 万吨。与 2003 年相比，全市生活垃圾产生量翻了一番。2010年以来，全市按照"大分流、小分类"的分类模式，初步形成分类收集、分类运输、分类处置的物流系统，通过建设餐厨垃圾、零星余泥、粪渣、动物尸骸等废弃物独立处理系统，避免了其他类型垃圾混入生活垃圾；采用中转站脱水压缩方式，减少垃圾含水率；开展社会宣传、组织"垃圾分类全民行动日"等活动，倡导居民减少垃圾产生量和排放量；采取计划计量、全程监管等综合手段，控制垃圾排放，提高资源回收率。2011年，全市垃圾总量同比下降2.8%，人均生活垃圾清运量从2010年的1.1公斤/日降低至2011年的1.01公斤/日，生活垃圾清运量首次出现拐点。

（二）现有生活垃圾处理设施

全市目前在运行的共有7座生活垃圾处理设施，总处理规模为12318吨/日，其中焚烧发电厂1座（处理规模1040吨/日）、填埋场6座（处理规模11278吨/日），维持以填埋为主、焚烧为辅的生活垃圾处理格局。中心城区、萝岗区、南沙区的生活垃圾进入兴丰生活垃圾卫生填埋场和第一资源热力电厂一分厂（李坑生活垃圾焚烧发电厂）处理，番禺区、花都区、增城市、从化市的生活垃圾分别进入各区生活垃圾处理设施。

（三）规划建设中的生活垃圾处理设施

全市规划建设8座生活垃圾处理设施，其中市第一资源热力电厂二分厂建设已完成，2013年6月26日开始点火调试；兴丰生活垃圾填埋二场已立项，正在开展环评、征地等前期工作。第二资源热力电厂（即兴丰垃圾焚烧发电厂）、广州东部固体资源再生中心（含第三资源热力电厂）、番禺区生活垃圾处理中心（含第四资源热力电厂）、花都区生活垃圾综合处理中心（含第五资源热力电厂）、第六资源热力电厂（增城焚烧发电厂）、从化废弃物综合处理场（含第七资源热力发电厂）6个垃圾处理设施均正开展前期选址筹建工作。设施建成后，将大幅提高全市生活垃圾无害化处理水平。

二 广州市生活垃圾治理存在的问题

广州市近年来的生活垃圾治理工作是卓有成效的，但以成为"环境优良、生态安全的品质之都，低碳高效、循环再生的活力之都，自然融洽、健康文明的和谐之都"的目标来衡量，以作为绿色发展、循环发展、低碳发展的生态城市来要求，广州垃圾治理工作仍存在垃圾产生量大、处理方式单一、处理设施能力不足、邻避效应凸显等多重矛盾。具体表现在以下几方面。

（一）生活垃圾源头量大，减量工作有待进一步加强

目前，广州的过度包装、纸化办公和一次性用品滥用现象仍较为严重，不仅造成大量资源浪费，也是形成"垃圾围城"的重要因素之一。其中包装垃圾的排放量呈明显上升趋势，广州市包装废弃物年排放量在重量上约占城市固体废弃物的1/3，这些包装垃圾中一半以上属于过度豪华包装，月饼、茶叶、名酒、保健品等商品的过度包装现象尤为严重。商品过度包装不仅增加了消费者负担、加重了环境污染，也严重阻碍了垃圾源头减量工作，亟待改善。

（二）生活垃圾无害化处理设施缺口大，超负荷运行情况严重

目前全市生活垃圾日均清运量为12525吨，但全市生活垃圾处理设施能力仅有12318吨/日，缺口207吨/日。尤其是中心城区生活垃圾清运量达到9000吨/日，却只有第一资源热力电厂一分厂（李坑生活垃圾焚烧发电厂）和兴丰生活垃圾填埋场两座生活垃圾处理设施在运行。其中第一资源热力电厂一分厂日处理能力仅为1000吨，其余近8000吨生活垃圾均进入兴丰生活垃圾填埋场处理，收纳垃圾量

是实际设计处理规模 2000 吨/日的 4 倍,超负荷运行导致设施服务周期缩短、处理效率降低、污染控制不易等诸多问题。按目前的处理规模,挖潜增容后的兴丰生活垃圾填埋场填埋容量仅能维持使用到 2014 年,番禺火烧岗生活垃圾填埋场填埋容量 2012 年就已用尽,目前仍在超负荷运转,未来生活垃圾处理形势严峻,广州市将可能陷入"垃圾围城"的困境。

(三)生活垃圾处理设施选址难,"邻避效应"问题突出

根据《广州市生活垃圾设施建设"十一五"规划》,广州市在"十一五"期间拟建成 16 座无害化处理设施,可以实现生活垃圾全部无害化处理。但由于社会稳定、规划选址、处置技术需深化论证及投融资等因素影响,生活垃圾处理设施建设进展较慢,"十一五"期间仅建成 2 处、在建 3 处、11 处未建,设施建成率仅 12.5%,差距较大。导致垃圾处理能力增长速度低于垃圾产生量的增长速度的主要因素是选址难,民间阻力大,"邻避效应"问题突出。目前城区垃圾处理设施已经面临无地可选、无法原地扩建的现状,拟实施的第五资源热力电厂(花都焚烧厂)工程由于周边居民的反对,面临选址征地难和环评公众调查通过难等实际问题,垃圾处理设施建设来自民间的阻力日益增加。

(四)生活垃圾资源回收率偏低,资源流失严重

虽然垃圾分类回收和二次分拣取得了一定成绩,但再生资源回收利用与世界先进水平相比差距较大,资源流失严重。此外,资源回收受市场波动影响较大。资源回收的品质、价格受经济社会发展影响较大,经济景气时回收品种较多,回收率较高,经济不景气时回收品种和回收率都会降低。2011 年生活垃圾资源化回收率从 2010 年的近 33% 跌至 23%。

（五）生活垃圾资源利用效率还不高，产品寻找出路难

目前生活垃圾主要采用填埋方式，资源化利用率还较低，尤其是采用干湿分类后，生物质垃圾的资源化技术路线和产品渠道亟待明确。目前，湿垃圾资源化利用的技术线路是将其制作成肥料和饲料，但目前尚缺乏相关国家标准，地方标准制定也有一定难度，造成产品没有合适去向，厨余垃圾技术开发、资源化产品处理的出路难题需破解。

（六）城郊和乡镇区域垃圾管理薄弱，垃圾治理水平亟待提高

广州市共有 35 个镇 1150 多个村，农业人口 218.9 万人，分布在白云、黄埔、南沙、番禺、花都、从化和增城 7 个区，每日产生垃圾约 2200 吨。部分镇村还没能纳入统一的生活垃圾收运体系，垃圾站设施简陋，垃圾运输效率低下，二次污染严重。含乡镇农村垃圾的 7 个区（县级市）垃圾无害化处理率仅 50.8%，镇农村垃圾无害化处理率甚至低至 24.1%，生活垃圾乱堆乱放现象导致环境污染问题突出并存在一定的健康安全隐患，乡镇农村生活垃圾处理服务水平亟待提高。

三 发展对策和建议

（一）全面推进生活垃圾分类

1. 控制生活垃圾源头产生量

实施源头减量政策可以减少垃圾产生，减少资源消耗，促进资源节约型、环境友好型城市建设。源头控制胜过事后处置，处置生活垃圾的经济成本、环境成本等综合成本是非常大的，从源头上减少生活

垃圾的产生量和处理量，对于环境保护、降低社会综合成本将起到事半功倍的作用。建议尽快建立社会化的，覆盖生产、流通、消费全过程的生活垃圾源头减量工作机制，最大限度地从源头避免和减少生活垃圾产生。遏制白色污染，逐年降低塑料制品生产企业生产不可降解塑料制品的比重，在全市全面推行塑料购物袋有偿使用；督促商贸流通企业严格自律，自觉履行社会责任，销售适度包装商品，推进绿色流通；鼓励宾馆、饭店等服务性行业逐步减少一次性产品的消耗使用，在适当时强制取消宾馆酒店的一次性日用品；各级党政机关及国有企事业单位要带头开展"绿色办公"、"绿色采购"，推广电子办公，减少消耗。

2. 继续扩大生活垃圾分类范围

目前广州市生活垃圾分类参与对象主要为居民家庭、学校和企事业单位，建议今后按照"先易后难、循序渐进"的原则，逐步将垃圾分类的参与对象从家庭、学校、农贸市场、机关团体扩大到建筑工地、园林绿化、商场、酒楼、物流、生产企业等领域。一是强化专项垃圾"大分流"物流系统。把装修垃圾、餐厨垃圾、大件垃圾等从日常生活垃圾中分流出来，做到单独收运、处置，实现资源化利用，杜绝"大分流"垃圾混入生活垃圾末端处置系统。完善大件垃圾、电子废弃物收运服务。在居住区合理设置大件垃圾堆放场所，建立健全大件垃圾预约上门收集、专业队伍运输、资源化利用机制，不断完善电子废弃物回收网络。二是推进日常生活垃圾"小分类"。以"能卖拿去卖，有害单独放，干湿要分开"为原则，将日常生活垃圾分为"可回收物、有害垃圾、餐厨垃圾和其他垃圾"四类；以控制垃圾水分、回收再生资源和分离有害垃圾作为优先选择，重点开展"干、湿分类"，逐步将厨余垃圾从日常生活垃圾中分离出来。

3. 加大生活垃圾分类宣传发动

积极开展生活垃圾分类"四进"（进单位、进学校、进社区、进家庭）宣传推广活动。在地铁、公园、公交站场、客运站场、机场、轮渡码头等公共场所广泛开展生活垃圾分类宣传。利用公共信息平台播放生活垃圾分类公益宣传广告，开展专项宣传。进一步加强生活垃圾分类培训工作，重点抓好对一线管理人员的培训，及时总结、交流经验，大力推广普及生活垃圾分类的好经验、好方法、好技术。建立生活垃圾分类志愿者队伍，建设生活垃圾分类"市民学堂"、开展"垃圾分类绿卡"行动。

（二）全面推进生活垃圾处理设施建设

1. 尽快落实处理设施规划选址

结合广州实际情况，兼顾现在及未来的发展要求，综合考虑自然环境、气象条件、服务人口、转运能力、敏感目标、技术经济等多方面因素，选择符合城市总体规划要求的区域，进行一次性规划、分步实施，同时开展充分的论证和彻底的环评，主动、及时公开信息，广泛听取民意。

2. 完善无害化处理体系

明确"先分类、回收减量，到焚烧、填埋和生物处理"的技术路线。广州市生活垃圾焚烧特性已达到焚烧处理并发电利用的基本要求，目前采用干湿分类后，干垃圾热值会进一步提高，对湿垃圾可以设置适度规模的生活垃圾生化处理（堆肥）设施。因此，建议广州市在"源头减量、资源回收"的基础上，实施以焚烧发电、填埋和综合生物处理相结合的处理方式，尽快形成生活垃圾处理从分类、回收减量到无害化焚烧、填埋和生化处理的技术路线，处理设施建设优先考虑采用综合处理技术。

3. 加快建设终端处理设施

抓好兴丰生活垃圾卫生填埋二场等8项重点生活垃圾处理设施的建设，大力提升生活垃圾填埋和焚烧处理能力。按照轻重缓急，首要

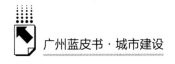

目标是如期完成兴丰生活垃圾卫生填埋二场以及另外6座资源热力电厂及其配套设施的建设及投入使用。

4. 严控污染物排放

重点监控垃圾计量、化学品消耗、焚烧温度、烟气排放、灰渣和渗滤液处理等生产环节，重点加强对废水、噪声、烟气、恶臭以及废渣的全面环境监测。实行环保执法人员巡查监督与市环境监测中心定点监测相结合，使渗滤液处理出水回用标准达到国家标准，焚烧产生的烟气排放量达到严于国家标准的欧盟标准。及时、清晰地公开垃圾处理设施周边环境指标和垃圾处理的运作过程，让民众安心。在资源热力电厂安装烟气综合在线监测仪，连续自动记录烟气排放情况，并在厂界显著位置同步显示烟尘、硫氧化物、氮氧化物、氯化氢、一氧化碳等数据，接受社会监督，以进一步缓解民众的邻避心理问题。

5. 实现资源共建共享

在垃圾处理设施周边设立宣传教育基地、服务中心、环保公园、绿色参观通道等公共设施，实行对外开放，以提升垃圾处理设施的社会形象与服务功能，实现与民众共建共享。建设环保宣传馆、技术体验馆等作为教育基地供民众参观学习，通过教育展示消除民众对垃圾处理的一些偏见与误解；建设环保技术研发中心等科研基地，为相关环保企业提供科学研究、技术设备开发和新技术实证服务；建设环保文化公园、防护林地等，既能有效减轻生活垃圾处理设施对周边环境的影响，也能为民众提供休闲娱乐场所。

（三）全面深化农村生活垃圾治理

1. 编制和实施收运处理规划

加快编制修订各区（县级市）农村生活垃圾收运处理规划，包括收集点、运输路线、转运站、处理设施以及资金投入、体制建设、技术选择、监管制度等方面的实施计划和安排；加快农村生活垃圾收运处理设施的立项、建设用地、环境影响评价、可行性研究、初步设计等环节的工作进程。

2. 推行农村生活垃圾分类减量

大力推行农村生活垃圾分类收集，推进农村生活垃圾减量化、资源化、无害化处理。深入开展村民家庭生活垃圾分类工作，实现垃圾"四分法"：可回收垃圾、厨余（含易腐有机等可堆肥）垃圾、有害垃圾、其他垃圾。对有害垃圾单独收运与储存，建立覆盖行政村的废品再生资源回收网络，实现农村生活垃圾分类减量。全部农村地区因地制宜形成科学的覆盖户、村、镇、区的生活垃圾收运处理模式。各相关区明确农村生活垃圾管理部门，乡镇确保有专责人员，村配备专门保洁人员，形成稳定的区（市）、镇、村三级管理和保洁队伍，制定环卫作业标准，实现农村生活垃圾日产日清。

3. 积极建设收运处理设施

积极探索运用新技术在白云、花都、增城、从化等有条件的区域内形成餐厨垃圾分类收运网络。增城市派潭镇、从化市温泉镇以及花都的梯面镇作为农村有机易腐垃圾就地处理示范点，先行试验探索农村易腐垃圾就地无害化堆肥处理新办法，实现农村生活垃圾资源再利用。运用新技术力量，进一步完善农村生活垃圾压缩站、转运站和收运车辆的升级改造与美化，推行密闭环保的固定或移动清洁屋。在番禺、花都、增城、从化建成或改造生化垃圾无害化填埋场或焚烧厂，完成"一村一点"、"一镇一站"、"一区一场"建设，实现农村垃圾标准化、规范化清运处理体系覆盖面100%，实现全市农村生活垃圾无害化处理率100%。

4. 加快垃圾处理示范村镇建设

在全市有建制镇的各区各选取若干镇、村作为市级示范点，开展收运体系建设试点工作。根据需求在有条件的镇建设垃圾中转站，配置厨余垃圾粉碎设备、绿化垃圾粉碎设备、热能处理设备等。试行收运处置量化台账管理，确保收运过程规范化、处理过程无害化、处理终端资源化。试点采用中转压缩式、压缩存储式、定时定点式、固定式清洁屋、固定式收集屋五种收运方式，提高收运效率，提升农村整体清洁水平。

5. 健全农村环卫管理制度

建立农村城乡环境卫生综合管理制度。包括：环境卫生清扫保洁制度、管理巡查制度、工作岗位责任制度、门前卫生责任制度、检查考核通报制度等。进一步完善环境卫生保洁体制和机制，建立健全农村专业保洁队伍，实现环境卫生长效管理。

（四）建立健全生活垃圾治理配套支撑体系

1. 政策支持

一是制定和实施政策法规。加快修订《广州市城市垃圾分类管理暂行规定》；制定《广州市生活垃圾分类评价及奖励办法（试行)》、《广州市生活垃圾分类投放、收集、运输、处理规程》、《广州市区域生活垃圾处理经费阶梯式计量与管理办法》、《广州市生活垃圾处理政策与技术指引》等规范性文件。二是实施生态补偿。建立生活垃圾生态补偿机制，对垃圾跨区流动进行费用征收和补偿，对垃圾处理设施属地付出的政策成本和生态环境成本给予补偿。建立垃圾处理设施区域的生态补偿机制，可缓解垃圾处理设施的运行对周边居民的生活环境和经济发展造成的负面影响，化解社会矛盾，实现不同地区、不同利益群体的和谐发展。

2. 宣传动员

采取各种方式开展基础宣传，提高市民垃圾分类知晓率。制作形象生动、简洁明了、通俗易懂的垃圾分类宣传海报，广泛张贴在党政机关、集团单位、企业、小区楼宇及交通站场、大型超市、医院、宾馆、酒楼、学校等宣传栏上；制作垃圾分类处理环保宣传册子，通过各种宣传渠道发放到市民群众手中，提高市民环保知识水平；定期组织咨询监督委员会委员与市民的沟通见面会，回答市民的垃圾分类处理问题。组织市区两级人大代表、政协委员代表、市民代表、媒体代表参加全市性垃圾分类工作大检查，及时公布检查考核结果；围绕市民群众关心的垃圾分类处理问题，通过新闻发布会、新闻通气会等形式，及时解疑释惑，消除市民误解；加大对"垃圾不落地"、"按袋计量收费"、"厨余垃圾专袋投放"、"餐饮垃圾统收统运"政策试点情况的宣传力度，为出台相关垃圾分类政策提供舆论支持；组织公众咨询监督委员会委员以及市民群众参观火烧岗垃圾填埋场、李坑垃圾焚烧厂、兴丰垃圾填埋场、大田山生活垃圾填埋场，让大家亲身感受垃圾分类处理的紧迫性，并近距离体验垃圾分类初步成果。

3. 科技研发

一是建立环卫科技监测、研发及营运基地。选择第一资源热力电厂一分厂、大田山生活垃圾填埋场、兴丰生活垃圾卫生填埋场作为科技发展基地，加强环卫监测，开展对生活垃圾成分、粪便污水及填埋场、焚烧厂周围大气等污染的物理化项目指标的监测监控，开展室内环境卫生污染项目监测；加强对环卫科技项目研发、产品研发，增加生活垃圾污水处理技术、填埋沼气收集利用技术、生活垃圾生物处理技术等的研究、小试、中试基地；在第一资源热力电厂一分厂建立飞灰处理技术营运基地。二是开展环卫基础研究及应用技术研究。开展对全市不同类型区域生活垃圾的成分调查、环卫标准性、环卫规划编制、环卫基础调查等的研究工作。以应用性研究为主，加强对环卫工程设计、环卫监测、环卫规划编制等技术服务的提供。

4. 市场化运作

一是完善垃圾处理市场法规制度。进一步清除行政性壁垒，打破垄断；改革政府财政投入机制，推行垃圾处理作业与设备政府采购制度；改革环卫企业资质行政审批制度，建立符合 WTO 规则的市场准入和退出机制；完善考核和监管体系等。二是引入竞争机制，确保社会参与公开、公平、公正。开放废弃物处理市场，支持多种项目建设模式竞争共存，统一作业条件、质量标准、作业定额、评标方法，以服务效果为交付标的物，通过公开招投标等公平竞争方式，吸收有实力的企业进入。三是开发和开放垃圾处理服务市场。开发和开放面向生活垃圾排放者的生活垃圾分类收集企业——废弃物排放者服务市场，让分类收集企业承担垃圾分类收集的作业（包括清扫保洁、收集、回收、一次转运）、垃圾分类指导与监督、垃圾费收缴等任务，改变目前由小区物业管理负责组织的分类收集队伍小而管理不规范的局面。由政府督促居委（村委）会组织管理全社区垃圾分类收集的社会企业和物业管理督促居民按有关规定做好垃圾分类收集与垃圾费收缴等工作。四是健全环卫服务市场中介服务体系。对环卫中介机构的类别、数量、服务范围、服务内容、资质标准等做出规划与规定，促进中介服务体系的发育，并制定相应的政策法规，建立行业准入制度和自律机制，维护垃圾处理市场的整体利益，推动市场的整体发展。

5. 产业化发展

一是培育环卫产业龙头。加快龙头企业的改制转型，理顺国有资产管理，通过合并或资本扩张，组建一批较具规模的环卫服务专业公司，创建一批循环经济示范企业和资源综合利用龙头企业，鼓励其拓展业务范围，积极扶持并使之做大做强，有效增强这些企业的发展后劲和市场竞争力。最终形成以垃圾收运处理企业为龙头的环卫产业链，实现环卫产业的持续健康发展。二是大力发展环保装备产业。固体废弃物处理行业目前正面临难得的发展机遇。预计"十二五"期间，全国城市固体废弃物处理市场总规模将达4000亿元，要利用市场优势，抓住机遇，大力发展广州市环保装备产业及相关服务产业，实行环保装备产业化建设与固体废弃物处理设施项目同步实施，实现项目运营和装备制造双轮驱动，通过项目建设和运营带动环保装备发展，进一步提高环保装备制造水平，扩大市场份额。

6. 公众参与

公众对于垃圾设施建设运营的疑虑主要集中在两个方面：一方面是基地污染物排放（尤其是臭气）对周边社区居民日常生活及人群健康的影响；另一方面是基地建设可能会引发周边地区土地及房产的贬值。因此，要有针对性地做好以下工作：一是开展周边敏感地区、垃圾分类实施社区的社会调查和公众访谈，通过结构式访谈问卷调查周边居民对项目实施的感知、进一步的环境诉求、相关环境管理建议。二是定期举办社区讲座，宣传垃圾相关知识；设立定期通报制度，通报垃圾处理设施在异味控制、技术改进方面的进展。三是鼓励建立"业主、施工单位、监理单位"与周边社区的"3+1"共建平台，实现村村有联络点，建立良好沟通渠道；邀请周边居民参观企业运营，提高基地透明度；聘请具有威望的村民作为业余监督员，参与固废处置规范化管理；设置信访矛盾接待点和接待日，争取在矛盾早期介入化解矛盾。通过大量的科普宣传活动，逐步提高公众对垃圾处理设施建设的了解和认识，最终达到目标。

（审稿：丁邦友）

B.16

广州外籍流动人口管理的
现状分析与对策研究[*]

广州大学广州发展研究院课题组**

摘 要:

> 近年来,大量外籍流动人口涌入广州,已形成一种特殊的社会生态结构。这个群体对于活跃广州对外贸易、繁荣城市经济起到一定的积极作用,但也给城市管理和社会治安带来不少新问题、新挑战。本文在对在穗外籍流动人口的现状特征、存在的主要问题深入分析的基础上,从加强立法、建立管理信息分享平台等几个方面提出了具体的对策建议。

关键词:

> 广州 外籍流动人口 人口管理

近年来,大量外籍人口涌入广州,给广州城市管理和社会稳定带来很大压力。市公安政法网数据显示,广州现有外国驻穗领事馆39家,聘请境外人士的企业或外企办事处近5000家,世界知名的500强企业超过1/3在穗开设分支机构、办事处或商社。2010年从广州各口岸出入境的外国人达418万人次,在穗临时居住的外国人达192

---

* 本报告系广东省普通高校人文社会科学重点研究基地广州大学广州发展研究院、广东省教育厅"广州学"协同创新发展中心、广州市教育局"广州学"协同创新重大项目研究成果。

** 课题组组长:涂成林;成员:周凌霄、蒋余浩、谭苑芳、蒋年云。执笔人:涂成林。

万人次，常住的外国人达 2.8 万人。近年来，每年办理出入境证件超过 350 万件，在全国各大城市居于领先地位。

从人口结构来看，目前广州外籍流动人口以非洲裔居多，占外籍流动人口总数的约 1/2，且大部分是非法入境、非法居住、非法就业的"三非"人员。近年来，这些大量聚居在穗的非洲裔外籍人口已形成一种特殊的社会生态结构，造成非洲籍人口犯罪率不断上升，有组织犯罪渐显端倪，这个群体给广州带来的治安、社会管理等问题日渐凸显。如何容纳和管理这部分特殊的人群，是有关政府部门必须面对的新挑战。

一 在穗外籍流动人口的现状分析

据媒体披露，自 20 世纪 90 年代末起，首批非洲人来穗将廉价的中国小商品运往非洲销售获利后，越来越多的非洲人涌入广州。尤其是自 2001 年中国加入 WTO 后，中国市场与非洲紧密联系在一起，以旅游签证来穗的非洲人数成倍增长。至 2012 年，中非贸易额连续 8 年保持 30% 的增长速度，已达到 1984 亿美元，中国已成为非洲最大的贸易伙伴。经过 10 多年的发展，在中非贸易热潮的带动下，广州已成为全亚洲最大的非洲人聚居区。

（一）外籍流动人口数量及国籍情况

2011 年，我国第六次人口普查首次将居住在我国境内的港澳台居民和外籍人员纳入普查范围。从公布的数据来看，常住我国的外籍人员 593832 人，而广东省就有 316138 人，位居全国之首（见图 1）。课题组认为，这次人口普查的外籍人数据可能有不少遗漏，因为从广州市信息中心 2009 年公布的数据来看，当时在广州常住的外国人就达 5 万之多，且呈现逐年增长的趋势。而临时居住在广州的外国人每年约有 50 万人，分别来自亚、美、欧、非等几大洲的国家和地区。

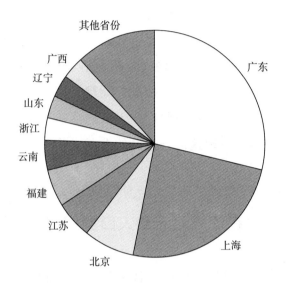

图1　第六次全国人口普查常住外籍人口分布

资料来源：国家统计局。

①非洲地区。省公安厅和一些民间智库的数据显示，由于地理气候、发展商机及城市包容度等因素，广州已成为全亚洲最大的非洲人聚居地。尼日利亚、加纳、肯尼亚、几内亚、刚果是在穗非洲人的主要来源国。②中东地区。广州也是中国与中东的贸易枢纽之一，中国与阿拉伯国家的贸易额近年也有明显增长，从 2004 年的 364 亿美元增长到 2010 年的 1454.6 亿美元，致使近年来穗的阿拉伯人也急剧增多，阿拉伯人在广州的影响也日益扩大。目前旅居广州的阿拉伯人主要来自也门、利比亚和黎巴嫩等国。③亚洲地区。以印度为例，官方的统计数据显示，在穗印度人由 10 年前的约 100 人增加了 30 倍，目前有 3000 多名印度人在广州常住。但课题组在调研过程中访问了多名印度人，他们认为目前在广州市的印度人至少有 5000 人。

随着外籍人员数量的增加，"三非"人员也在迅猛增高。课题组查找到的一组旧数据显示，2007 年之前，广东省"三非"人员每年还不到 1 万人（见表 1）。广州市公安局公布的数据是，截至 2011 年 8 月底，广州共有实时在住的外国人约 7.5 万人。《广州日报》在 2008 年底的调查报道就称，广州当期的常住外国人数达 5 万人，其中可统计的非洲人就有 2 万多人，但这个数据还不包括数量不详的"隐居"非洲人。显然，市公安局公布的这个数据是相对保守的，与实际情况有较大差距。经媒体报道而被广泛认可的数据是，广州非洲籍流动人口目前已经高达 20 多万人，其中绝大多数是非法滞留者，并且还有不断涌入之趋势，多数来自尼日利亚、几内亚、加纳、肯尼亚、喀麦隆等国家，其中尼日利亚人最多，其次是肯尼亚人和加纳人。

表 1　2001～2007 年广东省"三非"外籍人数

单位：人

年份	人数	年份	人数
2001	2442	2004	5435
2002	4405	2005	6362
2003	4687	2007	7000

资料来源：广东省人民政府参事室政法组报告。

课题组在小北路、三元里一带非洲裔聚居社区走访中，随机访问 99 位非洲裔人士，其中 5 位来自尼日利亚，2 位来自加纳，1 位来自刚果，1 位来自肯尼亚。无疑，尼日利亚是目前广州非洲裔人员的主要来源国。

（二）外籍流动人口在穗活动分布地带

2012 年，广州外国人临时住宿登记已超过 90 万人次，其中居住

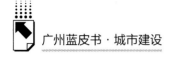

在出租屋和居民家中的外国人有 4 万多人次，涉及 180 多个国家和地区。在穗的非洲、中东、印度等外籍人士大部分集群而居，主要聚集在两大区域。

（1）以环市东路为中心的小北路、淘金路、花园酒店一带。因为这一区域拥有最多设施先进、服务完善的星级酒店和写字楼，且各种贸易批发市场较多，所以成为非洲人的聚居地。这部分外籍人主要以一些从事贸易的非洲商人和欧洲国家使领馆、日本使领馆工作人员以及印度人为主。在小北路附近的天秀大厦、陶瓷大厦和秀山楼等几座大厦里，非洲人一年的流量在 5400 人次左右，常住外籍人（半年以上）为 200~300 名，临住外籍人 400~600 名，多来自中东和非洲地区。其中以天秀大厦最为典型，这里有非洲人开办的 50 多家贸易公司，形成了由贸易公司、服务公司、中介机构以及一些闲散人员组成的一个特定群体。

课题组曾在小北路附近的登峰宾馆、童心南的宝汉酒店和麓景路的东悦酒店一带做过调研，了解到这里平日最便宜的酒店普通房为 350 元一晚，90% 的住客是非洲人。有一群非洲人长期在这些酒店、宾馆居住，他们通常住一个星期或者两三个月才离开。

（2）以三元里为中心的白云区金桂村、机场路小区、教师新村等地。该区域邻近白云国际新机场、城中村出租屋众多且价格低廉，由此吸引了大批消费水平较低的非洲居民。这部分外籍人主要是经营鞋类、服装生意的非洲人，近年来也有不少韩国人。

另外，荔湾区的世纪广场社区是一个中东人的聚居区，课题组在金花街派出所了解到，该区取得半年以上居留权的外籍人士有 80 多人，其中，世纪广场社区有 50 多人。此外，在 100 人左右的临时居住人口中，以约旦、巴基斯坦等中东国家居多，他们大多从事服装、鞋类、小饰品、眼镜、电子产品等方面的贸易。

在穗的印度人大部分聚居在天河北，如龙口西的 Regal Court 公寓，该公寓目前居住的印度人有200~300户，是广州印度商人的主要聚集地。

课题组在调研中还发现，随着近年来城市的扩展、房价的飙升、交通的便利，以及广州对"三非"人员的清理与整治等，部分外籍人选择向海珠区和广佛交接的周边城市南海等地迁移。非洲籍人员在广州的分布呈现散开则少、聚集则多的特点，以小北路、环市路、三元里为中心，往北延伸至机场路、广园路，往西挺进南海，往南扩展到海珠区、番禺区，呈半月形包围广州。

（三）外籍流动人口在穗非法就业情况

在穗的非洲、中东、印度籍人口大部分是为了经商来广州"淘金"的，但也有部分中东的阿拉伯人是为逃离战乱。一名30岁的叙利亚后厨助理就是为了逃避国内的战乱而来中国的，他计划在战争结束后回叙利亚工作。

除了从事正常的贸易活动外，一些外籍人还在广州开设家政、中介、外卖、发廊等行业，为其母国同胞贸易商等提供后勤服务。一些文化水平较低的非洲裔外籍人在三元里、沙河批发市场与广州其他外来人口一样从事搬运、装卸货等体力劳动。而外教、厨师和演员模特则是他们就业的热门行业。

比如，一位姓文的家长就投诉个别英语培训学校名不副实："一年学费高达1.2万元的英语特色名校，口语外教老师竟操印度口音。"对此，业内资深人士表示，近年来，一些语言培训学校为了省钱，违法聘请了一些留学生、非法就业的外国人任外教，既影响教学质量，也扰乱本地的就业市场，值得引起有关部门的重视。据调查，广州及周边城市的不少餐厅还聘请印度厨师专做印度薄饼，这中间就有不少是非法就业的外国人，他们的手艺其实是中国厨师教的。另外，一些中东和印度人因为身材高大，面部轮廓较好，收费又低，是很多电视购物广告和淘宝等电商青睐的对象，并成为它们的演员和模特。目前在广州的外籍非法就业模特和演员以俄罗斯、中东和印度籍居多，非洲籍的较少。

二 广州外籍流动人口已引发和潜伏的问题

"三非"外籍人问题，一直是整个广东地区较为突出的问题。2007年，广东省公安机关共查处"三非"外国人7000余人，其中拘留审查700余人；2008年查处1.3万人，其中涉及刑事犯罪的210人，涉及47个国家26种罪名，非洲籍人员所占比例较高。除了刑事犯罪外，近年来外籍人员聚众闹事引发骚乱的事件也时有发生；还有尚未引起关注与重视的强奸、艾滋病与跨国非婚生子等问题，这些现象已经严重影响广州市民的社会生活和城市的安全与稳定。

（一）以外籍人为主的群体性骚乱事件时有发生

2009年至今，外籍人员在广州引发的骚乱事件，有的已引起国际社会的关注（见表2）。特别是2009年7月15日发生的非洲籍人员围堵广州派出所事件、2012年6月18日发生的非洲人堵塞广园西路示威事件等，充分显示了非洲籍人员随着人数增多开始出现有组织骚乱的苗头，已从以前害怕警察执法向目前抵触、抗议警察执法转变。当然，这些事情并不排除受到国际上，如英国、法国、瑞典等西方国家黑人移民骚乱事件的影响，也不排除境内外国际恐怖组织的插足与煽动。我们要清醒地看到，虽然在广州市发生的一些外国人聚集事件因处理及时，尚未酿成恶性、有重大国际影响的群体性事件，但我们要谨遵"外事无小事"的教训，对此类事件给予高度的重视，采取切实可行的对策措施，做到防患于未然。

表 2 2009 年以来广东发生的外国人群体暴乱事件

时间	事件	影响
2009 年 6 月 29 日	250 余名非洲籍人员聚集在与广州相邻的南海黄岐,起因是 27 日晚一名非洲人在广州被数名非洲人抢走 60 万元美金,事主估计疑犯已逃到南海,南海分局 100 余人到现场劝说、处理后聚集外国人方肯散去	此事因处理及时,国内外的报道较少,没有引起太大的关注
2009 年 6～7 月	7 月初,新疆乌市大骚乱。事件是源于同年 6 月 26 日,广东韶关市旭日玩具厂发生的一起新疆籍员工与本地员工群体斗殴事件。事件被在广州一家阿拉伯餐馆工作的东突组织情报员通过网吧,歪曲事实后散布到境外,挑起民族仇恨,从而延续成为乌市大骚乱	事件影响较大,国内外媒体都广为报道,因为涉及东突组织、反恐和国家安全而备受重视
2009 年 7 月 15 日	一名黑人在试图躲避广州警方查证护照的过程中,不慎从约 18 米的高楼坠楼身亡。这一事件引发数百名黑人次日聚集在派出所门口,与警方对峙。事后一些黑人称,当地警察与黑人的关系比较紧张,因此跳楼逃脱的事件时有发生	此次事件是新中国成立以来国内最大规模的外国人群体骚乱事件,备受关注,国内外媒体大肆报道,之后广东省出台了《广东省外国人管理服务暂行规定》
2012 年 6 月 18 日	6 月 18 日,一名尼日利亚籍人员与一名广州本地电动自行车司机因车费纠纷引发打斗。警方接报警后赶赴现场将双方带回派出所作进一步调查。下午,该外籍人员突然昏迷,民警通知"120"医务人员到场抢救。该外籍男士最终经抢救无效死亡。19 日下午,大批外籍人员在广园西路聚集示威并堵塞道路交通。警方调派逾百防暴警察到场,双方一度爆发冲突	国内外媒体大幅报道,事后尼日利亚驻华大使馆指责中国警察在事件过程中"暴力执法",并要求派本国刑侦专家到穗参与尸检,引发外交风波

（二）以外籍人口为主体的犯罪案件，特别是毒品犯罪案件引起重视

公安局、检察院的数据显示，在穗"三非"外籍人犯罪率呈现

急剧上升的趋势。案件涉及盗窃、诈骗、抢劫、洗钱、强奸、贩毒、杀人等。其中，毒品犯罪案居涉外各类犯罪案件之首，占了近六成。

最近，人民网引用《广州日报》报道，仅2013年第一季度，越秀区检察院办理的外籍人犯罪案件就有16件，涉案16人，已接近2012年广州全年外籍人犯罪案件的一半。这16件案件涉及的罪名有非法经营、强奸、危险驾驶（醉驾）、盗窃、绑架、妨害公务、非法拘禁、诈骗、运送他人偷越边境等，犯罪嫌疑人的国籍有印度、俄罗斯、韩国、马里、以色列、越南、巴拉圭、几内亚共和国、塞拉利昂、巴拿马、加拿大等。

据初步统计，目前在穗外籍人犯罪的主要类型是毒品犯罪（见表3）。2012年12月，市公安局有关人士披露，近年来西部非洲人员以广州为目的地的走私毒品十分猖獗，形势非常严峻，形成了一个由来自非洲的境外人员与境内人员相互勾结的毒品销售网络，公安部门已抓获300多名在广州从事毒品走私犯罪活动的非洲人。这些外籍犯罪嫌疑人中，除了一小部分来自巴基斯坦或乌兹别克斯坦等亚洲国家外，绝大多数来自以尼日利亚为代表的一些经济欠发达的非洲国家（见图2）。

表3　2008～2011年广州破获外籍罪犯走私毒品案件总体情况

年份	外籍犯走私毒品案件数（件）	全部涉毒案件数（件）	外籍犯走私毒品案件所占比例（%）	罪犯数（人）	毒品数量（克）
2008	64	182	35.2	70	88698.7
2009	73	198	36.9	77	153482.2
2010	64	184	34.8	66	732374.1
2011	57	164	34.8	62	276420.4
合　计	258	728	35.4	275	1250975.4

资料来源：广东法院网。

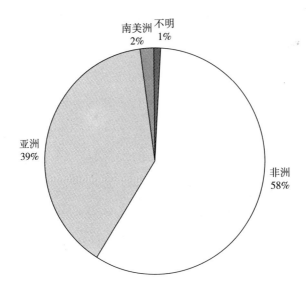

图2 2008～2011年广州抓获外籍毒贩国籍分布

资料来源：广东法院网。

（三）"世纪瘟疫"艾滋病的入侵值得高度关注

在穗的外籍人绝大部分是20～45岁的男性，他们所在的圈子里男女比例严重失调，这些年轻力壮的外籍人单身来到广州，生理上的需求不容忽视。据媒体报道，在登峰酒店附近已经形成毒品和卖淫女的地下市场，且主要是为在穗的非洲籍人服务。此外，外籍人强奸案也时有发生，给社会治安带来不容忽视的负面影响。还有一些外籍人会在广州寻找固定的性伴侣，但因为经济、文化等各种因素，大多是短暂的伴侣关系。

课题组在调研中了解到，非洲裔黑人大多性格外向，活泼开朗，追求女孩子都很勇敢、直接，且一些女孩子存在崇洋心理，所以一般条件不是太差，有固定工作的非洲籍黑人都能找到女朋友。但这样的伴侣关系，最后以婚姻为结果的很少，一般都是随着外籍人的离开而结束关系。更为严重的是，由于部分非籍黑人的性观念比较开放，但亲情和责任感意识比较淡薄，他们在和本地女孩同居生下小孩后，回国后却杳无音讯。在广州，确实有一些这样的单亲妈妈，独自抚养着中非混血小孩。

强奸、吸毒、嫖娼、跨国非婚生子等现象的蔓延，除了引发复杂的社会治安、社会管理问题外，更严重的后果是引发艾滋病的传播。非洲是"世纪瘟疫"艾滋病毒的发源地。科学家研究发现，非洲籍人士在基因进化中出现的一种基因变体使他们感染艾滋病的风险增加，而当地医疗水平落后、色情业发达、毒品泛滥等，致使艾滋病在非洲蔓延迅速，非洲黑人一直是艾滋病的高发人群。美国是一个移民国家，黑人占美国总人口的1/8，感染了艾滋病的美国人当中，有一半是黑人。美国很早就意识到这个问题的严重性，因此，成立了专门的美国黑人艾滋病防治机构。该机构一份研究报告指出，在感染艾滋病的同性恋中30%是黑人，感染艾滋病的男性中40%是黑人，感染艾滋病的女性中60%是黑人，在感染艾滋病的年轻人中70%是黑人。

三 关于加强外籍流动人口管理的几点建议

近年来，在广州的外籍人呈现人数上升快、来源地集中、非法滞留多、犯罪领域广泛、重大有组织犯罪率上升的态势，外籍人入境和滞留广州带来的问题日益凸显，形成的矛盾在加深，也埋下了很多隐患。因此，各级管理部门不能再将大量外籍人口居留、滞留广州视为个案问题以致忽视甚至漠视，而应该将其纳入事关社会管理及对外关系的问题而重视起来，组织力量对这种现象及其调整作深入、具体的研究，在借鉴国外对移民、非法滞留等方面问题的先进管理经验的基础上，制定出既符合国家政策又切合广州实际的管理办法。

（一）加强立法，规范管理，对现有的国家及地方管理法规要持续宣传和加大执行力度

《中华人民共和国外国人入境出境管理法》于 1986 年初施行，其《实施细则》在 1994 年做过一次修改，2010 年进行了第二次修改，但许多规定仍然无法满足现实的需要。例如，对"三非"外国人相关条款处罚的规定，与一些西方发达国家的条款相比（例如法国对相关行为大多给予 1 ~ 3 年的监禁处罚）明显力度不够。另一部《中华人民共和国出境入境边防检查条例》1995 年 9 月施行，至今已有 18 年；而 1996 年颁布的《外国人在中国的就业管理规定》至今也有 17 年，都不同程度地存在明显的滞后性，急需国家立法机构加以整合、修改及补充。

省市政府在 2008 年后也推出了一系列的地方政策，以规范在穗外籍人管理。例如，2008 年 8 月实施《广州市流动人员管理规定》，首次明确提出将外国人纳入流动人员管理范畴；2009 年 4 月，实施《广州市公安局举报违法外国人奖励试行办法》，明确对举报外国人违法、犯罪的奖励措施；2011 年 5 月，施行《广东省外国人管理服务暂行规定》，明确在粤外国人管理服务工作应当遵循依法管理、优化服务和居住地属地管理的原则，确立了政府主导与部门负责的工作机制，规定公安机关是外国人管理服务工作的主管部门，并界定了各级政府及其相关部门的具体职责。省市政府部门出台的这些法规，开创了我国对外籍人管理的先河，也取得一定效果，但仍有一些可以改善的地方，例如，针对在穗外籍人根据国籍与宗教信仰抱团结社包括网络结社的现象，有关规定还存在漏洞，有待完善。

目前广州在对外籍人的管理和服务中，与国内其他城市相比，处于领先地位。例如，早在 2006 年就制定了首本《外国人服务手册》，并成立了"改善广州涉外环境联席会议"，由全市多个职能部门参

与。但我们在调研中亦发现，广州在推行这一系列措施的时候，明显地缺乏对这些法规宣传的力度和执行的持续性，使现行的管理办法很多流于形式，例如对外籍人员的登记管理也是松一阵紧一阵，一些宾馆和酒店为利益所驱，对"三非"外籍人入住睁一只眼闭一只眼，三元里外籍人聚集区的一些治安岗亭沦为摆设。我们还访问了位于桂花岗的一家中介的从业人员和一户出租屋业主，均表示出租房屋给外籍人的时候不会要求看其暂住证，也不会辨别护照真假与是否过期。显然，我们对外籍人的管理法规、办法的宣传和执行还有不到位的地方。

（二）与海关边境合作，打击非法入境，源头上减少"三非"外籍人

自改革开放打开国门以来，我国一直倡导对外友好政策，也一直延续与非洲国家在国际舞台上的友好互助关系；加上改革开放30多年来，我国对外经济在相当长一段时间是来料加工与廉价商品的倾销模式，因此，对将国内生产的廉价小商品贩卖到国外去的非洲商人一直持欢迎的态度，这也在某种程度上导致对非洲人来华签证手续过于宽松，使得一些无法进入欧美等国家的非洲人大量涌入中国。据官方资料透露，目前中国使馆每个月向刚果发放最少800个签证，目前在中国的刚果公民有2000～3000人，其中大多数居住在广州。很多非洲人在获得签证后，一踏入中国国境就把护照毁掉，恶意滞留，成为"三非"外籍人中最大的组成部分——非法滞留人员。

事实上，自从国际恐怖主义袭击蔓延，法国实行"选择性移民"政策，强化了移民管理，移民准入制度日趋严格；美国在"9·11"后收紧了移民政策，加强了签证管理；西方一些国家建立了普通签证担保制度，增强了处罚"三非"外国人的手段。普通签证担保制度是目前世界各国打击"三非"的一项重要制度，欧美等传统移民国家的移民法，都设立了不同种类的亲属和用人单位提名和担保签证。

新加坡规定了出入境管理部门在审批外国人进入时需要符合的几项基本原则，如有效的旅行证件、足够支付在新加坡期间开支的资金或经济来源、设置担保条件等，从而减缓了移民大量涌入造成的社会冲击。

目前在穗的非洲人中，有不少是偷渡而来的。2012 年 11 月，北京出入境边防检查总站公布，在不到两个月的时间内，50 起共涉及 72 人次的外国人偷渡中国案件被查获。类似的偷渡案件其实在广州也经常发生。非法入境者一般采取偷渡或办理假证件等方式进入中国。偷渡客入境广东的一条途径是"香港转运"，即先送偷渡客去香港，再通过当地的"马仔"组织入境者潜入内地。另外一条途径是藏身集装箱货柜车运到中国，这也是最有威胁性的偷渡方式。针对偷渡客，应加强粤港澳海关边境合作，堵截国际偷渡客。

课题组认为，只有从入境的源头抓起，才能彻底减少"三非"外籍人。比如，韩国的出入境管理法案规定，17 岁以上外国人在接受入境审查时须通过在指纹识别传感器上录入指纹并接受面部拍照的方法来提供个人信息，否则将被拒绝入境。这个方法可以有效迅速地辨别外籍人的国籍与身份，能够有效遏制恶意滞留的外籍人，值得我们借鉴。

（三）建立外籍人管理信息的分享平台，发掘社区物管的优势，构建对外国人的立体管理架构

在外籍人管理上存在最大的问题是数目不清，去向不明。目前，在穗"三非"外籍人大多数属于非法滞留，一些非洲籍人一入中国国境就把自己的护照撕掉，做好在中国长期滞留的打算，然后失去了踪迹。我们在本课题的调研过程中，曾经想尽一切办法查找资料，咨询有关部门，走访社区管理处等，试图获得一些在穗外籍人最新的确切数据，但都没有太大的收获。对于在穗外籍人特别是非洲籍人的数

目，往往众说纷纭，出入很大，没有一个部门掌握确切数据。早在 2010 年，省公安厅建设"广东省公安涉外综合信息平台"时，该系统将外国人入出境信息、签证信息、旅业、散居登记信息整合到同一个平台上，实现了全省涉外信息资源共享的目的。但由于瞒报、不报、隐报等种种情况的存在，目前要达到公安部门规定的将进入社区的外国人纳入社区内进行实有人口管理，实现"底数清，管得住，服务好"的目标，仍然存在很大的困难。

按照《广东省外国人管理服务暂行规定》，公安机关是对外国人进行管理服务工作的主管部门。目前，广州市将这一管理权下放到街道和派出所，在全市旅馆业安装治安信息管理系统，狠抓登记、走访、核销等环节，力求做到辖区内底数清。管理人员和机构设置上也应逐步向基层倾斜，常住外国人超 200 人的社区设立"外国人管理服务工作站"，全市各区组建查处"三非"外籍人专业队，两月开展一次清查行动。这些都是有效的排查外籍人口的方法。

课题组认为，在社区人口的动态信息数据和对外籍人的情况掌握方面，社区物业管理公司具有先天优势。建议充分挖掘物业管理公司的潜力，建立包括社区居委会、社区警务室、社区物业管理公司及社区业委会等联合组建的涉外安全管理联络员队伍，发挥它们在社区外籍人管理中的主要作用。

（四）取缔非法的地下涉外中介，重罚违规用人企业，加强出租屋管理

目前国内包括广州都有一些地下中介，专门靠帮外国人办理工作证明、来华邀请函等手段获利，这些地下中介是非洲人滞留我国的帮凶。因此，有关部门对于这类为外国人办理各类工作签证的非法地下中介必须要严查，要坚决取缔，并且要对其进行重罚和重判。同样，要严格禁止各类机构或企业招收"三非"外籍人，一旦发现企业违

规用人要予以重罚。

我国自从 1996 年取消外籍人士住宿限制后，外籍人士便大规模进入社区居住。我国现有法规对房屋出租业主、租赁中介公司尚缺乏明确的约束性规定和严厉的处罚机制。一些房屋中介和业主出于经济利益或者怕麻烦等原因，租客（外籍人）及业主往往拒绝申报或不能及时申报，在缺乏有效查验和管理手段及渠道情况下，造成社区内外籍人失控，形成管理空白，从而产生治安及其他社会隐患。

一方面，由于缺乏约束性规定，租客与业主自主申报的情况不容乐观；另一方面，对于违反居留申报管理的行为，现行法则的处罚显得过于软弱。根据我国《出入境管理法实施细则》第 43 条规定，持居留证外国人住所变迁后未按规定办理迁居登记的，可处 500 元以下罚款；对于违反外国人住宿登记管理规定的，根据第 45 条规定，则不区分留宿人和本人，对责任人处以警告或者 50 元以上、500 元以下的罚款。区区几十元或者数百元罚款，在经济收入水平已获极大提高的今天，显得微不足道，不能起到应有的震慑作用。

课题组建议，可以参照新加坡政府对移民管理的做法，通过对房东等严格要求来控制非法居留，让收留非法移民的人承担证明自己不知情的举证责任，否则就需要承担相关法律责任。加强出租屋业主的责任意识，实行对出租房子给外籍人的业主的申报问责制，可起到一定的弥补作用。事实上，落实出租屋业主的申报责任，也符合保护业主利益的需要。对于签证已经到期的外籍人的租赁、借宿情况，由出租屋业主或者现行留宿人员选择性申报责任改为义务申报责任，对没有尽到申报责任的业主给予较高的经济处罚。

（五）采取和谐的管控手段，寻求与外籍人商会、社团首领的沟通与合作

所谓和谐的控制，指的是控制论与和谐管理理论的结合。目的是

要在特定的环境和人群中，掌握沟通和引导的主动权，协调和引导人们的行为。和谐的控制，强调的是依靠社会和团体的沟通力量，用和谐的手段去解决问题，使我们对外籍人士的管理，也符合我们的社会稳定和发展需要。

目前，大多数在穗外籍人都按照自己所在的国籍，自发形成各自的社团和首领，有的国籍人口甚至组织了多个社团，这有点相当于我们的同乡会。来自非洲的马里社团首领帝瓦拉表示，他们组织这样的社团与政治因素无关，主要是大家在异国他乡分享信息、互相帮助而已。据了解，外籍社团首领大多年龄较大，教育程度高，来华时间也较长，生意也比较成功，他们之所以成为社团首领，除上述原因外，往往还有母国的家族势力与血统在起作用，因而在其所领导的社团中地位极高，很有话语权。他们大多以能获得政府的认可，以参与国家与政府的官方主流活动为荣，较容易沟通和交往。

因此，政府有关部门在加强对外籍人士的管理时，应积极主动与这些外籍人商会、社团首领进行沟通合作。中国古代的太极战略讲究以柔克刚，这同样也可以运用到社会管理上，利用杠杆原理，掌握控制关键，往往有四两拨千斤的作用。为加强与外籍人社团的沟通，平时可多邀请他们参与政府部门组织的社会活动，多与我们沟通，甚至交朋友，这样，既可以在平时了解掌握外籍人的动态，在关键时刻也能化解危机。

（六）与周边城市警方通力合作，严厉查处打击"三非"外籍人

2010年，广州警方在亚运前曾开展过对在穗"三非"外籍人的大规模清理整治活动，一部分"三非"外籍人迫于压力被挤压到广州远郊地区甚至广州周边的南海、顺德等地。目前，广州在全市各区都组建有查处"三非"外籍人的专业队，每两月开展一次清查行动，已经取得一定的效果。我们认为，为了防止"三非"外籍人的来回

流窜，形成清理真空，此类清查整治活动要与周边公安部门联合起来统一行动，进一步压缩外籍"三非"人员的生存空间，迫其自愿离开，才会取得显著成效。

（七）建议设立外国人收容所，用于收留和遣返外籍"三非"人士

目前，广州还没有设立专门用于羁留关押"三非"外籍人的收容所，这是不符合形势发展需要的。中国改革开放 30 多年来，经济发展迅速，外籍人士来华踊跃，特别是广州这样一个开放度极高的城市，更是成为非洲人、阿拉伯人、南亚人的商贸、居留目的地，在这种鱼龙混杂、泥沙俱下的外籍人士群体中，当然也有违法犯罪、逾期居留的人藏身其中。世界许多国家设立了专门针对外籍人士的收容所，在德国，甚至在各州都设立了容留所，主要是收容无法立即遣返的非法移民。广州可以借鉴其他国家的做法和经验，按照国家法律和人道原则，先行先试，设立针对外国人的收容所，积累经验，推而广之。

（八）辨析外籍人士之于广州利弊，细研国家有关政策规定，注意把握对外籍人士管理的尺度

近十年来，随着中国走向繁荣富强，大量第三世界国家人员涌入中国来寻找商机，中国的发展机会及对外籍人的吸引力，无疑是我国改革开放带来的结果，也是中国已经富强崛起的证明。应该看到，改革开放以来我国经济腾飞，对外贸易实现很大跨越，非洲国家和人民也做出了一分贡献。2013 年，国家主席习近平上任后首次出国就访问了坦桑尼亚、南非和刚果非洲三国，还提出要将"中国梦"与"非洲梦"联合起来一起实现。可以预见，随着我国与非洲国家的继续友好合作，会有越来越多的非洲人远赴中国淘金追梦。这是世界经

济贸易发展大势，我们对这个大局应该有清醒的认识。

不过，在穗外籍人口，促进广州的经济繁荣与发展、让广州这个国际化大都市呈现多元性和丰富性一面的同时，确实给我们的城市管理和社会治安带来许多难题。一是要注意到，我们对外籍人的管理，不仅涉及经济，也涉及文化、宗教和社会稳定，还涉及国与国之间的关系与往来。二是要注意到，外籍人士进入中国也是一把"双刃剑"，必须在严管和放开上拿捏得当。既要保护好我们自身的利益，也要最和谐、最有效地管理好这个既给我们带来经济贸易额，创造外汇，又给我们带来诸多社会问题的外籍流动人口群体。三是要注意到服务和管控并重的必要性。对于合法、守法经商的外籍人，应以服务为主，为其创造良好的经商环境，提供便利，让其能尽快融入我们的社会；而对于违法、犯罪、有暴力倾向，甚至有恐怖组织背景的外籍人，则要予以坚决的打击。

参考文献

秦总根：《涉外毒品犯罪的原因及对策探析》，《福建警察学院学报》2010 年第 6 期。

彭建炎、郭金波：《关于南海黄歧"6·29"非洲籍外国人聚集事件的思考》，《南智粤警坛》2010 年第 5 期。

邱立本：《国际移民的历史、现状与我国对策研究》，《华人华侨历史研究》2006 年第 1 期。

张继焦：《亚洲城市移民：中国、韩国和马来西亚三国的比较》，《广西民族大学学报》2009 年第 2 期。

任伯强、韩纪江：《移民与区域发展——温州移民社会几个问题的思考》，《温州大学学报》2009 年第 1 期。

陈冀、李舒：《外国人管理新课题》，《瞭望》2008 年第 10 期。

于雁群、罗益佳、李泽鹰：《加强对"三非"外国人管控的实践与思考》，《广州公安研究》2009。

李志刚、薛德升：《广州小北路黑人聚居区社会空间分析》，《地理学报》2008 年第 2 期。

田源：《全球化时代的移民与国家安全：风险评估及其控制》，《武警学院学报》2008 年第 11 期。

李欢：《二十世纪西方国际移民理论》，《厦门大学学报》2000 年第 4 期。

马丁·沃尔夫：《流动中的人类——国际移民的神话般现实》，《国外社会科学文献》2003 年第 10 期。

《使用人口管理让广州更健康》，《广州日报》2008 年 4 月 7 日。

《广州外国人犯罪案件增加检察官突击练口语》，《广州日报》2013 年 3 月 25 日。

《非洲人社区：谁在寻找中国梦》，《广州日报》2013 年 5 月 22 日。

《国际移民管理新课题》，《人民日报》2011 年 11 月 9 日。

魏津生：《中国流动人口研究》，人民出版社，2002

韦克难：《社会管理》，四川人民出版社，2003。

许渭生：《边境管理学》，中国政法大学出版社，2004。

赵晓玉：《出境入境管理法及其相关法律》，法律出版社，2003。

（审稿：周凌霄）

B.17

珠三角城市群社会治理
创新机制研究

彭 澎* 张子龙 黄梦霞 刘艺默

摘 要:

城市群的社会治理是一个新的课题。从城市群的视角来看社会治理，就是不单独看一个个城市，而是将许多城市联系在一起来看，也就是"一体化"，各个城市居民如同在一座城市里生活；所谓社会治理，不同于社会管理，是政府与民众共治，也就是所谓"多元化"。

关键词:

珠三角 城市群 社会治理 机制 广州

社会治理涉及重大决策的公民参与，如各种听证会、座谈会、咨询会等；均等化的公共服务，如异地务工人员的待遇，能否做到"市民化"，包括子女入学、申请保障房、参加社保、参与人大、政协乃至社区管理（居委会）等；治安防控，如跨区域打击犯罪活动、流动人口的管理等；环境治理，如珠江流域、大气等综合治理的协作；社会保障的转移机制，如外来人员社保的异地转移接续和享受当地服务问题；社会组织的发展，如降低成立门槛，政府职能转移，采购服务，进入社区，发挥参与社会管理的作用；等等。这些问题放在

---

* 彭澎，广州市社会科学院研究员。

城市群的背景下必然提出新的挑战，而珠三角倡导一体化以来，在社会治理创新方面应该为全国率先探路。

一　珠三角城市群社会治理现状分析

改革开放以来，珠江三角洲先行一步，外向型经济和乡镇企业迅速发展，与此同时，其社会治理工作也在不断进步。

首先，社会治理理念发生了明显转变。如佛山在大部制改革中对"小政府、大社会"治理模式的追求，把许多政府职能向社会组织转移；广州在增城大敦村"6·11"事件后，高度重视解决经济发展过程中产生的社会问题，把重视做好外来人员的服务管理工作放在更为突出的位置上；深圳放低入户门槛，积极改变非户籍人口多过户籍人口现象。

其次，在就业服务体系、教育事业、文化事业、医药卫生体制改革、外来人口公共服务等方面的社会治理工作取得新的发展。至2009年12月底，参加企业失业、医疗、养老、工伤和生育保险的人数分别达到1809.2万、3351.5万、1224.1万、2118.3万和1335.9万，分别占全省的79.33%、73.36%、82.18%、86.89%和84.21%。[①] 珠三角地区积极推进公共文化服务一体化进程，公共文化服务设施网络逐步完善。医疗卫生体制改革逐步推进，公共卫生体系建设全面加强，卫生应急处置能力不断提高，新型农村合作医疗制度全面建立，社区卫生服务体系逐步完善。全民健身运动蓬勃开展，成功举办2010年广州亚运会和2011年世界大学生运动会。人口管理和服务水平不断提高，流动人口服务管理逐步走向规范化。

---

① 数据来源：《2010年珠江三角洲城市群年鉴》。

最后，珠三角城市群已呈现较明显的"广州—香港"两极拉动态势，并已经形成由深港都市区、广佛都市区和珠澳都市区带动经济发展的新格局[1]。随着珠三角都市区内部一体化和外向扩展的发展，珠三角城市群整体经济社会发展的联系度明显增强。目前，珠三角一体化在广佛肇、深莞惠、珠中江三个经济圈层面取得显著进展，在互免汽车年票、互免通信长途费和漫游费、社保医保互认、小孩入学等方面都做出了有益探索。

二 珠三角城市群社会治理面临的障碍

由于珠三角城市群内各城市的发展战略不同，给城市之间的协调以及城市群的社会治理带来很多制约因素，阻碍了区域及资源的自由流动和有机融合。目前珠三角城市群社会治理面临的障碍具体表现在以下几个方面。

（一）地方政府合作机制不健全

珠三角城市群内的城市间联系不紧，区域内的城市各自为政。各个城市的土地、水、电、路等基础设施处于相互分割的状态，城市建设和经济规划缺乏相互间的密切联系，城市之间诸如文化、科技、教育等软资源也处于割裂状态。治安防控的警务协作机制没有建立，如跨区域的打击犯罪活动、流动人口的管理有待进一步加强和完善。此外，社会保障的转移机制还不完善，如外来人员社保的异地转移、香港退休人士在珠三角的居住和享受当地服务等问题。这些因素阻碍了珠三角城市群战略平台功能的发挥。

---

① 戚本超、景体华：《2008～2009年：中国区域经济发展报告》，社会科学文献出版社，2009。

（二）城市定位相近，没有形成合理的多层级城市群体系

珠三角城市群本身应是一个一体化的整合体，其内部可分为不同的层级，从而形成多层次的城市群体系。城市群内不同的层级，具有不同的城市功能。珠三角城市群虽然具有明显的分层级特征，但不同层级没有合理定位，结果是大城市不大、中等城市不强、小城市不小。各自的角色不明，都想当中心，都想成为一个封闭的小系统，使得城市群内角色混乱，经济无序化，加剧了城市之间的无序竞争，造成重复建设，资源无法整合。

（三）产业同构问题严重

城市群内城市发展的目标大体相似，产业结构雷同，导致整个区域内资源浪费。虽然近年来珠三角产业的相似程度正逐年下降，与此对应的是珠三角的产业分工程度越来越高，但是速度较小，效果不明显。1998～2007年，"深莞惠"的产业同构程度仅从0.9降至0.88，"珠中江"从0.84降至0.71，"广佛肇"从0.63降至0.49。而这三个经济圈之间的产业同构系数平均值从0.79降至0.69。这表明珠三角城市群产业同构问题依然严重，产业分工有待加强。[①]

（四）组团式发展的困惑

早在1995年，广东省就提出把珠江三角洲经济区作为一个大城市群来加以规划和建设，把全区划分为三个都市区，实行组团式发展。随后，"广佛肇"、"深莞惠"、"珠中江"三大都市圈的概念开始出现。但是，组团式发展却难以摆脱"抱团"竞争。如2010年2

---

① 省情调查研究中心：《"深莞惠"产业同构系数最高》，《南方日报》2009年7月31日第9版。

月9日，《深莞惠金融合作备忘录》签署；3月9日，《广佛肇金融合作备忘录》签署；3月11日，《珠中江金融合作备忘录》的出炉①，虽有强化经济圈合作之意；但客观上又可能形成更大范围内的各自为政。广州与深圳的金融中心之争尚未平息，珠海又参与进来了，横琴经济开发区提出建设"离岸结算岛"。组团式发展有利于解决"城市病"，提升各个区域的竞争优势，但也不排除各地利用组团发展的政策优势另图"中心地位"引发群内危机的可能。此外，组团式发展战略如何做到"强中心"，也是目前珠三角城市群社会治理过程中需要理顺的一大议题。

（五）环境合作治理机制不健全

改革开放以来，珠三角在经济快速发展的同时，区域内也产生了一系列环境污染问题，尤其是环境的复合型污染。由于政策规划不协调、综合决策缺位、跨政区环境治理合作缺乏法制基础、生态区的整体性与行政空间分割存在矛盾和城市间环境管理合作机制不完善等因素，珠三角城市群内环境治理中政府合作机制不健全，存在地域分割、部门分割的问题，环境合作治理难度大。随着群内跨界水体污染、大气复合污染问题日益突出，群内城市联手治理环境污染，建立如珠江流域、大气等综合治理的协作机制已迫在眉睫。

（六）公共服务的均等化亟须改进与完善

珠三角城市群建设离不开大量的异地务工人员，近年来珠三角地区各地政府高度重视异地务工人员的问题，制定了一系列保障异地务工人员权益和改善其就业环境的政策措施。但是，公共服务的均等化

---

① 郑春勇：《论地方政府合作与区域空间结构的协同演化——以珠江三角洲城市群为例》，国家自然科学基金项目（70973059），2011。

问题，即外来务工人员如何享受类似本地人的"市民化服务"的问题仍然十分突出，包括子女入学，申请保障房，参加社保，参与人大、政协乃至社区管理（居委会）等。

（七）多元化治理结构仍需探索与完善

在实现"党、政、社、公"相结合的工作格局方面，珠三角城市群仍面临着一些障碍：其一，重大决策中的公民参与机制不健全。城市群发展战略和政策制定中以企业、社区、各类中介组织等非政府组织参与决策的程度不深，公民有序参与重大决策的机制不完善。此外，当今时代，如何利用互联网技术最大限度地激发公民参与社会治理的热情，充分了解民众的需求，及时消除政府与社会的隔阂至关重要。珠三角城市群内一些地区对国内其他城市群而言，具有一定的领先优势，其网络问政平台已初步具有制度化与常态化的发展趋势，但仍有很大的发展空间。其二，社会组织的作用没有得到充分发挥。2012 年 7 月，广东省印发了《关于进一步培育发展和规范管理社会组织的方案》，即从 2012 年 7 月 1 日起，除法律法规规定需前置审批的之外，广东省社会组织可直接向民政部门申请登记。方案出台后，珠三角城市群内各地社会组织申请登记的积极性提高，数量明显增加。政府的政策门槛是下调了，但是对社会组织如何培育和规范，社会组织如何具备承接政府职能转移的能力，如何进入社区发挥参与社会管理的作用等，这都是珠三角城市群社会治理过程中亟待破解的难题。

三 珠三角城市群社会治理的方式和手段的创新

（一）完善"党、政、社、公"的工作格局，实现多元化治理结构

社会主义市场经济要求一个多元社会与之相适应，注重参与主体

的多元化。珠三角是社会主义市场经济较为发达的城市群，公众的参与意识强烈，在社会格局变化迅速、社会利益多元的背景下，如何构建"党委领导、政府负责、社会协同、公众参与"的社会管理格局，探索和实践社会建设与经济建设、政治建设、文化建设协调发展的新路子，是摆在珠三角城市群社会治理面前的一大难题。

1. 政府是城市群社会治理的主导者

深化行政管理体制改革，转变政府职能，让政府真正转移到"经济调节、市场监管、社会管理、公共服务"的职能上来，在大部制改革的深入推进下，珠三角城市群各城市积极完善"大部制、小政府、大社会"的治理模式，以转变政府职能为先导，创新社会管理机制和服务方式，加强社会主义民主和法治建设，扩大社会和公众参与，激发全社会的能动性和创造性。

市场经济较为完善的珠三角城市群为探索建立健全中国特色的社会主义市场经济，要在政府内部自身建设、对外部社会事务的管理等方面发挥主导性的作用，积极推进政企、政资、政事、政社（包括中介组织）的分开，始终把握好经济调节、市场监管的政府职能，并不断增强履行经济调节、市场监管职能的能力，强化社会管理和公共服务的能力，主动提供优质公共服务，维护社会公平正义，积极发挥政府在维护社会治安、保障社会公平、提供社会规范等公共服务方面的主导作用，主动承担在教育、医疗、养老、住房等基本保障方面的政府职责，不断扩大公共服务范围，努力打造政府主导下的多元主体协同治理的局面，提高社会治理的水平，提升共治效能。

2. 社会组织是城市群社会治理的协同者

社会组织包括私营部门、第三部门、企业以及 NGO 等。2011年，广东省深化体制改革工作会议明确表示，广东将加大政府职能转变力度，舍得向社会组织"放权"，敢于让社会组织"接力"；凡是社会组织能够"接得住、管得好"的事，都将逐步地交给它们，努力改变政府单一的社会管理主体模式，通过政府职能转移、购买公共服务等方式，增强社会组织、中介组织在社会治理方面的作用。

顺德是广东省大部制改革、简政强镇试点城市，其在参与社会治理方面具有示范性作用，具有代表性。在顺德的思路中，一方面全力推动政府向社会放权，包括通过"减、免、放、转"将政府管不好、不该管的事务交给社会；另一方面是推动社会组织发展，调动全社会的激情和创意去参与社会管理，形成协同共治。

社工成为珠三角城市群治理的一道风景线。深圳市政府主动培育和积极扶持民间社会组织发展，推动社会工作的民间化、专业化建设，提升社会组织的专业能力等，不仅为社会组织成长和发展创造良好的条件，而且为社会组织承接政府转移职能、参与社会管理和公共服务的能力提升起到巨大的推动作用。

3. 公众参与是城市群社会治理的重要力量

在公民社会意识增强的珠三角城市群树立了公众参与、共同治理的理念，更加强调政府与公众的配合，逐步释放社会正能量，激发公众自治活力，提高公众的社会责任感，调动公众参与积极性。

在珠三角城市群社会治理涉及重大决策的公民参与中，各种听证会、座谈会、咨询会等已成为公众积极参与决策、监督政府的重要手段，如顺德的决策咨询委员会，广州的水价电价听证会、垃圾处理座谈会等，深圳水价、的士调价听证会。

（二）以大部制改革和简政强镇为契机，实现社会治理的扁平化

扁平化的组织架构搭建有以下几种方式。

（1）市级层面的扁平化。东莞和中山是广东省没有区县的地级市，由市直接管镇，对于社会治理扁平化改革具有一定的示范意义。因此，广东省提出选择东莞、中山开展"撤镇建区扁平化改革"和

"联并升级扁平化改革"的试点。"适时选择若干面积偏小且地理上相邻的镇，按照'1+X'模式推进'联并升级扁平化改革'，或选择辖区面积和经济总量大、人口多的镇直接推进'撤镇建区扁平化改革'，新设的区不再设街道"，推进"一级政府，两级管理"的新体制。将原由镇承担的政策制定、规划协调、行政审批等职能上移到区，将基层社会管理和直接对群众服务等职能转移到社区或综合政务服务中心设在社区的便民服务点，也可通过政府购买服务等方式转移给社区自治组织承担。

（2）区（县）基层层面的扁平化。广东将选择部分地级以上市城区开展城市基层管理扁平化改革试点，减少管理层级，操作路径有两种：一是撤销街道，实行"市—区—社区"、"二级政府、三级管理"新体制；二是撤销区，实行"市—街道—社区"、"一级政府、三级管理"新体制。除地级以上市，省编办将选择部分县（市、区）开展城区基层管理扁平化改革试点，探索在县城区试行"县—社区"管理新模式，将宏观和协调监管职能上移到市、县直部门，将部分社会管理和公共服务等微观职能下移到街道（乡镇）或社区，相应地优化组织结构和人力资源配置。

（3）层级精简的扁平化。珠三角以大部制改革和简政强镇为契机，在省管县、强镇扩权以及财政扁平化等改革措施下，改革市管县（区），实现市、县分治，构建省直管县（市）的少层次大幅度的、扁平化的社会治理体制，缩减政府机构，转移政府职能，还权于社会。

（4）向珠三角特大镇放权。推进富县强镇和简政强镇事权改革，创新特大镇行政管理体制，赋予珠三角地区特大镇的经济社会管理权限，让政府的部分职能转移给社会组织。

（三）以网络问政为平台，推动电子政务深层次发展

自2008年以来，广东省委、省政府向网友连发了3次公开信，

汪洋书记多次与网友召开座谈会，并与省委、省政府有关领导就广东的社会建设与网民进行在线交流，公开信、拜年信、座谈会、在线交流所浓缩的网络问政在南粤大地吹响号角，这折射出了广东甚至珠三角对网络的重视。在此影响下，"网络发言人"应运而生，交办会接踵而来，网民论坛纷纷登场，广东的网络问政成为社会治理的重要举措。与此同时，省直机关在奥一网、南方网建立问政平台，珠三角城市群各级政府及其职能部门纷纷在地方政府网站及职能部门网站也都设立网络问政栏，建立网络问政平台。另外，在新浪、搜狗、腾讯、网易等开通微博，实施政务微博，开通了"××在线"、"××发布"、书记微博、市长微博、职能部门微博等，探索建立与网民良性互动机制，收集网友留言，以交办会形式及时处理网友集中反映的问题。在社会治理方面，珠三角城市群联合或者各自举办的网民论坛体现了珠三角城市群对网络民主平台建设的重视，问政于民。

在网络问政深入进行的过程中，珠三角城市群的电子政务建设也在不断完善。珠三角城市群各级政府逐渐深化电子政务建设，不断加强政府部门之间的信息沟通，建立跨部门统一互联的信息化电子政务平台，推进政务信息资源共享和公开，建立一个交流顺畅、促进内部沟通的信息网络系统，完善政府新闻发布制度，增加政务信息透明度，全面推广"一站式"服务、"网上办事"和"网上审批"，率先推行电子审批管理"零收费"制度。另外，通过信息技术手段，再造行政流程，精简中间层次，加强政府内各层次、部门间、政府与公众的直接联系，实现政府从"管理主导型"向"服务主导型"转变，进一步促进政府职能转变。

（四）加强社区建设和治理，推动社会治理社区化

社区能增强居民的认同感，提高凝聚力，调动居民共同建设社区的积极性。

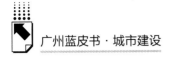

1. 推动城市社区建设，完善城市基层治理

在政府推动下实现社区治理职能，把一部分政府可以不直接承办和企事业单位剥离出来的社会管理职能、公共服务职能交由社区承担，把有关社区事务的管理授权给社区组织，让社区居民普遍参与社区管理，确立居民社区治理的主体地位，并加快社区自治组织建设、大力发展社区服务等。

正确区分社区管理事务中基层组织建设、弱势群体保护等纯公益福利部分和家庭服务、物业管理等非营利或营利部分，采取灵活政策加以对待，不断丰富社区建设和管理的内容，推进社区功能的完善和发展。

2. 推动农村社区化建设，强化基层治理服务

在条件成熟城镇的农村探索实施农村社区化管理，培养农村居民的社区意识，引导和鼓励他们参与政治生活，提高居民的自治程度，增强农村居民的社区认同感和归属感，提高居民的福利和生活质量。

中山市作为全国第一个也是目前唯一一个农村社区建设全覆盖的地级市，已探索出一套被称为"2＋8＋N"的模式。其中，"2"指农村社区建设协调中心和社区公益事业服务中心，这一服务中心的特点是外来人口与本村人口在其中享有同样的发言管理权，实现共建、共管、共享，加快外来人口融入农村基层管理中。"8"指"四站四室"，包括环境卫生监督站、公益事业服务站、志愿者服务站、农技服务站、计生卫生室、文体活动室、治安警务室、法律服务室。"N"则是各个村的自选动作，各个农村社区可根据自己的特点选择公共服务设施。

（五）培育和规范NGO，提高公众参与水平和社会自治能力

有效的社会治理离不开坚实的社会基础——NGO和公众参与，

社会组织、公众参与是首要的治理手段，夯实此社会基础，实际上也在一定程度上提高了公众自身的治理能力和水平。

1. 降低成立门槛，鼓励社会组织发展

2011 年 11 月，广东省民政厅就《关于进一步培育发展和规范管理社会组织的方案》做出说明，提出要降低登记门槛，简化登记程序，为社会组织"松绑"，率先突破对社会组织的"双重管理"体制。2012 年 7 月 1 日起，除了特别规定和特殊领域，广东省内成立社会组织，不用找业务主管部门，可直接向民政部门申请登记，由民政部门统一直接登记，并在培育社会组织、转移政府职能、购买社会组织服务等方面做了配套改革，大大激发了社会活力，增强了社会功能。

2. 设立社会组织孵育专项资金，建立社会组织孵育基地

社会组织孵化概念已被珠三角城市群接纳，是社会组织和政府的双重需求，回应了珠三角社会发展的需求。目前，广州、深圳、东莞已经建立多为政府资源直接投入的社会组织孵育基地，佛山、中山、惠州等地均表示计划建立社会组织孵育基地，更好地培育本土化的社会服务机构，这将对珠三角城市群社会组织孵化产生更强推动力。

3. 创造条件引导社会组织发展，完善社会组织

培育和发挥公民社会组织及 NGO 在社会服务、沟通、协调和救助等社会管理方面的作用。在经济上和政策上培育、引导公民社会组织及 NGO。要真正发挥公民社会组织及 NGO 的积极作用，需要政府创造一系列的条件。

消除公民社会组织及 NGO 进入公共管理领域的法律政策障碍，打破政府在提供公共产品和公共服务方面的垄断性局面，为公民社会组织及 NGO 全面与平等地进入公共管理领域创造良好的环境。

加大对公民社会组织及 NGO 的资金支持，并逐步实现公民社会组织及 NGO 财政的独立，扩大公民社会组织及 NGO 的财政来源。只有财政独立才能保证公民社会组织及 NGO 的独立性、自主性与非政府性，也只有在公民社会组织及 NGO 经费充足的时候才能吸引优秀的专业人才，提供高质量的公共服务。

参考文献

国家发改委国地所课题组：《我国城市群发展研究》，《新华文摘》2009 年第 23 期。

俞可平：《治理与善治》，社会科学文献出版社，2000。

汪阳红：《城市群治理与模式的选择》，《中国城市经济》2009 年第 2 期。

刘德平：《大珠江三角洲城市群协调发展研究》，华中农业大学，2005。

王乃静：《国外城市群的发展模式及经验新探》，《技术经济与管理研究》2005 年第 2 期。

郑春勇：《论地方政府合作与区域空间结构的协同演化——以珠江三角洲城市群为例》，国家自然科学基金项目（70973059），2011。

戚本超、景体华：《2008～2009 年：中国区域经济发展报告》，社会科学文献出版社，2009。

省情调查研究中心：《"深莞惠"产业同构系数最高》，《南方日报》2009 年 7 月 31 日。

唐勇、王祖强：《城市一体化协调模式与合作机制——以长三角城市群为例》，《当代经济》2011 年第 9 期。

厉敏萍、熊璋琳：《地方政府竞争对区域经济发展的效应》，《商业研究》2009 年第 6 期。

姚先国、谢晓波：《长三角经济一体化中的地方政府竞争行为分析》，《中共浙江省委党校学报》2004 年第 4 期。

王前强：《地方政府竞争与中国的经济转轨》，《学术论坛》2005 年第 4 期。

刘亚平：《对地方政府间竞争的理念反思》，《人文杂志》2006 年第 2 期。

〔美〕埃利诺·奥斯特罗姆：《公共事务的治理之道：集体行动制度的演进》，余逊达、陈旭东译，上海三联书店，2000。

〔美〕保罗·C. 纳特、罗伯特·W. 巴可夫：《公共和第三部门组织的战略管理：领导手册》，陈振明译，中国人民大学出版社，2001。

王名：《中国非政府公共部门——清华发展研究报告》，清华大学出版社，2004。

王名、刘国翰、何建宇：《中国社团改革——从政府选择到社会选择》，社会科学文献出版社，2001。

吴锦良：《政府改革与第三部门发展》，中国社会科学出版社，2001。

李珍刚：《当代中国政府与非营利组织互动关系研究》，中国社会科学出版社，2004。

杨建英：《近十年我国关于非政府组织问题的研究综述》，《国际关系学院学报》2008 年第 1 期。

王华：《治理中的伙伴关系：政府与非政府组织间的合作》，《公共行政》2003 年第 4 期。

饶鹏、罗林敏：《非政府组织的功能与作用综述》，《发展改革》2006 年第 12 期。

马庆钮：《论非政府组织对公共管理的价值》，《理论研究》2008 年第 3 期。

（审稿：李江涛）

城市功能篇

Researches on City Functions

B.18
广州加快国际体育名城建设的调研报告

广州市体育局　广州市社会科学院

摘　要：

加快广州国际体育名城建设是广州市全面改革发展、推
动新型城市化发展战略的重要内容。本文选取了北京、
上海、成都、青岛4个不同定位、不同层级的体育强市
进行调研对比，梳理分析各市的经验做法，总结了对广
州市体育发展的启示，以全力加快广州市国际体育名城
建设。

关键词：

国际体育名城　新型城市化　广州

加快广州国际体育名城建设是广州市全面改革发展、推动新型城

市化发展战略的重要内容。近期，市政府常务会议审议并通过了广州市加快转变体育发展方式"1 + 3"系列文件，对广州市体育事业全面发展具有重要战略意义。在新的时期、新的发展基础上，为进一步全面深入推进建设广州国际体育名城，广州市体育局选取北京、上海、成都、青岛 4 个不同定位、不同层级的体育强市进行调研对比，梳理分析各市的经验做法，总结了对广州市体育发展的启示，以全力加快广州市国际体育名城建设。

一 国内 4 个城市体育事业发展主要成效及经验做法

（一）北京市

1. 主要成效

北京定位为中国特色的世界城市，凭借首都优势、奥运优势、政策优势，体育各项事业发展较为完善。一是体育产业成为首都经济发展新的增长点。"十二五"时期以来，体育产业增加值每年以 15% 以上的速度增长，2012 年增加值达到 144.2 亿元，占全市 GDP 的 0.81%，体育产业从业人员 12.3 万人。至 2015 年，增加值占 GDP 比重有望达到 1.5%。二是全民健身公共服务体系不断完善。城乡公共体育健身场地设施不断增加，各类体育场地达到 1.41 万个，实现"三个百分百"，① 学校体育场地设施向社会开放率接近 61.7%，人均体育场地面积接近 2.0 平方米。全民健身体育组织网络不断完善，100% 的街道（乡镇）建立了体育组织；100% 的区县建有行业体协、

---

① 在全市 100% 的街道（乡镇）、有条件的社区和 100% 的行政村建有体育设施；100% 的区县建有一个多功能全民健身体育中心。

人群体协、单项体协，获得社会体育指导员等级证书的注册人数达到39951人。三是奥运场馆有效利用与开发不断提效。主要标志性场馆经营效益显著，鸟巢等场馆年均营业收入达到亿元级别，奥运功能区成为北京六大高端产业功能区中经济增长最快的区域。

2. 主要经验及做法

一是推动体育产业成为促进全市转型升级的重要环节。围绕五个中心，[①] 把体育产业发展纳入经济社会和城市发展整体规划，大力引进大型品牌赛事、经纪公司、体育组织总部和高端体育产业人才，培育体育中介组织和职业俱乐部，支持体育关联产业发展，扩大体育服务和产品供给，优化体育产业结构和空间布局，有效促进北京产业结构优化升级、经济发展方式转变。

二是大力推进"大群体"公共服务体系建设。市级层面统筹推动各级政府部门履行公共体育服务职能，实现市、区县"三纳入"覆盖率达100%。建立北京市全民健身工作联席会议制度。将全民健身工作纳入公共财政保障范围。推进全民健身均等化服务全覆盖，推动区县创建"一区一品"群众体育品牌活动。开展体育生活化社区达标建设，发挥体育总会等枢纽型体育组织作用，探索以"四化、六有、一个支撑点"为基础的体育社团实体化发展模式。

三是开拓场馆经营管理多种模式。北京市体育场馆中约76%为国有，通过不断创新场馆运营管理模式，实现了良性运转。采用BOT模式，将场馆建设与赛后开发利用结合起来。重视形成科学的奥运场馆赛后运营战略管理理念和方案，委托专业机构制定管理方案和规划，努力开发符合市场需求的服务产品。探索和建立系统化的体育场馆管理标准服务体系，实施规范化管理。

---

① "五个中心"是指国际体育赛事中心、体育健身休闲中心、体育营销和会展中心、体育文化创意和传播中心、体育中介服务中心。

四是加大资金政策引导扶持力度。北京市委、市政府颁布的《关于促进体育产业发展的若干意见》已连续实施 6 年，每年安排 5 亿元体育产业发展引导资金，重点支持竞赛表演类项目、体育产业功能集聚区类项目、体育用品生产加工销售业类项目、体育新兴产业类项目等。同时，引导资金带动社会资本的壮大，充分发挥政府资金的引导和释放作用，形成多元化投资格局。

（二）上海市

1. 主要成效

上海定位为世界城市，体育事业多个领域走在全国前列。国家体育总局连续五年为上海颁发突出贡献奖，表彰上海为我国体育事业所做出的贡献。一是群众体育发展走在前列。2012 年上海建成社会健身苑点 7741 个，公共体育场 764 片，农民体育健身工程 1033 个，健身路程达 469 公里，打造了中国上海国际大众体育节等一批群众体育品牌项目。二是竞技体育走在前列。2012 年伦敦奥运会共有 38 名运动员来自上海，占我国代表团人数的 10%，获得 4 金 5 银 3 铜的成绩。2008 年北京奥运会上海运动员获得 4.5 枚金牌、3 枚银牌和 10 枚铜牌的好成绩。上海还培养了如姚明、刘翔、刘子歌等大批世界知名竞技体育运动员，成为上海乃至中国的名片。三是国际大型体育赛事举办走在前列。上海已经打造 F1 中国大奖赛、国际田径钻石联赛等 6 大主流、知名的国际品牌赛事，享誉海内外。在过去几年，上海举办了国际国内赛事 463 项，并构建了"一区一品牌"赛事计划。四是体育产业快速发展走在前列。上海体育产业市场蓬勃发展，经营性场所达 5200 多家，体育经纪公司更是多达 100 余家。体育用品市场快速壮大，培育了一大批国内外知名企业。

2. 主要经验及做法

一是深入推进全民健身第一要务。开展健身苑点改造工程，提高利用率。广泛组建社区体育组织，增强基层体育组织管理力量，壮大社区体育健身俱乐部组织。推进全民健身系列活动和竞赛，举办上海市民运动会，上海国际体育节等群众赛事，并以上海知名赛事为平台，提升全民健身活动和竞赛品牌效益。

二是大力加快职业体育发展。着力培育和打造代表上海国际大都市形象的职业俱乐部和体坛巨星。以有利于城市形象提升、增强城市竞争力、群众喜闻乐见作为上海选择举办体育赛事的标准，采用国际化、市场化、职业化、弱行政化的模式，引进战略投资者，成功举办多项国际大型体育赛事，建立重大体育赛事的统计和评估制度，有效提升了赛事国际影响力与国际化大都市的知名度。

三是大力推动体育产业集聚发展。成功培育体育产业创意园区，借助上海区位优势、技术优势和体育资源优势，努力打造以活动策划、工艺设计、体育出版、体育影视、体育动漫、电子竞技和体育文化演出为主要内容的体育文化创意产业集群，培育一批知名品牌。同时，深入挖掘体育文化，挖掘、整理、保护和利用上海海派体育文化特征，丰富上海城市文化精神的内涵。

四是高度重视体育科研。建设了一批跨学科、跨单位联合科研协助单位，承担国家和市重点科学攻关课题，建设了一批国家级和市级体育科研重点实验室，为城市体育建设、竞技体育、群众体育和体育产业发展提供科学的理论依据。

（三）成都市

1. 主要成效

成都市是副省级城市，在经历"5·12"地震后，成都体育事业取得了重大成绩。一是体育惠民两大品牌蓬勃发展。"运动成都"惠民体育活动连续举办 3 年，影响力广泛。2012 年全年培育社会体育指导员 3275 名，农村地区、偏远地区、贫困地区的体育公共服务覆盖面显著增加。"太极蓉城"成为成都体育惠民响亮品牌，仅2012年就组织了各种太极活动、竞赛等2047场，全市"太极人口"已达115.8万人。二是体育产业快速发展、集聚发展。到2012年初，成都市体育产业实现增加值37.75亿元，比上年增长59.83%，占GDP比重0.55%。体育功能区建成国内休闲产业特色，国家体育总局赋予成都国家体育产业基地较高的目标要求并给予重点支持；以赶超英国谢菲尔德为目标的成都金马国际体育城到2012年总投资完成120亿元，完全建成后预计将实现总量千亿元目标。

2. 主要经验及做法

一是深化多部门、多层级联动。摆脱体育部门办体育的传统思路，充分利用国家在成都各个基地、中心平台的作用，争取国家、四川省在政策、资金、人才等多方面的支持。统筹辖区、县体育资源，市级层面总体安排、区县执行，特别是体育惠民活动、大型赛事等方面，充分调动区县资源，多级联动。加强跨部门合作，深入协同教育、财政、人事、发改、经贸等部门的合作，如在体教结合方面，与教育局按照1:2资金比例资助偏远、贫困、农村地区学校建设体育设施。

二是促进体育服务经济社会发展。成都瞄准体育休闲产业的国际发展趋势，以市政府名义发布体育产业发展规划，选择国际先进城市为标杆，重点布局、招企招智，集聚发展，结合城市传统文化特色，重点发展体育休闲、体育旅游、体育培训等新兴产业，有效丰富成都世界田园城市的内涵，服务经济社会全面协调发展。

三是做强体育惠民品牌。成都有常住人口1400多万人，始终将体育惠民作为体育事业发展的第一要务，市委、市政府对此高度重视、大力支持。由体育部门牵头，详细制订年度计划安排，联合多个政府部门、各级媒体、各界社会人士以及各区县、街道、乡村，将体育惠民重点工程做出特色、做成品牌。

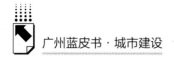
（四）青岛市

1. 主要成效

青岛市是计划单列市。近年来，青岛体育事业繁荣发展，一是体育产业总体规模不断扩大。2011 年青岛体育及相关产业总产出281.17 亿元，占当年 GDP 的 1.02%。二是群众体育工作在全国处于先进水平，市区人均体育设施占地面积达到 1.8 平方米，连续多年荣获国家体育总局群众体育突出贡献奖、最佳组织奖等荣誉称号。竞技体育始终保持山东省内龙头地位和全国同类城市的先进水平。三是体育特色品牌突出，在"田径之乡"、"足球之城"基础上提出打造"帆船之都"的战略规划，体育品牌知名度和影响力不断提高。

2. 主要经验及做法

一是围绕"寻标、对标、达标、夺标"战略部署，开展"体育强市"赶超战略。体育是青岛市的优势资源，历来市委、市政府都较为重视体育事业发展，"十二五"时期以来，青岛围绕全市全面开展"寻标、对标、达标、夺标"战略部署，选定沿海城市特别是广州作为标杆，制定了《青岛市关于加快建设体育强市的实施意见》、人才培养与管理等方面的全面赶超计划，在竞技体育、大型赛事等方面已经取得一定成效。

二是重点打造特色赛事品牌。放大后奥运时代效应，重点打造"帆船之都"。市委、市府领导高度重视，亲自参与多项议程，成立了副局级机构"青岛市帆船运动管理中心"，财政资金每年拨专款2500 万元负责赛事全程安排。推动市场化、商业化运营，开办帆船培训辅导机构，推广普及帆船运动，加强国内外全媒体宣传，组织专业团队，深化国际合作，积极申报、承办国际帆船赛事。

三是大力支持体育产业发展。青岛市积极营造体育产业发展的良好政策环境，领先省内其他城市。根据省体育产业发展引导资金相关办法，获得 2013 年引导资金 4000 万元。市财政局、体育局联合出台了《青岛市体育赛事引导资金管理暂行规定》，设立了青岛市体育赛事引导资金，并给予税务、水电、人员等优惠政策，扶持发展重点龙头企业。

二　对广州加快国际体育名城建设的启示

（一）以国际视野谋划大体育，加强资源统筹，服务城市发展战略

长期以来，体育工作在区域经济社会发展中从属于文化体育等公共服务范畴，与经济建设、社会发展等中心问题相比，处于较为"边缘化"的地位。广州的体育事业在全国乃至国际上已经有部分体育品牌形成较大影响力，但整体而言，体育事业的全面发展主要是属于从属地位，服务于经济社会的大局。这也是城市发展阶段的必要需求和共有规律。但调研城市的实践也给我们提供了新的思路。

一是在广州市长远发展战略的框架下，大力发展体育事业。与城市的地位与发展愿景相匹配，相应地提出体育发展的全局目标。如上海定位为世界城市，突出发展大型、主流、知名的国际体育赛事，对提升城市的国际影响力和知名度起到巨大的促进作用；北京定位为中国特色的世界城市，侧重国际交流、举办国际性赛事、培育世界级人才。两大城市都是以世界眼光，"跳出体育、设计体育、发展体育"，以建设体育名城作为城市内在发展、城市外交的重要平台，将体育打造成为城市发展的国际名片。

二是重视统筹条块资源，集中力量办大事。囿于体育职能部门行政权限有限、资源有限的基本现状，广州主要以市委、市政府进行顶层设计、合理调动各方资源，如列入广州市年度重点工作计

划，联合推动体育事业特别是大型赛事、惠民活动等工程。同时，充分运用中央、省在城市的各种体育平台作用，积极争取政策支持。充分调动区县力量，加强市级层面的统筹，重效率、重质量，实行事权下放，并予以相应的资金政策，以做强惠民体育等公共服务体系。

（二）重点突出体育品牌建设，创新体育发展模式，打造体育核心竞争力

从国际体育发展历程看，拥有知名度高、竞争力强、覆盖面广的体育品牌、体育项目是国际范围内体育名城的核心要素，同时在此基础上形成软实力强大的体育文化，一项体育运动、一支体育队伍都会成为城市形象的代表。如英国曼彻斯特、谢菲尔德的足球，美国纽约的橄榄球等。中国现代体育发展历程较短，发展模式尚未完全与国际接轨，"举国体育"的弊端逐渐显现。但从上海、青岛等调研城市的实践看，它们已经开始普遍高度重视体育品牌项目的打造，学习国际经验，发挥市场的力量，打造良性自我循环模式。

一是打造优势品牌。充分利用大型赛事的成果和成功经验，继续壮大扶强，批准设立行政化、半行政化或完全市场化的运营机构，发挥财政支撑的杠杆作用，长远谋划，精细化经营。

二是充分发挥市场的决定性力量。现代体育的重要特点之一就是强调市场的力量，引进世界范围内的优势企业、优质机构、优秀团队，共同参与品牌建设，逐步摆脱财政办体育、举国办体育的压力。

三是重视培育重点企业。充分意识到体育产业将是未来的新兴产业、健康产业、高附加值产业，抓住这一重要机遇，培育发展大中型企业是有效增强体育事业自身发展、带动经济转型发展的有效措施。

（三）始终坚持群众体育惠民服务"第一要务"，健全完善公共服务体系

健全完善社会公共服务体系是我国社会领域不断改革发展追求的基本目标之一，体育发展的首要任务就是要以满足人民群众不断增长的身心健康需求为着力点，完善体育公共服务体系。从调研城市的实践经验看，将群众体育作为第一要务是体育工作的首要中心，在不断完善体育设施"硬件"建设的同时加强"软件"服务体系建设。

一是挖掘传统文化体育资源，发布全民健身计划，推送惠民体育活动。成都、北京等城市都采用因地制宜，财政适当投入的方式，提前发布全年各区域各时段的全民健身计划，充分发挥市里相关职能部门、区县、体育社会性组织和各个协会组织开展群众体育活动的积极性，结合本地群众爱好，创作和举办群众喜闻乐见的体育产品、体育活动，满足群众体育文化需求，做强地方群众体育特色。

二是健全群众健身组织体系和队伍建设，强化基层公共服务体系建设。上海、北京等体育强市都采用多种方式建立基层体育服务网络，培育体育社会指导员，宣传引导当地街道、镇村民众开展国民体质监测，开设科学健身指导专版专刊专栏等，同时发布《全民健身条例》和《全年惠民健身计划》等引导性规章制度安排，宣传普及全民健身的科学知识和方法等。

（四）大力推进竞技体育职业化、市场化，加快体育产业转型升级，建立外部利益内部化的机制

去"行政化"、去"伪职业化"已经成为近些年来我国体育产业、竞技体育等领域改革发展的迫切诉求。从调研城市实践看，北京、上海两个特大城市在市场化、职业化竞技体育、体育产业已经探索出一定的成功经验，特别是在大型赛事、职业赛事、场馆设施运

营、企业发展等方面已经取得较好成绩，实现了外部利益内部化的良性循环机制。

一是促进体育产业市场化开放转型升级。逐步推进以企业办比赛为主、政府支持为辅的市场化运作机制，建立和完善各类体育中介、专业协会和体育经纪人制度及诚信制度，依靠企业加强赛事商业推广和集资工作，有效带动体育休闲、旅游酒店等服务业的快速增长，同时成功进行城市营销。大力推动场馆运营市场化，鼓励成立相应运营公司，盘活体育资产存量。如上海的 F1 赛事基本实现了市场化运营，其体育赛事的乘数效应显著，直接提升了其作为国际化大都市的品位。北京的鸟巢、水立方和国家体育馆等均由业主方成立相应的公司来运营，机制相对灵活，市场反应较快，运营效率较高。

二是放大政策扶持杠杆作用。增加财政投入，设立相应的体育产业发展专项资金、引导资金，对符合政府重点支持方向的体育产业、体育产品服务项目和企业给予相应支持，利用政策杠杆，将一部分企业应得的利益补偿返回，形成良性循环。如北京市政府自 2007 年始就设立了每年 5 亿元的体育产业专项资金，支持重点企业发展。

三是合理布局体育产业赛事资源。将城市体育赛事承载能力和城市既有的资源禀赋有机结合。举办能够体现城市特色、打造成具有高端影响力的国际赛事，形成国际赛事、国内赛事、本地赛事相结合的体育竞技赛事格局。在体育产业方面，依靠区域发展战略，推动体育关联产业集聚发展，打造体育产业园区。如上海、成都及其辖内区县都成功进行了体育产业园区的开发建设并纳入经济社会总体发展规划。

四是加强转型期课题研究。上海、北京等特大城市、体育强市都已经充分意识到体育发展的转型升级命题，已经联和科研机构、大学积极广泛开展多个领域的课题研究。如大型国际赛事的体育产业市场培育、建立有中国特色的市场化办赛机制等专题研究，上海还成立了首个国家级大学体育科技园。

（五）重视体育人才培养与安排，形成梯次合理的体育队伍

体育人才是体育发展的关键要素，突出以人为本的发展理念是体育事业全面发展的基本原则之一。上海、青岛等城市也都采取了相应的培养与退役机制。

一是重视青年后备人员培养，深入开展体教结合。体教结合的实质就是"用优质的教育资源吸引优秀的体育人才"，加强与教育部门的协作，采用多种模式，形成在训学生就读机制，并保障了学生高质量的文化教育，同时形成合理的体育教师流动机制。在青年人才培育中，不采用广种薄收、大面积淘汰的训练方法，而进行精耕细作。在各种赛事中，学习国际经验，成立专业团队，用科学管理的方法提高成材率。同时，不断改进培养平台构想，实现体育院校本科人才培养理论和实践的双重发展。

二是科学合理规划退役人员安置。多个城市根据自身体育发展特点和队伍结构，均已出台退役人员管理办法和实施细则等规章制度，一方面组织安置仍然是采取上海等城市退役运动员安置的主要形式；另一方面推动自主择业，在组织安置难度不断加大的背景下，政府给予相应经济补贴，加强与人事及政府部门间的协调沟通，鼓励自主择业，并制定了相关的政策法规。

（审稿：王玫）

B.19

大学城体育中心经营管理
模式改革创新研究

广州市社会科学院　广东华南经济研究院

摘　要：

本文重点分析广州大学城体育中心场馆资源及经营管理现状，最后针对大学城体育中心经营管理模式改革创新提出若干对策与措施。

关键词：

经营管理模式　大学城体育中心　广州

一　广州大学城体育中心场馆资源及
经营管理现状

（一）主要场馆资源分布

广州大学城体育中心位于广州市东南部的小谷围岛上、广州大学城中心湖畔、大学城体育与信息共享区，总占地面积约 40 万平方米，目前拥有以下几大场馆。

1. 体育场

体育场位于中心湖北侧，于 2007 年 5 月落成，占地面积约 26 万平方米，由一个大型主体育场和一个副体育场组成，主、副体育场均有一块正规的天然足球比赛草坪和一条标准的 400 米 PU 田径跑道。

主体育场屋顶采用"绿白"两色组合，寓"云山珠水"之意，犹如鼓满朝气的风帆。主体育场设有约 4 万个座位，是广州第三大体育场。体育场各项设备设施处于国内领先水平，达到国际标准，曾举办全国大学生运动会、全国少数民族传统体育运动会、第 16 届广州亚运会足球和橄榄球比赛、足球世界杯亚洲区预选赛、中超超级杯和广州富力足球俱乐部大学城主场比赛等多项重大体育赛事及广东国际旅游文化节开幕式、纵贯线广州演唱会、"毕业季"巨星演唱会、大益嘉年华《挚爱》群星演唱会等大型文艺活动。

2. 自行车馆

自行车馆位于中心湖东侧，于 2010 年 8 月落成，占地面积约 2.4 万平方米，馆内有一条 250 米长、7.5 米宽，达到国际标准，呈椭圆形的专业木质赛道，设有 3000 个座位。自行车馆外形融合了第 16 届广州亚运会五羊会徽的特征，酷似一个硕大的银色头盔，极具自行车运动的激情与动感，是华南地区最先进的自行车馆，曾举办第 16 届广州亚运会场地自行车和花样轮滑比赛及全国场地自行车冠军赛等重大体育赛事，每年接纳国内 10 多个省市的专业场地自行车队在此冬训。为深入挖掘体育场馆举办会展等功能，2013 年 11 月 20 日成功举办"2013AMG 极致驾驭·荣誉盛典"梅赛德斯—奔驰新车发布会，开创了体育场馆多元化利用的新篇章。2013 年全国残疾人自行车锦标赛在此馆成功举办。

3. 攀岩场

攀岩场位于自行车馆西南侧，于 2013 年 5 月落成，占地面积约 7000 平方米，场内设 8 条速度赛道、20 条难度赛道、12 条攀石赛道及青少年练习墙和儿童练习墙等，是亚洲规模最大和标准最高的攀岩场，计划 2013 年 12 月正式启用并举办 2013 广州市攀岩公开赛。攀岩场将成为推动华南地区攀岩运动的发展动力和攀岩项目的训练与比赛的聚集地。

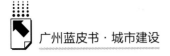

4. 轮滑场

轮滑场位于自行车馆南侧，于 2010 年 8 月落成，占地面积约 4600 平方米，场内设有一条 200 米长的速度轮滑赛道，有约 1000 个座位，是国内先进、华南地区唯一达到国际标准的专业轮滑场馆。曾举办第 16 届广州亚运会速度轮滑比赛和全国速度轮滑公开赛（总决赛）等重大体育赛事，是武警杭州速度轮滑队和番禺区青少年轮滑队训练基地。

5. 小轮车场

小轮车场位于自行车馆东侧，于 2010 年 8 月落成，占地面积约 1200 平方米，场内有一条 340 米长、达到国际比赛标准的 BMX 泥地竞速赛道，是华南地区最先进的专业小轮车场馆，已得到国际自行车联盟（UCI）小轮车赛道认证，曾举办第 16 届广州亚运会小轮车比赛和广州小轮车场地竞速赛等重大赛事，每年接纳国内近 10 个省市专业小轮车队在此训练。

6. 极限运动场

极限运动场位于自行车馆东南侧，于 2013 年 1 月动工建设，计划 2014 年竣工，占地面积约 1.6 万平方米。极限运动场包括 U 形槽、碗池、高速滑道和公园街区等极限运动设施，适用于滑板、直排轮和极限单车等极限运动项目。极限运动场分为初级训练区、中级训练比赛区和顶级比赛区，能满足高水平极限运动项目比赛的要求，更能满足不同年龄段、不同层次的极限运动爱好者培训、练习和比赛的需要，将成为广州乃至华南地区极限运动的乐园。

（二）场馆资源利用情况

1. 体育赛事

2013 年 3 月，2013 年世界女子七人制橄榄球赛在广州大学城体育中心举行。该赛事是由国际橄榄球理事会创办的女子橄榄球赛事，其级别仅次于女子橄榄球世界杯，并已被国际奥委会确立为 2016 年里约热内卢夏季奥运会的正式比赛项目。

2. 会展活动

自行车馆成功举办了"2013AMG 极致驾驭·荣誉盛典"梅赛德斯—奔驰新车发布会和 2013 年全国残疾人自行车锦标赛。

3. 物业出租

目前,各个场馆均有一部分文体用房作为公司办公场地出租,或用于培训、教育等。

(三)经营管理现状

广州大学城体育中心运动场馆群始建于 2007 年,是广东省政府为第八届大学生运动会而投资建造的场馆。2010 年在广州召开的第 16 届亚运会,大学城体育中心也是主要比赛场馆之一,成功举办了足球、橄榄球、轮滑、小轮车、场地自行车、山地自行车、公路自行车、马拉松和铁人三项等项目的比赛。

1. 组织机构

广州亚运会之后,省政府将大学城体育中心交给广州市体育局管理。广州市体育局于 2007 年设立了广州大学城体育中心,专门负责体育场馆的营运与管理。大学城体育中心为行政级别正处级差额拨款事业单位,编制人数为 70 人,现有员工 67 人(含编制内人员、临时聘用人员和劳务派遣人员)。

大学城体育中心内设办公室、财务部、业务拓展部、设备管理部、群体部、体育场管理部、自行车和极限运动管理部 7 个部门,负责中心所属场馆群的经营与管理。另外,还挂牌设立了广州马拉松协会、广州市极限和登山运动协会、广州市自行车运动协会以及广州汽车摩托运动协会等专业协会。

大学城体育中心立足于大型体育场馆的赛后利用,采取灵活多样的经营方式,积极创造经济效益。同时,努力为市民提供良好的体育

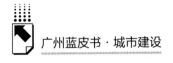

环境，不断扩大社会效益。

2. 主要业务范围

目前，广州大学城体育中心的业务主要有以下四大块。

一是主办赛事活动。2011 年 11 月，承办全国残疾人自行车赛。2012 年广州富力足球队以大学城体育中心为中超杯主场，为中心带来 120 万元的收入。2013 年 3 月，成功举办了广州增城康威杯——2013 世界女子七人制橄榄球系列赛。2013 年中心共承接 12 项各类赛事。

二是队伍训练。每年都会接待 10 多个省市的专业场地自行车队入场进行冬季训练。

三是物业出租。目前大学城体育中心共有近 1 万平方米的物业出租作为培训学校场地及办公场地。

四是演艺会展活动。近年来，大学城体育中心相继举办了广东国际旅游文化节开幕式和各种演唱会、展会，开创了体育场馆多元化利用的新篇章。

3. 创收情况

大学城体育中心现有的足球场、网球场、轮滑场、小轮车场等一直面向全社会开放。

2012 年，市财政给广州大学城体育中心拨款 300 万元。全年全部场馆基本维护、运营费用 1100 万元，创收 560 万元，不足部分靠专项经费解决。2013 年，大学城体育中心经营收入达到 730 万元，超额完成 600 万元的创收目标，增幅达 30%。

二 广州大学城体育中心经营管理模式
改革创新总体构想

大学城体育中心经营管理的目标是，经过 3~5 年的努力，将广州大学城体育中心建设成为国内知名的华南体育训练基地、能充分满足市民需求的广州体育休闲公园、面向广州大学城 20 万学生的大学生体育共享平台。

（一）华南体育训练基地

充分利用在广州乃至华南地区独一无二的优质体育场馆资源，打造华南体育培训基地，吸引省内外运动队作为长期训练基地。根据场馆资源条件，着力打造足球、自行车、轮滑、攀岩、滑板五大训练品牌，努力提高场馆利用率，不断扩大中心影响力。

①建好广州富力足球训练基地，并吸引更多省内外知名球队前来训练；

②依托市自行车协会和优越的自行车场馆，大力拓展场地、公路、山地自行车训练，促进自行车运动的开展；

③依托轮滑专业俱乐部，常年开展轮滑培训和竞赛，促进轮滑运动的发展；

④依托攀岩专业俱乐部开展攀岩培训和竞赛，推广攀岩运动，并通过攀岩场的对外开放，吸引更多队伍前来训练；

⑤引入专业公司运营极限运动公园，使滑板成为更多青少年喜爱的时尚运动。

（二）广州体育休闲公园

充分利用各种场馆资源和健身设施，举办形式多样的体育赛事和群众性体育活动，推动体育活动的普及开展，扩大参与体育运动的人口，打造具有广州大学城特色的群众体育品牌，打造广州体育休闲公园和全民健身乐园，推动全民健身事业发展。

①举办包括大学城七人足球联赛、大学城三人篮球争霸赛、大学

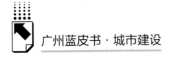

城环岛长跑大赛、全民健身绿道行等在内的群众性体育活动，打造具有特色的群众体育品牌，推动体育活动的普及开展；

②通过组织各类社会体育赛事、策划与承办各类大型体育文化活动和有特色的体育活动，扩大参与体育运动的人口；

③与有关企事业单位合作，举办各类趣味职工运动会，推动群众体育运动的开展；

④建立与完善惠民开放服务机制，切实做好场馆的开放工作，不断扩大"群体通"的使用范围，加大体育惠民力度，进一步提升市民幸福感。

（三）大学生体育共享平台

形成面向大学生的体育活动、场馆、信息共享平台、吸引大学生和年轻消费群体来消费，倡导快乐运动、健康生活理念，打造大学城都市活力中心。

①依托独特的时尚运动场地，以轮滑场、小轮车场、攀岩场和极限运动场等青少年喜爱的运动项目为基础，开展轮滑、小轮车、攀岩和极限运动相关培训活动；

②整合大学城各所大学各个体育场馆的信息，打造大学城体育设施共享信息平台，方便学生和市民高效利用场馆资源；

③吸收大学生前来大学城体育中心实习，并参与场馆管理的赛事组织工作，以广州马拉松协会、广州市极限和登山运动协会、广州市自行车运动协会以及广州市汽车摩托车协会为依托，招募大学生志愿者参与各项运动的推广。

充分利用大学城各种资源，致力于打造未来广州大学城高度共享的体育文化平台，合理引导大学生在休闲体育方面的消费，深度挖掘大学城体育休闲的商业价值，在充分体现体育的社会公益性的同时，赢得更大的市场发展空间。

三 广州大学城体育中心经营管理模式
改革创新的若干建议

（一）管理体制改革

1. 理顺管理关系，推动管办分离

建议对其管理体制进行改革、改制，成立决策机构与管理部门，采用"新公共管理"模式，实行"政企分开"，引入市场竞争机制，提高公共体育场馆公益服务质量。

借鉴国有企业改革、改制的成功经验，采取公司法人治理结构，将大学城体育中心以公司治理结构进行改造，如进行股份制改造，吸引民营资本参股投入资金进行管理运营，通过股份制、公司化改造，实现场馆的现代化管理。

具体做法是：以场馆为单位的各创收部门围绕中心制定的综合指标开展工作，其负责人拥有一定的自主权（部门内部机构设置及用人权，一定范围内的财务支出权、管理权），分解任务指标，各部门责任人职、权、利关系明确，有效调动各部门积极性。行政部门每年核定支出指标，超标者受罚；创收部门实行收支两条线，每年考核利润指标完成情况。人员内部流动、竞争上岗。从部门负责人开始，对多数岗位实行逐级竞聘上岗。实施绩效考核，拉开收入差距。

2. 突出公益功能，强化公共服务

作为政府代表纳税人投资的社会公共设施，提供公共服务是大学城体育中心的主要公益性特征。因此，要充分考虑公众的体育健身需求，结合场馆实际情况，在竞技赛事之外的时间段保障有充足时间向公众开放，从多个方面创新场馆公益服务模式。

一是引入"俱乐部"模式,成立"项目俱乐部",在规定时间内组织进入场馆健身者一起运动,减少场馆空间资源的浪费;对于俱乐部中水平较高者鼓励其参与社会民间的各种体育健身表演活动。

二是引入"两个效益"模式,即利用时间上的错位,实行"错峰"免费开放,将社会效益和经济效益有效结合。在保障运动员训练、比赛以及有比赛安排的使用高峰期以外时间段向公众开放。

三是引入"限制免费"模式,为部分公众实行免费开放服务,减少公共体育场馆资源流失,延长场馆设施使用寿命。

四是引入"体育公益协会"模式,按照场馆规模、档次由主管部门协调成立"体育公益协会"组织,长期使用公共体育场馆。

五是引入"选择性消费"模式,结合场馆自身实际情况向公众有偿开放,对公众实行优惠收费服务。

(二)经营模式改革

1. 采取招标委托管理方式运营

在广州市体育局统一指导下,由广州大学城体育中心面向社会公开招标选派经营者作为体育场馆的负责人,代理经营国有体育场馆。被委托经营者和广州大学城体育中心签订经营合同,经营者作为场馆的法人代表,负责场馆日常经营管理工作,场馆内重大战略问题由广州大学城体育中心直接负责。被委托运营者服从体育行政部门安排和调度,招标委托经营管理方式不改变国有体育场馆为大众体育健身和运动训练、竞赛提供场地服务的性质,仅变换国有体育场馆的经营主体。

2. 采用承包租赁方式经营

在不改变场馆所有制性质的前提下,按照体育场馆所有权与运营权完全分离原则,以承包租赁合同的形式,承包人根据公共体育场馆的自身条件和体育健身市场发展规律合理利用资源。承包人按合同书规定，每年向体育行政部门交纳一定租金，负责体育场馆日常管理和设备维护、维修，大型设备更新与维修由体育行政部门投资。

3. 采用成立专业运营公司的方式运营

由于体育场馆使用功能和经营模式单一，加上高水平的场馆管理和经营人才匮乏，体育场馆赛后综合利用的状况不佳。体育场馆要求得生存与发展，可以体育场馆为基础，成立具有独立法人资格的且拥有体育场馆产权和运营权的独立的现代企业，政府以其场馆的投资作为股份，再吸纳其他社会资金进行融资扩股。

4. 采取社会化与市场化相结合的方式运营

广州大学城体育中心应广泛吸引社会资本的进入，改变政府在体育场馆经营管理中"一枝独秀"的局面。利用各种方式，提高社会力量投资体育场馆经营管理的积极性，如 PPP 公私合作投资、BOT 模式以及发行债券等，实现多渠道融资，提高市场化程度，推动体育产业发展。区别对待不同场馆，对于需要特别突出公益性、群众性和广泛性的场馆，应以政府投资为主，以便保证场馆的社会效益，而对于可进行市场细分的场馆，宜采用市场化运作，引入社会资本。如极限运动场、攀岩运动场可以引入合作伙伴或委托专业公司进行运作。

（三）营销策略创新

1. 引入关联服务商，加强本体服务

加大招商力度，成立招商小组，委托专业公司进行招商引资工作。以本体服务商为主要招商对象，利用现有的空置文体用房，吸引不同种类的体育产业服务商进驻，设置体育健身项目，满足市民的多元化需求。同时，也可少量地引入餐饮、休闲服务商，满足日常锻炼的群众以及大型赛事和文艺表演观众的用餐需求，引导市民群众健康

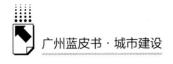

饮食。

2. 加强品牌推广与宣传，扩大影响力

加强品牌经营与宣传推广，提高场馆知名度和影响力。培育适合广州大学城体育中心的赛事与活动，同时引进国内外知名赛事，提高场馆的利用率。打造场馆和赛事之间的良性互动共赢关系。

3. 加大场馆广告资源开发力度

积极与工商管理部门和规划部门协商，申请在广州大学城体育中心设置户外广告，充分开发利用场馆广告资源。

（四）服务能力创新

1. 提升管理水平与服务素质

制定大型体育场馆服务管理体系与制度，提升管理水平与服务素质。具体包括四个方面的基本要求，即管理标准化、标准文件化、文件体系化和体系过程化。将体育场馆总体任务划分为具体任务，再将有关具体任务归类合并为部门任务；确定体育场馆组织形式，明确相互关系；明确各岗位工作特点和具体要求，实行目标责任制。

2. 完善服务设施，增强配套服务能力

为营造良好的消费环境，提高场馆的"造血"功能，加快完善场馆的服务设施，从而增强配套服务能力。一是将滑轮场办公楼改造成休闲服务中心，增设淋浴间、卫生间、储物柜和休闲大厅、服务台，满足市民运动后淋浴、放松、休闲的基本需求。二是在露天运动场及绿化地增设遮阳伞、休闲座椅，为市民休憩提供便利。三是在大学城体育中心入口处增设中心发展历史简介和标识指引，提升门面美观度，改善大学城体育中心的形象景观。四是增加儿童娱乐设施和亲子游戏项目，吸引更多家庭前来休闲娱乐。五是增设极限运动主题西餐厅，解决市民休闲运动后的"用餐难"问题。

此外，配合打造南方训练基地的发展定位，要逐步完善"食宿训"一条龙服务体系，将自行车馆部分闲置用房改造成运动员宿舍，增加宿舍数量，并增设运动员食堂，改善运动员训练条件，满足运动队训练的基本需求，吸引更多的省内外队伍入驻训练。

（审稿：周凌霄）

Abstract

The Report on City Construction and Management of Guangzhou in China (*2014*), which is jointly compiled by Guangzhou University, Communications Commission of Guangzhou Municipality, Guangzhou Municipal Land Resources and Housing Administrative Bureau, Construction Commission of Guangzhou Municipality and Bureau of Urban Planning of Guangzhou Municipality, is one volume of *National Blue Books Series* published by Social Sciences Academic Press (China) and publicly issued nationwide. This report, which consists of 6 parts, including Preface, Planning Research, District Construction, Transport Management, City Management and City Function , is a significant reference material to understand the current city construction and management status of Guangzhou.

The year of 2013 is the launching year of Guangzhou modern urban development strategy. In this year, Guangzhou achieved remarkable successes in the field of city planning, city construction, transport, city management and land resources administration. The successes include establishing modern city planning system, speeding up building city strategic platform, promoting city management, starting the public advisory committee regulation and comprehensively developing ecological city construction.

In the year of 2014, Guangzhou will continually follow the strategic plan of developing modern urbanization, and focus on the target of building up national central city to complete the key mission of taking lead in transforming and upgrading, building up a happy Guangzhou. Guangzhou will also emphasize on accelerating the construction of city sub-center and new district, speeding up the progress of infrastructure construction, fastening the development of ecological city and transit metropolis, and promoting the city management ability of law enforcement and intelligent level to build up a low-carbon, intelligent, happy and beautiful Guangzhou, which will be an ideal city satisfying its people.

Contents

B I   General Report

Abstract: Guangzhou achieved remarkable successes in 2013 in the
field of city planning, city construction, transport and land resources
administration, which include constructing modern city planning system,
building city strategic platform, stepping up in transit metropolis
construction, starting the public advisory committee regulation and
comprehensively developing ecological city construction. Meanwhile, this
paper refers to certain problems faced by Guangzhou, which include
transformation difficulty of population and industries between different
cities' function district, over lead of government, mono-recourse of
capitals, and arduous task of modern urbanization of suburb and rural
areas. In the end we look forward to a general uptrend of city construction
in Guangzhou in 2014, and propose some suggestion on improving and
lifting the level of city construction in Guangzhou.

Keywords: City Construction; Modern Urbanization; Situation
Analysis; Guangzhou

Abstract: In the year of 2013, the city management of Guangzhou
followed its target of building up *Low-carbon Guangzhou, Intelligent
Guangzhou and Happy Guangzhou,* and achieved some effects on the aspects
of environment protection and city management team development by
strengthening rules and regulation construction, further publicizing garbage
classification and improving public transit system. Meanwhile, Guangzhou
faced certain problems such as too many hot events about city management,
lack of overall coordination in city management team, different moral levels
of single city management team member, and unsatisfactory city
management law enforcement effect. In 2014, the city management of
Guangzhou shall push forward integrated law enforcement, deepen citizen's
participation in city management and reinforce city management team
member training, in order to get breakthrough in city management and
explore the way of developing marketization.

Keywords: City Management; Present Situation; Countermeasure;
Guangzhou

B II   Researches on City Planning

Abstract: The original idea of Guangzhou's modern urban development strategy is to play Guangzhou's bellwether role as are central city. After promoting by from spontaneous nongovernmental force to joint-enterprise, the relationship between Guangzhou and neighborhood areas is now pushed forward by both market and government, and also it faces certain problems such as challenge to Guangzhou's central position, space division within area, evolution of industrial structure and economic development mode of district. For the sake of enhancing the leadership of Guangzhou as area central city, we shall focus on common benefits in area, and by combining intensive and extensive mode, through the aspects of factor, system, industry, distribution and cooperation, forge Pearl River Delta area to area economic group army.

Keywords: Guangzhou; Development Pole; Area Cooperation; Leadership; Central City

B. 4　Advise on Promoting Urban-Rural Development of Guangzhou

Research Group of Guangzhou Development Academy,

Guangzhou University / 059

Abstract: Firstly this paper analyzes the present situation of the issues on Guangzhou urban-rural area. Then we deeply discuss the main problems in Guangzhou urban-rural area development, which include developing planning, industrial development, population integration, community construction and social service. In the end we propose the following pieces of advice: emphasizing the guiding function of modern urbanization idea to holistically design urban and rural development; reforming and innovating the system of urban and rural management to implement integrated leading; modulating industrial structure to propel various stages of development classified by levels and categories; establishing the integrated mode of urban and rural resources distribution; strengthening the supporting force from policy to encourage rural area self-develop; reinforcing education and training.

Keywords: Urban-Rural Area; Modern Urbanization; Guangzhou

B. 5　Suggestions on Promotion of Environment Competitiveness in Guangzhou

Guangzhou Research Institute of Environmental Protection / 074

Abstract: 18th CPC National Congress requires vigorous promotion of ecological civilization construction. By analyzing present situation of environment competitiveness in Guangzhou, this article concludes main weakness of environment competitiveness in Guangzhou, and then proposes suggestions on promotion of environment competitiveness in Guangzhou.

Keywords: City Environment; Competitiveness; Guangzhou

B. 6　Research on Village Planning of Demonstration Beautiful Villages in Guangzhou

Zhou Jiajun, Li Shaobing and Ma Lizhen / 083

Abstract: Based on the fundamental analysis of the present situation of our urban-rural developing relationship, the study on experiences from Japanese and Korean village construction, and the practical examples of Conghua demonstration beautiful village planning, this paper discusses the main ideas and experience of beautiful village construction, including proper classification of villages, space development planning combining both urban and rural area, innovative grass-roots level management mode, industrial developing route focus on actual effects, environment renovation and eco-civilization construction, and preservation and development of characteristic local culture.

Keywords: Urban and Rural Integration; Beautiful Village; Village Planning; Conghua

B Ⅲ   Researches on District Construction

B. 7   Research on Ecological District Establishment of
Liwan in Guangzhou   *Tang Hanghao* / 098

Abstract: Ecology, low-carbon society and environmental protection are the developing trend of global economic and social transformation. The main position in Liwan of developing modern urbanization will be Huadi Ecological City which is in the west of Guangzhou. With the development orientation of being *west gateway of Guangzhou and heart area of Guangzhou-Foshan*, Huadi Ecological City will fulfill the planning idea of *people-oriented*, *culture-rooted*, *flower-spirited*, *river-veined and green-charmed*, and by relying on the superiority of position, river lines, multiple industries and historical culture, to develop Huadi Ecological City into an attractive place of producer services, a livable place of humanity and ecology, and a tour place with flowers and rivers.

Keywords: Huadi Ecological City; Modern Urbanization; Beautiful Liwan; Guangzhou

Abstract: Changzhou Island has richly endowed resources of nature, human and history. This paper starts from the study on green-calm life theory, and then by summarizing the features and distinctive position of Changzhou Island and analyzing the necessity of developing *green-calm island*, proposes the guiding ideology, general idea, developing strategy and future blueprint of *green-calm island*, with which to establish Changzhou Island a green and relaxing slow island.

Keywords: Changzhou Island; Green-Calm Island; Strategic Research; Guangzhou

Abstract: The 10th congress of party representatives and the first meeting of 14th municipal people's congress of Guangzhou propose the significant strategy of accelerating the development of urban and rural integration, which means developing modern urbanization and promoting the transformation of rural economic development to achieve the aim of better productivity, prosperous life and ecological civilization. Being one of the three vice central places of Guangzhou, Conghua is an absolutely necessary part of Guangzhou. Based on the problem analysis of establishing beautiful village in Conghua, this paper suggests certain optimized countermeasures.

Keywords: Beautiful Village; Urban and Rural Integration; Conghua; Guangzhou

B IV   Researches on Transport Management

B. 10   Research on Increasing the Ratio of Public Transport to
　　　 Motorization Transport in Guangzhou

　　　　　Research Group of Guangzhou Development Academy,

Guangzhou University / 135

Abstract：Public transport is a significant sustainment of the development of national central city and modern urbanization in Guangzhou. After analyzing the features and present situation of public transport development in Guangzhou, exploring the main factors which restrict the increase of the ratio of public transport to motorization transport (public transport share ratio), and studying innovative approaches of public transport development and reform, this paper proposes the target, working organization and specific measures of developing national transit metropolis and increasing public transport share ratio in Guangzhou.

Keywords：Public Transport; Public Transport Share Ratio; Public Transport Priority; Transit Metropolis; Guangzhou

B. 11   Study Report on the Sensing and Management System of
　　　 Urban Road Transport Condition in Guangzhou

Zhang Wei, Zhang Zi / 152

Abstract：After analyzing on the latest need of intelligent transport management applications and the fact that modern technological development brings benefit to road transport management, this paper proposes a brief frame of urban road transport sensing and management

system, which is constructed on sensing system and big-data-process-based analyzing system of urban road transport condition, to satisfy the demand of urban road transport management. And then taking Guangzhou as example, this paper presents the practical application of the urban road transport sensing and management system.

Keywords: Transport; Condition; Sensing; Analysis; Guangzhou

B. 12   Study Report on Bus-Oriented Modification and Optimization
of Short-Distance Passenger Transport   *Liu Jie* / 166

Abstract: The demand of urban short-distance passenger transport increases rapidly is the background from which the necessity of bus-oriented modification of short-distance transport comes. This paper starts with the background introduction, and then gives the statistics of modified and modifying short-distance bus lines in present Guangzhou, and then through the comparative analysis of functional situation before and after modification, raises the problems of present mode, and in the end proposes recent and forward development suggestion from the perspective of both government and enterprise.

Keywords: Short-Distance Passenger Transport; Bus-Oriented Modification; Function; Evaluation; Guangzhou

B. 13   Research Report on the Distributional Optimization of
Passenger Hubs in Guangzhou
Research Group of Communications Commission of
Guangzhou Municipality / 177

Abstract: Along with the development of society and economy in

Guangzhou, its urban transport gets busier and burier, whereas the establishment of comprehensive passenger hubs dissatisfies the demand of transport growing, so that the construction of passenger transport hub city is affected. This paper suggests that Guangzhou optimize the distribution of comprehensive passenger transport hubs to establish an international transport hub city which is traffic-smooth, well-distributed, function-complete and transit-quick. And this paper believes that by strengthening Guangzhou's transit ability and developing the city's space configuration, the above action will promote Guangzhou to the transport hub of south China, which stands on Pearl River Delta, serve for whole China and welcomes the world.

Keywords: Comprehensive Passenger Transport Hub; Distributional Optimization; Guangzhou

B. 14　Study Report on Developmental Experience of
　　　Public Transport in HK

Research Group of Communications Commission of

Guangzhou Municipality / 190

Abstract: In order to learn the progressiveness of HK public transport, the author reviews the practice that HK public transport helps city development, and surveys HK's subways, light rails, trolley cars, buses, taxis, water buses and traffic hubs on the spot, and then after analyzing the result, proposes certain advice on the development of public transport in Guangzhou.

Keywords: Public Transport; Development Measure; Hong Kong

B V   Researches on City Management

Abstract: Along with the development of city, the household garbage management in Guangzhou meets problems of large quantity, single disposal way and insufficient disposal facilities. In order to promote household garbage management, this paper suggests controlling garbage sources, broaden garbage sorting, constructing more garbage disposal facilities, paying more attention to rural household garbage and completing the system of household garbage management.

Keywords: Household Garbage; Management; Facility; Sorting; Guangzhou

Abstract: In recent years abundant foreign fluid population inhabits in Guangzhou, who form a particular social ecological structure. They bring advantages to international trade and city economy of Guangzhou, but at the same time brings new problems and challenges to national security and city order. Based on the analysis of the present situation and main problems of Guangzhou's foreign fluid population, this paper proposes specific suggestions from the aspect of optimizing regulations, tightening

visa rules and establishing information share platform.

Keywords: Guangzhou; Foreign Fluid Population; Population Management

B. 17   Research on Innovative Social Running Mode of
　　　　Pearl River Delta Megalopolis
　　　　Peng Peng, *Zhang Zilong*, *Huang Mengxia and Liu Yimo* / 236

Abstract: The social running of megalopolis is a newly emerging topic. Viewing social running from the perspective of megalopolis, we shall see a group of connected cities instead of every single city, which means *integration* or like one city. What we call social running differs from socialgoverning, and it means running a society by both government and citizens, which means *diversification*.

Keywords: Pearl River Delta; Megalopolis; Social Running; Mode; Guangzhou

Ⅳ   Researches on City Functions

B. 18   Survey and Study on the Construction of Globally Famous
　　　　City of Sports in Guangzhou
　　　　　　　Administration of Sports of Guangzhou Municipality,
　　　　　　　　　Guangzhou Academy of Social Sciences / 250

Abstract: To expedite the construction of globally famous city of sports in Guangzhou is one main part of the strategy of reform and development and modern urbanization. This article surveys four sports-advanced cities of different orientations and different levels which are

Beijing, Shanghai, Chengdu and Qingdao, and then based on analysis of the experience of the four cities, this paper sums up their inspiration to Guangzhou sports development, in order to expedite the construction of globally famous city of sports in Guangzhou.

Keywords: Globally Famous City of Sports; Modern Urbanization; Guangzhou

B. 19   Research on Reform of Operating Mode of Guangzhou University Town Sports Center

Guangzhou Academy of Social Sciences, Guangdong South China Economic Research Institute / 262

Abstract: After studying the experience of worldwide public stadiums operation, this paper analyzes the stadiums recourse and present operation situation of Guangzhou University Town Sports Center, and then proposes certain suggestions on the reform and innovation of operating mode of Guangzhou University Town Sports Center.

Keywords: Operating Mode; Guangzhou University Town Sports Center; Guangzhou

权威报告　热点资讯　海量资源

当代中国与世界发展的高端智库平台

皮书数据库　www.pishu.com.cn

　　皮书数据库是专业的人文社会科学综合学术资源总库，以大型连续性图书——皮书系列为基础，整合国内外相关资讯构建而成。该数据库包含七大子库，涵盖两百多个主题，囊括了近十几年间中国与世界经济社会发展报告，覆盖经济、社会、政治、文化、教育、国际问题等多个领域。

　　皮书数据库以篇章为基本单位，方便用户对皮书内容的阅读需求。用户可进行全文检索，也可对文献题目、内容提要、作者名称、作者单位、关键字等基本信息进行检索，还可对检索到的篇章再作二次筛选，进行在线阅读或下载阅读。智能多维度导航，可使用户根据自己熟知的分类标准进行分类导航筛选，使查找和检索更高效、便捷。

　　权威的研究报告、独特的调研数据、前沿的热点资讯，皮书数据库已发展成为国内最具影响力的关于中国与世界现实问题研究的成果库和资讯库。

皮书俱乐部会员服务指南

1. 谁能成为皮书俱乐部成员？

- 皮书作者自动成为俱乐部会员
- 购买了皮书产品（纸质皮书、电子书）的个人用户

2. 会员可以享受的增值服务

- 加入皮书俱乐部，免费获赠该纸质图书的电子书
- 免费获赠皮书数据库100元充值卡
- 免费定期获赠皮书电子期刊
- 优先参与各类皮书学术活动
- 优先享受皮书产品的最新优惠

社会科学文献出版社　皮书系列
SOCIAL SCIENCES ACADEMIC PRESS (CHINA)

卡号：6876719862342637

密码：

3. 如何享受增值服务？

（1）加入皮书俱乐部，获赠该书的电子书

　　第1步 登录我社官网（www.ssap.com.cn），注册账号；

　　第2步 登录并进入"会员中心"—"皮书俱乐部"，提交加入皮书俱乐部申请；

　　第3步 审核通过后，自动进入俱乐部服务环节，填写相关购书信息即可自动兑换相应电子书。

（2）**免费获赠皮书数据库100元充值卡**

　　100元充值卡只能在皮书数据库中充值和使用

　　第1步 刮开附赠充值的涂层（左下）；

　　第2步 登录皮书数据库网站（www.pishu.com.cn），注册账号；

　　第3步 登录并进入"会员中心"—"在线充值"—"充值卡充值"，充值成功后即可使用。

4. 声明

　　解释权归社会科学文献出版社所有

社会科学文献出版社

皮书系列

　　"皮书"起源于十七、十八世纪的英国，主要指官方或社会组织正式发表的重要文件或报告，多以"白皮书"命名。在中国，"皮书"这一概念被社会广泛接受，并被成功运作、发展成为一种全新的出版形态，则源于中国社会科学院社会科学文献出版社。

　　皮书是对中国与世界发展状况和热点问题进行年度监测，以专业的角度、专家的视野和实证研究方法，针对某一领域或区域现状与发展态势展开分析和预测，具备权威性、前沿性、原创性、实证性、时效性等特点的连续性公开出版物，由一系列权威研究报告组成。皮书系列是社会科学文献出版社编辑出版的蓝皮书、绿皮书、黄皮书等的统称。

　　皮书系列的作者以中国社会科学院、著名高校、地方社会科学院的研究人员为主，多为国内一流研究机构的权威专家学者，他们的看法和观点代表了学界对中国与世界的现实和未来最高水平的解读与分析。

　　自 20 世纪 90 年代末推出以《经济蓝皮书》为开端的皮书系列以来，社会科学文献出版社至今已累计出版皮书千余部，内容涵盖经济、社会、政法、文化传媒、行业、地方发展、国际形势等领域。皮书系列已成为社会科学文献出版社的著名图书品牌和中国社会科学院的知名学术品牌。

　　皮书系列在数字出版和国际出版方面成就斐然。皮书数据库被评为"2008~2009 年度数字出版知名品牌"；《经济蓝皮书》《社会蓝皮书》等十几种皮书每年还由国外知名学术出版机构出版英文版、俄文版、韩文版和日文版，面向全球发行。

　　2011 年，皮书系列正式列入"十二五"国家重点出版规划项目；2012 年，部分重点皮书列入中国社会科学院承担的国家哲学社会科学创新工程项目；2014 年，35 种院外皮书使用"中国社会科学院创新工程学术出版项目"标识。

法 律 声 明

权威·前沿·原创

社会科学文献出版社

皮书系列

2014年

盘点年度资讯　预测时代前程

社会科学文献出版社 学术传播中心 编制

社会科学文献出版社
SOCIAL SCIENCES ACADEMIC PRESS (CHINA)

社会科学文献出版社成立于1985年，是直属于中国社会科学院的人文社会科学专业学术出版机构。

成立以来，特别是1998年实施第二次创业以来，依托于中国社会科学院丰厚的学术出版和专家学者两大资源，坚持"创社科经典，出传世文献"的出版理念和"权威、前沿、原创"的产品定位，社科文献立足内涵式发展道路，从战略层面推动学术出版的五大能力建设，逐步走上了学术产品的系列化、规模化、数字化、国际化、市场化经营道路。

先后策划出版了著名的图书品牌和学术品牌"皮书"系列、"列国志"、"社科文献精品译库"、"中国史话"、"全球化译丛"、"气候变化与人类发展译丛""近世中国"等一大批既有学术影响又有市场价值的系列图书。形成了较强的学术出版能力和资源整合能力，年发稿3.5亿字，年出版新书1200余种，承印发行中国社科院院属期刊近70种。

2012年，《社会科学文献出版社学术著作出版规范》修订完成。同年10月，社会科学文献出版社参加了由新闻出版总署召开加强学术著作出版规范座谈会，并代表50多家出版社发起实施学术著作出版规范的倡议。2013年，社会科学文献出版社参与新闻出版总署学术著作规范国家标准的起草工作。

依托于雄厚的出版资源整合能力，社会科学文献出版社长期以来一直致力于从内容资源和数字平台两个方面实现传统出版的再造，并先后推出了皮书数据库、列国志数据库、中国田野调查数据库等一系列数字产品。

在国内原创著作、国外名家经典著作大量出版，数字出版突飞猛进的同时，社会科学文献出版社在学术出版国际化方面也取得了不俗的成绩。先后与荷兰博睿等十余家国际出版机构合作面向海外推出了《经济蓝皮书》《社会蓝皮书》等十余种皮书的英文、俄文版、日文版等。

此外，社会科学文献出版社积极与中央和地方各类媒体合作，联合大型书店、学术书店、机场书店、网络书店、图书馆，逐步构建起了强大的学术图书的内容传播力和社会影响力，学术图书的媒体曝光率居全国之首，图书馆藏率居于全国出版机构前十位。

作为已经开启第三次创业梦想的人文社会科学学术出版机构，社会科学文献出版社结合社会需求、自身的条件以及行业发展，提出了新的创业目标：精心打造人文社会科学成果推广平台，发展成为一家集图书、期刊、声像电子和数字出版物为一体，面向海内外高端读者和客户，具备独特竞争力的人文社会科学内容资源供应商和海内外知名的专业学术出版机构。

社长致辞

我们是图书出版者,更是人文社会科学内容资源供应商;

我们背靠中国社会科学院,面向中国与世界人文社会科学界,坚持为人文社会科学的繁荣与发展服务;

我们精心打造权威信息资源整合平台,坚持为中国经济与社会的繁荣与发展提供决策咨询服务;

我们以读者定位自身,立志让爱书人读到好书,让求知者获得知识;

我们精心编辑、设计每一本好书以形成品牌张力,以优秀的品牌形象服务读者,开拓市场;

我们始终坚持"创社科经典,出传世文献"的经营理念,坚持"权威、前沿、原创"的产品特色;

我们"以人为本",提倡阳光下创业,员工与企业共享发展之成果;

我们立足于现实,认真对待我们的优势、劣势,我们更着眼于未来,以不断的学习与创新适应不断变化的世界,以不断的努力提升自己的实力;

我们愿与社会各界友好合作,共享人文社会科学发展之成果,共同推动中国学术出版乃至内容产业的繁荣与发展。

社会科学文献出版社社长
中国社会学会秘书长

2014 年 1 月

"皮书"起源于十七、十八世纪的英国，主要指官方或社会组织正式发表的重要文件或报告，多以"白皮书"命名。在中国，"皮书"这一概念被社会广泛接受，并被成功运作、发展成为一种全新的出版形态，则源于中国社会科学院社会科学文献出版社。

皮书是对中国与世界发展状况和热点问题进行年度监测，以专家和学术的视角，针对某一领域或区域现状与发展态势展开分析和预测，具备权威性、前沿性、原创性、实证性、时效性等特点的连续性公开出版物，由一系列权威研究报告组成。皮书系列是社会科学文献出版社编辑出版的蓝皮书、绿皮书、黄皮书等的统称。

皮书系列的作者以中国社会科学院、著名高校、地方社会科学院的研究人员为主，多为国内一流研究机构的权威专家学者，他们的看法和观点代表了学界对中国与世界的现实和未来最高水平的解读与分析。

自 20 世纪 90 年代末推出以经济蓝皮书为开端的皮书系列以来，至今已出版皮书近 1000 余部，内容涵盖经济、社会、政法、文化传媒、行业、地方发展、国际形势等领域。皮书系列已成为社会科学文献出版社的著名图书品牌和中国社会科学院的知名学术品牌。

皮书系列在数字出版和国际出版方面成就斐然。皮书数据库被评为"2008~2009 年度数字出版知名品牌"；经济蓝皮书、社会蓝皮书等十几种皮书每年还由国外知名学术出版机构出版英文版、俄文版、韩文版和日文版，面向全球发行。

2011 年，皮书系列正式列入"十二五"国家重点出版规划项目，一年一度的皮书年会升格由中国社会科学院主办；2012 年，部分重点皮书列入中国社会科学院承担的国家哲学社会科学创新工程项目。

经 济 类

经济类皮书涵盖宏观经济、城市经济、大区域经济，
提供权威、前沿的分析与预测

经济蓝皮书

2014 年中国经济形势分析与预测

李 扬 / 主编　　2013 年 12 月出版　　定价 :69.00 元

◆ 本书课题为"总理基金项目"，由著名经济学家李扬领衔，联合数十家科研机构、国家部委和高等院校的专家共同撰写，对 2013 年中国宏观及微观经济形势，特别是全球金融危机及其对中国经济的影响进行了深入分析，并且提出了 2014 年经济走势的预测。

世界经济黄皮书

2014 年世界经济形势分析与预测

王洛林　张宇燕 / 主编　　2014 年 1 月出版　　定价 :69.00 元

◆ 2013 年的世界经济仍旧行进在坎坷复苏的道路上。发达经济体经济复苏继续巩固，美国和日本经济进入低速增长通道,欧元区结束衰退并呈复苏迹象。本书展望 2014 年世界经济，预计全球经济增长仍将维持在中低速的水平上。

工业化蓝皮书

中国工业化进程报告（2014）

黄群慧　吕 铁　李晓华 等 / 著　　2014 年 11 月出版　　估价 :89.00 元

◆ 中国的工业化是事关中华民族复兴的伟大事业，分析跟踪研究中国的工业化进程，无疑具有重大意义。科学评价与客观认识我国的工业化水平，对于我国明确自身发展中的优势和不足，对于经济结构的升级与转型，对于制定经济发展政策，从而提升我国的现代化水平具有重要作用。

金融蓝皮书

中国金融发展报告（2014）

李 扬 王国刚／主编 2013 年 12 月出版 定价 :65.00 元

◆ 由中国社会科学院金融研究所组织编写的《中国金融发展报告（2014）》,概括和分析了 2013 年中国金融发展和运行中的各方面情况,研讨和评论了 2013 年发生的主要金融事件。本书由业内专家和青年精英联合编著,有利于读者了解掌握 2013 年中国的金融状况,把握 2014 年中国金融的走势。

城市竞争力蓝皮书

中国城市竞争力报告 No.12

倪鹏飞／主编 2014 年 5 月出版 定价 :89.00 元

◆ 本书由中国社会科学院城市与竞争力研究中心主任倪鹏飞主持编写,汇集了众多研究城市经济问题的专家学者关于城市竞争力研究的最新成果。本报告构建了一套科学的城市竞争力评价指标体系,采用第一手数据材料,对国内重点城市年度竞争力格局变化进行客观分析和综合比较、排名,对研究城市经济及城市竞争力极具参考价值。

中国省域竞争力蓝皮书

"十二五"中期中国省域经济综合竞争力发展报告

李建平 李闽榕 高燕京／主编 2014 年 3 月出版 定价 :198.00 元

◆ 本书充分运用数理分析、空间分析、规范分析与实证分析相结合、定性分析与定量分析相结合的方法,建立起比较科学完善、符合中国国情的省域经济综合竞争力指标评价体系及数学模型,对 2011~2012 年中国内地 31 个省、市、区的经济综合竞争力进行全面、深入、科学的总体评价与比较分析。

农村经济绿皮书

中国农村经济形势分析与预测 (2013~2014)

中国社会科学院农村发展研究所 国家统计局农村社会经济调查司／著

2014 年 4 月出版 定价 :69.00 元

◆ 本书对 2013 年中国农业和农村经济运行情况进行了系统的分析和评价,对 2014 年中国农业和农村经济发展趋势进行了预测,并提出相应的政策建议,专题部分将围绕某个重大的理论和现实问题进行多维、深入、细致的分析和探讨。

西部蓝皮书

中国西部经济发展报告（2014）

姚慧琴　徐璋勇/主编　　2014年7月出版　　估价：69.00元

◆　本书由西北大学中国西部经济发展研究中心主编，汇集了源自西部本土以及国内研究西部问题的权威专家的第一手资料，对国家实施西部大开发战略进行年度动态跟踪，并对2014年西部经济、社会发展态势进行预测和展望。

气候变化绿皮书

应对气候变化报告（2014）

王伟光　郑国光/主编　　2014年11月出版　　估价：79.00元

◆　本书由社科院城环所和国家气候中心共同组织编写，各篇报告的作者长期从事气候变化科学问题、社会经济影响，以及国际气候制度等领域的研究工作，密切跟踪国际谈判的进程，参与国家应对气候变化相关政策的咨询，有丰富的理论与实践经验。

就业蓝皮书

2014年中国大学生就业报告

麦可思研究院/编著　王伯庆　周凌波/主审
2014年6月出版　定价：98.00元

◆　本书是迄今为止关于中国应届大学毕业生就业、大学毕业生中期职业发展及高等教育人口流动情况的视野最为宽广、资料最为翔实、分类最为精细的实证调查和定量研究；为我国教育主管部门的教育决策提供了极有价值的参考。

企业社会责任蓝皮书

中国企业社会责任研究报告（2014）

黄群慧　彭华岗　钟宏武　张蒽/编著
2014年11月出版　估价：69.00元

◆　本书系中国社会科学院经济学部企业社会责任研究中心组织编写的《企业社会责任蓝皮书》2014年分册。该书在对企业社会责任进行宏观总体研究的基础上，根据2013年企业社会责任及相关背景进行了创新研究，在全国企业中观层面对企业健全社会责任管理体系提供了弥足珍贵的丰富信息。

社会政法类

社会政法类皮书聚焦社会发展领域的热点、难点问题，
提供权威、原创的资讯与视点

社会蓝皮书

2014年中国社会形势分析与预测

李培林　陈光金　张　翼/主编　2013年12月出版　定价:69.00元

◆　本报告是中国社会科学院"社会形势分析与预测"课题组2014年度分析报告，由中国社会科学院社会学研究所组织研究机构专家、高校学者和政府研究人员撰写。对2013年中国社会发展的各个方面内容进行了权威解读，同时对2014年社会形势发展趋势进行了预测。

法治蓝皮书

中国法治发展报告No.12（2014）

李　林　田　禾/主编　　2014年2月出版　　定价:98.00元

◆　本年度法治蓝皮书一如既往秉承关注中国法治发展进程中的焦点问题的特点，回顾总结了2013年度中国法治发展取得的成就和存在的不足，并对2014年中国法治发展形势进行了预测和展望。

民间组织蓝皮书

中国民间组织报告（2014）

黄晓勇/主编　　2014年8月出版　　估价:69.00元

◆　本报告是中国社会科学院"民间组织与公共治理研究"课题组推出的第五本民间组织蓝皮书。基于国家权威统计数据、实地调研和广泛搜集的资料，本报告对2013年以来我国民间组织的发展现状、热点专题、改革趋势等问题进行了深入研究，并提出了相应的政策建议。

社会保障绿皮书

中国社会保障发展报告（2014）No.6

王延中/主编　2014年9月出版　定价:79.00元

◆　社会保障是调节收入分配的重要工具，随着社会保障制度的不断建立健全、社会保障覆盖面的不断扩大和社会保障资金的不断增加，社会保障在调节收入分配中的重要性不断提高。本书全面评述了2013年以来社会保障制度各个主要领域的发展情况。

环境绿皮书

中国环境发展报告（2014）

刘鉴强/主编　　2014年5月出版　　定价:79.00元

◆　本书由民间环保组织"自然之友"组织编写，由特别关注、生态保护、宜居城市、可持续消费以及政策与治理等版块构成，以公共利益的视角记录、审视和思考中国环境状况，呈现2013年中国环境与可持续发展领域的全局态势，用深刻的思考、科学的数据分析2013年的环境热点事件。

教育蓝皮书

中国教育发展报告（2014）

杨东平/主编　2014年5月出版　定价:79.00元

◆　本书站在教育前沿，突出教育中的问题，特别是对当前教育改革中出现的教育公平、高校教育结构调整、义务教育均衡发展等问题进行了深入分析，从教育的内在发展谈教育，又从外部条件来谈教育，具有重要的现实意义，对我国的教育体制的改革与发展具有一定的学术价值和参考意义。

反腐倡廉蓝皮书

中国反腐倡廉建设报告 No.3

李秋芳/主编　2014年1月出版　　定价:79.00元

◆　本书抓住了若干社会热点和焦点问题，全面反映了新时期新阶段中国反腐倡廉面对的严峻局面，以及中国共产党反腐倡廉建设的新实践新成果。根据实地调研、问卷调查和舆情分析，梳理了当下社会普遍关注的与反腐败密切相关的热点问题。

行 业 报 告 类

行业报告类皮书立足重点行业、新兴行业领域，
提供及时、前瞻的数据与信息

房地产蓝皮书

中国房地产发展报告 No.11（2014）

魏后凯　李景国 / 主编　　2014 年 5 月出版　　定价 :79.00 元

◆　本书由中国社会科学院城市发展与环境研究所组织编写，
秉承客观公正、科学中立的原则，深度解析 2013 年中国房地产
发展的形势和存在的主要矛盾，并预测 2014 年及未来 10 年或
更长时间的房地产发展大势。观点精辟，数据翔实，对关注房
地产市场的各阶层人士极具参考价值。

旅游绿皮书

2013~2014 年中国旅游发展分析与预测

宋　瑞 / 主编　　2013 年 12 月出版　　定价 :79.00 元

◆　如何从全球的视野理性审视中国旅游，如何在世界旅游版
图上客观定位中国，如何积极有效地推进中国旅游的世界化，
如何制定中国实现世界旅游强国梦想的线路图？本年度开始，
《旅游绿皮书》将围绕"世界与中国"这一主题进行系列研究，
以期为推进中国旅游的长远发展提供科学参考和智力支持。

信息化蓝皮书

中国信息化形势分析与预测（2014）

周宏仁 / 主编　　2014 年 7 月出版　　估价 :98.00 元

◆　本书在以中国信息化发展的分析和预测为重点的同时，反
映了过去一年间中国信息化关注的重点和热点，视野宽阔，观
点新颖，内容丰富，数据翔实，对中国信息化的发展有很强的
指导性，可读性很强。

企业蓝皮书

中国企业竞争力报告（2014）

金 碚 / 主编　　2014 年 11 月出版　　估价 :89.00 元

◆　中国经济正处于新一轮的经济波动中，如何保持稳健的经营心态和经营方式并进一步求发展，对于企业保持并提升核心竞争力至关重要。本书利用上市公司的财务数据，研究上市公司竞争力变化的最新趋势，探索进一步提升中国企业国际竞争力的有效途径，这无论对实践工作者还是理论研究者都具有重大意义。

食品药品蓝皮书

食品药品安全与监管政策研究报告（2014）

唐民皓 / 主编　　2014 年 7 月出版　　估价 :69.00 元

◆　食品药品安全是当下社会关注的焦点问题之一，如何破解食品药品安全监管重点难点问题是需要以社会合力才能解决的系统工程。本书围绕安全热点问题、监管重点问题和政策焦点问题，注重于对食品药品公共政策和行政监管体制的探索和研究。

流通蓝皮书

中国商业发展报告（2013~2014）

荆林波 / 主编　　2014 年 5 月出版　　定价 :89.00 元

◆　《中国商业发展报告》是中国社会科学院财经战略研究院与香港利丰研究中心合作的成果，并且在 2010 年开始以中英文版同步在全球发行。蓝皮书从关注中国宏观经济出发，突出中国流通业的宏观背景反映了本年度中国流通业发展的状况。

住房绿皮书

中国住房发展报告（2013~2014）

倪鹏飞 / 主编　　2013 年 12 月出版　　定价 :79.00 元

◆　本报告从宏观背景、市场主体、市场体系、公共政策和年度主题五个方面，对中国住宅市场体系做了全面系统的分析、预测与评价，并给出了相关政策建议，并在评述 2012~2013 年住房及相关市场走势的基础上，预测了 2013~2014 年住房及相关市场的发展变化。

国别与地区类

国别与地区类皮书关注全球重点国家与地区，
提供全面、独特的解读与研究

亚太蓝皮书

亚太地区发展报告（2014）

李向阳 / 主编　　2014 年 1 月出版　　定价 :59.00 元

◆　本书是由中国社会科学院亚太与全球战略研究院精心打造的又一品牌皮书，关注时下亚太地区局势发展动向里隐藏的中长趋势，剖析亚太地区政治与安全格局下的区域形势最新动向以及地区关系发展的热点问题，并对 2014 年亚太地区重大动态作出前瞻性的分析与预测。

日本蓝皮书

日本研究报告（2014）

李　薇 / 主编　　2014 年 3 月出版　　定价 :69.00 元

◆　本书由中华日本学会、中国社会科学院日本研究所合作推出，是以中国社会科学院日本研究所的研究人员为主完成的研究成果。对 2013 年日本的政治、外交、经济、社会文化作了回顾、分析与展望，并收录了该年度日本大事记。

欧洲蓝皮书

欧洲发展报告 (2013~2014)

周　弘 / 主编　　2014 年 5 月出版　　估价 :89.00 元

◆　本年度的欧洲发展报告，对欧洲经济、政治、社会、外交等面的形式进行了跟踪介绍与分析。力求反映作为一个整体的欧盟及 30 多个欧洲国家在 2013 年出现的各种变化。

拉美黄皮书

拉丁美洲和加勒比发展报告（2013~2014）

吴白乙 / 主编　2014 年 4 月出版　定价 :89.00 元

◆　本书是中国社会科学院拉丁美洲研究所的第 13 份关于拉丁美洲和加勒比地区发展形势状况的年度报告。 本书对 2013 年拉丁美洲和加勒比地区诸国的政治、经济、社会、外交等方面的发展情况做了系统介绍，对该地区相关国家的热点及焦点问题进行了总结和分析，并在此基础上对该地区各国 2014 年的发展前景做出预测。

澳门蓝皮书

澳门经济社会发展报告（2013~2014）

吴志良　郝雨凡 / 主编　2014 年 4 月出版　定价 :79.00 元

◆　本书集中反映 2013 年本澳各个领域的发展动态，总结评价近年澳门政治、经济、社会的总体变化，同时对 2014 年社会经济情况作初步预测。

日本经济蓝皮书

日本经济与中日经贸关系研究报告（2014）

王洛林　张季风 / 主编　2014 年 5 月出版　定价 :79.00 元

◆　本书对当前日本经济以及中日经济合作的发展动态进行了多角度、全景式的深度分析。本报告回顾并展望了 2013~2014 年度日本宏观经济的运行状况。此外，本报告还收录了大量来自于日本政府权威机构的数据图表，具有极高的参考价值。

美国蓝皮书

美国问题研究报告（2014）

黄 平　倪 峰 / 主编　2014 年 6 月出版　估价 :89.00 元

◆　本书是由中国社会科学院美国所主持完成的研究成果，它回顾了美国 2013 年的经济、政治形势与外交战略，对 2013 年以来美国内政外交发生的重大事件以及重要政策进行了较为全面的回顾和梳理。

地方发展类

地方发展类皮书关注大陆各省份、经济区域，
提供科学、多元的预判与咨政信息

社会建设蓝皮书

2014 年北京社会建设分析报告

宋贵伦/主编　2014 年 9 月出版　估价:69.00 元

◆　本书依据社会学理论框架和分析方法，对北京市的人口、
就业、分配、社会阶层以及城乡关系等社会学基本问题进行
了广泛调研与分析，对广受社会关注的住房、教育、医疗、
养老、交通等社会热点问题做了深刻了解与剖析，对日益显
现的征地搬迁、外籍人口管理、群体性心理障碍等进行了有
益探讨。

温州蓝皮书

2014 年温州经济社会形势分析与预测

潘忠强　王春光　金 浩/主编　2014 年 4 月出版　定价: 69.00 元

◆　本书是由中共温州市委党校与中国社会科学院社会学研
究所合作推出的第七本"温州经济社会形势分析与预测"年
度报告，深入全面分析了 2013 年温州经济、社会、政治、文
化发展的主要特点、经验、成效与不足，提出了相应的政策
建议。

上海蓝皮书

上海资源环境发展报告（2014）

周冯琦　汤庆合　任文伟/著　2014 年 1 月出版　定价: 69.00 元

◆　本书在上海所面临资源环境风险的来源、程度、成因、
对策等方面作了些有益的探索，希望能对有关部门完善上海
的资源环境风险防控工作提供一些有价值的参考，也让普通
民众更全面地了解上海资源环境风险及其防控的图景。

广州蓝皮书

2014 年中国广州社会形势分析与预测

张　强　陈怡霓　杨　秦 / 主编　2014 年 9 月出版　估价 :65.00 元

◆　本书由广州大学与广州市委宣传部、广州市人力资源和社会保障局联合主编，汇集了广州科研团体、高等院校和政府部门诸多社会问题研究专家、学者和实际部门工作者的最新研究成果，是关于广州社会运行情况和相关专题分析与预测的重要参考资料。

河南经济蓝皮书

2014 年河南经济形势分析与预测

胡五岳 / 主编　2014 年 3 月出版　定价 :69.00 元

◆　本书由河南省统计局主持编纂。该分析与展望以 2013 年最新年度统计数据为基础，科学研判河南经济发展的脉络轨迹、分析年度运行态势；以客观翔实、权威资料为特征，突出科学性、前瞻性和可操作性，服务于科学决策和科学发展。

陕西蓝皮书

陕西社会发展报告（2014）

任宗哲　石　英　牛　昉 / 主编　2014 年 2 月出版　定价 :65.00 元

◆　本书系统而全面地描述了陕西省 2013 年社会发展各个领域所取得的成就、存在的问题、面临的挑战及其应对思路，为更好地思考 2014 年陕西发展前景、政策指向和工作策略等方面提供了一个较为简洁清晰的参考蓝本。

上海蓝皮书

上海经济发展报告（2014）

沈开艳 / 主编　2014 年 1 月出版　定价 :69.00 元

◆　本书系上海社会科学院系列之一，报告对 2014 年上海经济增长与发展趋势的进行了预测，把握了上海经济发展的脉搏和学术研究的前沿。

广州蓝皮书

广州经济发展报告（2014）

李江涛 朱名宏 / 主编　2014年6月出版　估价：65.00元

◆　本书是由广州市社会科学院主持编写的"广州蓝皮书"系列之一，本报告对广州2013年宏观经济运行情况作了深入分析，对2014年宏观经济走势进行了合理预测，并在此基础上提出了相应的政策建议。

文 化 传 媒 类

 文化传媒类皮书透视文化领域、文化产业，
探索文化大繁荣、大发展的路径

新媒体蓝皮书

中国新媒体发展报告 No.4(2013)

唐绪军 / 主编　　2014年6月出版　　估价：69.00元

◆　本书由中国社会科学院新闻与传播研究所和上海大学合作编写，在构建新媒体发展研究基本框架的基础上，全面梳理2013年中国新媒体发展现状，发表最前沿的网络媒体深度调查数据和研究成果，并对新媒体发展的未来趋势做出预测。

舆情蓝皮书

中国社会舆情与危机管理报告（2014）

谢耘耕 / 主编　　2014年8月出版　　估价：85.00元

◆　本书由上海交通大学舆情研究实验室和危机管理研究中心主编，已被列入教育部人文社会科学研究报告培育项目。本书以新媒体环境下的中国社会为立足点，对2013年中国社会舆情、分类舆情等进行了深入系统的研究，并预测了2014年社会舆情走势。

经济类

产业蓝皮书
中国产业竞争力报告（2014）No.4
著(编)者：张其仔　2014年5月出版 / 估价：79.00元

长三角蓝皮书
2014年率先基本实现现代化的长三角
著(编)者：刘志彪　2014年6月出版 / 估价：120.00元

城市竞争力蓝皮书
中国城市竞争力报告No.12
著(编)者：倪鹏飞　2014年5月出版 / 定价：89.00元

城市蓝皮书
中国城市发展报告No.7
著(编)者：潘家华　魏后凯　2014年7月出版 / 估价：69.00元

城市群蓝皮书
中国城市群发展指数报告(2014)
著(编)者：刘士林　刘新静　2014年10月出版 / 估价：59.00元

城乡统筹蓝皮书
中国城乡统筹发展报告（2014）
著(编)者：程志强·潘晨光　2014年9月出版 / 估价：59.00元

城乡一体化蓝皮书
中国城乡一体化发展报告（2014）
著(编)者：汝信　付崇兰　2014年8月出版 / 估价：59.00元

城镇化蓝皮书
中国新型城镇化健康发展报告（2014）
著(编)者：张占斌　2014年5月出版 / 定价：79.00元

低碳发展蓝皮书
中国低碳发展报告（2014）
著(编)者：齐晔　2014年3月出版 / 定价：89.00元

低碳经济蓝皮书
中国低碳经济发展报告（2014）
著(编)者：薛进军　赵忠秀　2014年5月出版 / 估价：79.00元

东北蓝皮书
中国东北地区发展报告（2014）
著(编)者：鲍振东　曹晓峰　2014年8月出版 / 估价：79.00元

发展和改革蓝皮书
中国经济发展和体制改革报告No.7
著(编)者：邹东涛　2014年7月出版 / 估价：79.00元

工业化蓝皮书
中国工业化进程报告（2014）
著(编)者：黄群慧　吕铁　李晓华　等
2014年11月出版 / 估价：89.00元

国际城市蓝皮书
国际城市发展报告（2014）
著(编)者：屠启宇　2014年1月出版 / 定价：69.00元

国家创新蓝皮书
国家创新发展报告（2013~2014）
著(编)者：陈劲　2014年6月出版 / 估价：69.00元

国家竞争力蓝皮书
中国国家竞争力报告No.2
著(编)者：倪鹏飞　2014年10月出版 / 估价：98.00元

宏观经济蓝皮书
中国经济增长报告（2014）
著(编)者：张平　刘霞辉　2014年10月出版 / 估价：69.00元

减贫蓝皮书
中国减贫与社会发展报告
著(编)者：黄承伟　2014年7月出版 / 估价：69.00元

金融蓝皮书
中国金融发展报告（2014）
著(编)者：李扬　王国刚　2013年12月出版 / 定价：65.00元

经济蓝皮书
2014年中国经济形势分析与预测
著(编)者：李扬　2013年12月出版 / 定价：69.00元

经济蓝皮书春季号
2014年中国经济前景分析
著(编)者：李扬　2014年5月出版 / 定价：79.00元

经济信息绿皮书
中国与世界经济发展报告（2014）
著(编)者：杜平　2013年12月出版 / 定价：79.00元

就业蓝皮书
2014年中国大学生就业报告
著(编)者：麦可思研究院　2014年6月出版 / 估价：98.00元

流通蓝皮书
中国商业发展报告（2013~2014）
著(编)者：荆林波　2014年5月出版 / 定价：89.00元

民营经济蓝皮书
中国民营经济发展报告No.10（2013～2014）
著(编)者：黄孟复　2014年9月出版 / 估价：69.00元

民营企业蓝皮书
中国民营企业竞争力报告No.7（2014）
著(编)者：刘迎秋　2014年9月出版 / 估价：79.00元

农村绿皮书
中国农村经济形势分析与预测（2013~2014）
著(编)者：中国社会科学院农村发展研究所
　　　　国家统计局农村社会经济调查司　著
2014年4月出版 / 定价：69.00元

企业公民蓝皮书
中国企业公民报告No.4
著(编)者：邹东涛　2014年7月出版 / 估价：69.00元

企业社会责任蓝皮书
中国企业社会责任研究报告（2014）
著(编)者：黄群慧　彭华岗　钟宏武　等
2014年11月出版 / 估价：59.00元

气候变化绿皮书
应对气候变化报告（2014）
著(编)者：王伟光　郑国光　2014年11月出版 / 估价：79.00元

区域蓝皮书
中国区域经济发展报告（2013~2014）
著(编)者:梁昊光　2014年4月出版 / 定价:79.00元

人口与劳动绿皮书
中国人口与劳动问题报告No.15
著(编)者:蔡昉　2014年6月出版 / 估价:69.00元

生态经济（建设）绿皮书
中国经济（建设）发展报告（2013~2014）
著(编)者:黄浩涛　李周　2014年10月出版 / 估价:69.00元

世界经济黄皮书
2014年世界经济形势分析与预测
著(编)者:王洛林　张宇燕　2014年1月出版 / 定价:69.00元

西北蓝皮书
中国西北发展报告（2014）
著(编)者:张进海　陈冬红　段庆林
2013年12月出版 / 定价:69.00元

西部蓝皮书
中国西部发展报告（2014）
著(编)者:姚慧琴　徐璋勇　2014年7月出版 / 估价:69.00元

新型城镇化蓝皮书
新型城镇化发展报告（2014）
著(编)者:沈体雁　李伟　宋敏　2014年9月出版 / 估价:69.00元

新兴经济体蓝皮书
金砖国家发展报告（2014）
著(编)者:林跃勤　周文　2014年9月出版 / 估价:79.00元

循环经济绿皮书
中国循环经济发展报告（2013~2014）
著(编)者:齐建国　2014年12月出版 / 估价:69.00元

中部竞争力蓝皮书
中国中部经济社会竞争力报告（2014）
著(编)者:教育部人文社会科学重点研究基地
　　　　南昌大学中国中部经济社会发展研究中心
2014年7月出版 / 估价:59.00元

中部蓝皮书
中国中部地区发展报告（2014）
著(编)者:朱有志　2014年10月出版 / 估价:59.00元

中国科技蓝皮书
中国科技发展报告（2014）
著(编)者:陈劲　2014年4月出版 / 定价:69.00元

中国省域竞争力蓝皮书
"十二五"中期中国省域经济综合竞争力发展报告
著(编)者:李建平　李闽榕　高燕京　2014年3月出版 / 定价:198.00元

中三角蓝皮书
长江中游城市群发展报告（2013~2014）
著(编)者:秦尊文　2014年6月出版 / 估价:69.00元

中小城市绿皮书
中国中小城市发展报告（2014）
著(编)者:中国城市经济学会中小城市经济发展委员会
　　　　《中国中小城市发展报告》编纂委员会
2014年10月出版 / 估价:98.00元

中原蓝皮书
中原经济区发展报告（2014）
著(编)者:刘怀廉　2014年6月出版 / 估价:68.00元

社会政法类

殡葬绿皮书
中国殡葬事业发展报告（2014）
著(编)者:朱勇　副主编　李伯森　2014年9月出版 / 估价:59.00元

城市创新蓝皮书
中国城市创新报告（2014）
著(编)者:周天勇　旷建伟　2014年7月出版 / 估价:69.00元

城市管理蓝皮书
中国城市管理报告2014
著(编)者:谭维克　刘林　2014年7月出版 / 估价:98.00元

城市生活质量蓝皮书
中国城市生活质量指数报告（2014）
著(编)者:张平　2014年7月出版 / 估价:59.00元

城市政府能力蓝皮书
中国城市政府公共服务能力评估报告（2014）
著(编)者:何艳玲　2014年7月出版 / 估价:59.00元

创新蓝皮书
创新型国家建设报告（2013~2014）
著(编)者:詹正茂　2014年5月出版 / 定价:69.00元

慈善蓝皮书
中国慈善发展报告（2014）
著(编)者:杨团　2014年5月出版 / 定价:79.00元

法治蓝皮书
中国法治发展报告No.12（2014）
著(编)者:李林　田禾　2014年2月出版 / 定价:98.00元

反腐倡廉蓝皮书
中国反腐倡廉建设报告No.3
著(编)者:李秋芳　2014年1月出版 / 定价:79.00元

非传统安全蓝皮书
中国非传统安全研究报告（2014）
著(编)者:余潇枫　2014年5月出版 / 估价:69.00元

妇女发展蓝皮书
福建省妇女发展报告（2014）
著(编)者:刘群英　2014年10月出版 / 估价:58.00元

妇女发展蓝皮书
中国妇女发展报告No.5
著(编)者:王金玲　高小贤　2014年5月出版 / 估价:65.00元

妇女教育蓝皮书
中国妇女教育发展报告No.3
著(编)者:张李玺　2014年10月出版 / 估价:69.00元

公共服务满意度蓝皮书
中国城市公共服务评价报告（2014）
著(编)者:胡伟　2014年11月出版 / 估价:69.00元

公共服务蓝皮书
中国城市基本公共服务力评价（2014）
著(编)者:侯惠勤　辛向阳　易定宏
2014年10月出版 / 估价:55.00元

公民科学素质蓝皮书
中国公民科学素质报告（2013~2014）
著(编)者:李群　许佳军　2014年3月出版 / 定价:79.00元

公益蓝皮书
中国公益发展报告（2014）
著(编)者:朱健刚　2014年5月出版 / 估价:78.00元

国际人才蓝皮书
中国国际移民报告（2014）
著(编)者:王辉耀　2014年1月出版 / 定价:79.00元

国际人才蓝皮书
中国海归创业发展报告（2014）No.2
著(编)者:王辉耀　路江涌　2014年10月出版 / 估价:69.00元

国际人才蓝皮书
中国留学发展报告（2014）No.3
著(编)者:王辉耀　2014年9月出版 / 估价:59.00元

国家安全蓝皮书
中国国家安全研究报告（2014）
著(编)者:刘慧　2014年5月出版 / 定价:98.00元

行政改革蓝皮书
中国行政体制改革报告（2013）No.3
著(编)者:魏礼群　2014年3月出版 / 定价:89.00元

华侨华人蓝皮书
华侨华人研究报告（2014）
著(编)者:丘进　2014年5月出版 / 估价:128.00元

环境竞争力绿皮书
中国省域环境竞争力发展报告（2014）
著(编)者:李建平　李闽榕　王金南
2014年12月出版 / 估价:148.00元

环境绿皮书
中国环境发展报告（2014）
著(编)者:刘鉴强　2014年5月出版 / 定价:79.00元

基本公共服务蓝皮书
中国省级政府基本公共服务发展报告（2014）
著(编)者:孙德超　2014年9月出版 / 估价:69.00元

基金会透明度蓝皮书
中国基金会透明度发展研究报告（2014）
著(编)者:基金会中心网　2014年7月出版 / 估价:79.00元

教师蓝皮书
中国中小学教师发展报告（2014）
著(编)者:曾晓东　2014年9月出版 / 估价:59.00元

教育蓝皮书
中国教育发展报告（2014）
著(编)者:杨东平　2014年5月出版 / 定价:79.00元

科普蓝皮书
中国科普基础设施发展报告（2014）
著(编)者:任福君　2014年6月出版 / 估价:79.00元

口腔健康蓝皮书
中国口腔健康发展报告（2014）
著(编)者:胡德渝　2014年12月出版 / 估价:59.00元

老龄蓝皮书
中国老龄事业发展报告（2014）
著(编)者:吴玉韶　2014年9月出版 / 估价:59.00元

连片特困区蓝皮书
中国连片特困区发展报告（2014）
著(编)者:丁建军　冷志明　游俊　2014年9月出版 / 估价:79.00元

民间组织蓝皮书
中国民间组织报告（2014）
著(编)者:黄晓勇　2014年8月出版 / 估价:69.00元

民调蓝皮书
中国民生调查报告（2014）
著(编)者:谢耕耘　2014年5月出版 / 定价:128.00元

民族发展蓝皮书
中国民族区域自治发展报告（2014）
著(编)者:郝时远　2014年6月出版 / 估价:98.00元

女性生活蓝皮书
中国女性生活状况报告No.8（2014）
著(编)者:韩湘景　2014年4月出版 / 定价:79.00元

汽车社会蓝皮书
中国汽车社会发展报告（2014）
著(编)者:王俊秀　2014年9月出版 / 估价:59.00元

青年蓝皮书
中国青年发展报告（2014）No.2
著(编)者：廉思　2014年4月出版 / 定价:59.00元

全球环境竞争力绿皮书
全球环境竞争力发展报告（2014）
著(编)者：李建平 李闽榕 王金南　2014年11月出版 / 估价:69.00元

青少年蓝皮书
中国未成年人新媒体运用报告（2014）
著(编)者：李文革 沈杰 季为民　2014年6月出版 / 估价:69.00元

区域人才蓝皮书
中国区域人才竞争力报告No.2
著(编)者：桂昭明 王辉耀　2014年6月出版 / 估价:69.00元

人才蓝皮书
中国人才发展报告（2014）
著(编)者：潘晨光　2014年10月出版 / 估价:79.00元

人权蓝皮书
中国人权事业发展报告No.4（2014）
著(编)者：李君如　2014年7月出版 / 估价:98.00元

世界人才蓝皮书
全球人才发展报告No.1
著(编)者：孙学玉 张冠梓　2014年9月出版 / 估价:69.00元

社会保障绿皮书
中国社会保障发展报告（2014）No.6
著(编)者：王延中　2014年9月出版 / 估价:69.00元

社会工作蓝皮书
中国社会工作发展报告（2013~2014）
著(编)者：王杰秀 邹文开　2014年8月出版 / 估价:59.00元

社会管理蓝皮书
中国社会管理创新报告No.3
著(编)者：连玉明　2014年9月出版 / 估价:79.00元

社会蓝皮书
2014年中国社会形势分析与预测
著(编)者：李培林 陈光金 张翼　2013年12月出版 / 定价:69.00元

社会体制蓝皮书
中国社会体制改革报告No.2（2014）
著(编)者：龚维斌　2014年4月出版 / 定价:79.00元

社会心态蓝皮书
2014年中国社会心态研究报告
著(编)者：王俊秀 杨宜音　2014年9月出版 / 估价:59.00元

生态城市绿皮书
中国生态城市建设发展报告（2014）
著(编)者：李景源 孙伟平 刘举科　2014年6月出版 / 估价:128.00元

生态文明绿皮书
中国省域生态文明建设评价报告（ECI 2014）
著(编)者：严耕　2014年9月出版 / 估价:98.00元

世界创新竞争力黄皮书
世界创新竞争力发展报告（2014）
著(编)者：李建平 李闽榕 赵新力　2014年11月出版 / 估价:128.00元

水与发展蓝皮书
中国水风险评估报告（2014）
著(编)者：苏杨　2014年9月出版 / 估价:69.00元

土地整治蓝皮书
中国土地整治发展报告No.1
著(编)者：国土资源部土地整治中心　2014年5月出版 / 定价:89.00元

危机管理蓝皮书
中国危机管理报告（2014）
著(编)者：文学国 范正青　2014年8月出版 / 估价:79.00元

小康蓝皮书
中国全面建设小康社会监测报告（2014）
著(编)者：潘璠　2014年11月出版 / 估价:59.00元

形象危机应对蓝皮书
形象危机应对研究报告（2014）
著(编)者：唐钧　2014年9月出版 / 估价:118.00元

行政改革蓝皮书
中国行政体制改革报告（2013）No.3
著(编)者：魏礼群　2014年3月出版 / 定价:89.00元

医疗卫生绿皮书
中国医疗卫生发展报告No.6（2013~2014）
著(编)者：申宝忠 韩玉珍　2014年4月出版 / 定价:75.00元

政治参与蓝皮书
中国政治参与报告（2014）
著(编)者：房宁　2014年7月出版 / 估价:58.00元

政治发展蓝皮书
中国政治发展报告（2014）
著(编)者：房宁 杨海蛟　2014年6月出版 / 估价:98.00元

宗教蓝皮书
中国宗教报告（2014）
著(编)者：金泽 邱永辉　2014年8月出版 / 估价:59.00元

社会组织蓝皮书
中国社会组织评估报告（2014）
著(编)者：徐家良　2014年9月出版 / 估价:69.00元

政府绩效评估蓝皮书
中国地方政府绩效评估报告（2014）
著(编)者：贠杰　2014年9月出版 / 估价:69.00元

行业报告类

保健蓝皮书
中国保健服务产业发展报告No.2
著(编)者:中国保健协会 中共中央党校
2014年7月出版 / 估价:198.00元

保健蓝皮书
中国保健食品产业发展报告No.2
著(编)者:中国保健协会
　　　　中国社会科学院食品药品产业发展与监管研究中心
2014年7月出版 / 估价:198.00元

保健蓝皮书
中国保健用品产业发展报告No.2
著(编)者:中国保健协会　2014年9月出版 / 估价:198.00元

保险蓝皮书
中国保险业竞争力报告(2014)
著(编)者:罗忠敏　2014年9月出版 / 估价:98.00元

餐饮产业蓝皮书
中国餐饮产业发展报告(2014)
著(编)者:中国烹饪协会 中国社会科学院财经战略研究院
2014年5月出版 / 估价:59.00元

测绘地理信息蓝皮书
中国地理信息产业发展报告(2014)
著(编)者:徐德明　2014年12月出版 / 估价:98.00元

茶业蓝皮书
中国茶产业发展报告(2014)
著(编)者:李闽榕 杨江帆　2014年9月出版 / 估价:79.00元

产权市场蓝皮书
中国产权市场发展报告(2014)
著(编)者:曹和平　2014年9月出版 / 估价:69.00元

产业安全蓝皮书
中国烟草产业安全报告(2014)
著(编)者:李孟刚 杜秀亭　2014年1月出版 / 定价:69.00元

产业安全蓝皮书
中国出版与传媒安全报告(2014)
著(编)者:北京交通大学中国产业安全研究中心
2014年9月出版 / 估价:59.00元

产业安全蓝皮书
中国医疗产业安全报告(2013~2014)
著(编)者:李孟刚 高献书　2014年1月出版 / 定价:59.00元

产业安全蓝皮书
中国文化产业安全蓝皮书(2014)
著(编)者:北京印刷学院文化产业安全研究院
2014年4月出版 / 定价:69.00元

产业安全蓝皮书
中国出版传媒产业安全报告(2014)
著(编)者:北京印刷学院文化产业安全研究院
2014年4月出版/ 定价:89.00元

典当业蓝皮书
中国典当业行业发展报告(2013~2014)
著(编)者:黄育华 王力 张红地
2014年10月出版 / 估价:69.00元

电子商务蓝皮书
中国城市电子商务影响力报告(2014)
著(编)者:荆林波　2014年5月出版 / 估价:69.00元

电子政务蓝皮书
中国电子政务发展报告(2014)
著(编)者:洪毅 王长胜　2014年9月出版 / 估价:59.00元

杜仲产业绿皮书
中国杜仲橡胶资源与产业发展报告(2014)
著(编)者:杜红岩 胡文臻 俞瑞
2014年9月出版 / 估价:99.00元

房地产蓝皮书
中国房地产发展报告No.11(2014)
著(编)者:魏后凯 李景国　2014年5月出版 / 定价:79.00元

服务外包蓝皮书
中国服务外包产业发展报告(2014)
著(编)者:王晓红 李皓　2014年9月出版 / 估价:89.00元

高端消费蓝皮书
中国高端消费市场研究报告
著(编)者:依绍华 王雪峰　2014年9月出版 / 估价:69.00元

会展经济蓝皮书
中国会展经济发展报告(2014)
著(编)者:过聚荣　2014年9月出版 / 估价:65.00元

会展蓝皮书
中外会展业动态评估年度报告(2014)
著(编)者:张敏　2014年8月出版 / 估价:68.00元

基金会绿皮书
中国基金会发展独立研究报告(2014)
著(编)者:基金会中心网　2014年8月出版 / 估价:58.00元

交通运输蓝皮书
中国交通运输服务发展报告(2014)
著(编)者:林晓言 卜伟 武剑红
2014年10月出版 / 估价:69.00元

金融监管蓝皮书
中国金融监管报告(2014)
著(编)者:胡滨　2014年5月出版 / 定价:69.00元

金融蓝皮书
中国金融中心发展报告(2014)
著(编)者:中国社会科学院金融研究所
　　　　中国博士后特科科研工作站 王力 黄育华
2014年10月出版 / 估价:59.00元

金融蓝皮书
中国商业银行竞争力报告（2014）
著(编)者：王松奇   2014年5月出版 / 估价:79.00元

金融蓝皮书
中国金融发展报告（2014）
著(编)者：李扬 王国刚   2013年12月出版 / 定价:65.00元

金融蓝皮书
中国金融法治报告（2014）
著(编)者：胡滨 全先银   2014年9月出版 / 估价:65.00元

金融蓝皮书
中国金融产品与服务报告（2014）
著(编)者：殷剑峰   2014年6月出版 / 估价:59.00元

金融信息服务蓝皮书
金融信息服务业发展报告（2014）
著(编)者：鲁广锦   2014年11月出版 / 估价:69.00元

抗衰老医学蓝皮书
抗衰老医学发展报告（2014）
著(编)者：罗伯特·高德曼 罗纳德·科莱兹
        尼尔·布什 朱敏 金大鹏 郭弋
2014年9月出版 / 估价:69.00元

客车蓝皮书
中国客车产业发展报告（2014）
著(编)者：姚蔚   2014年12月出版 / 估价:69.00元

科学传播蓝皮书
中国科学传播报告（2014）
著(编)者：詹正茂   2014年9月出版 / 估价:69.00元

流通蓝皮书
中国商业发展报告（2013~2014）
著(编)者：荆林波   2014年5月出版 / 定价:89.00元

旅游安全蓝皮书
中国旅游安全报告（2014）
著(编)者：郑向敏 谢朝武   2014年6月出版 / 估价:79.00元

旅游绿皮书
2013~2014年中国旅游发展分析与预测
著(编)者：宋瑞   2014年9月出版 / 定价:79.00元

旅游城市绿皮书
世界旅游城市发展报告（2013~2014）
著(编)者：张辉   2014年1月出版 / 估价:69.00元

贸易蓝皮书
中国贸易发展报告（2014）
著(编)者：荆林波   2014年5月出版 / 估价:49.00元

民营医院蓝皮书
中国民营医院发展报告（2014）
著(编)者：朱幼棣   2014年10月出版 / 估价:69.00元

闽商蓝皮书
闽商发展报告（2014）
著(编)者：李闽榕 王日根   2014年12月出版 / 估价:69.00元

能源蓝皮书
中国能源发展报告（2014）
著(编)者：崔民选 王军生 陈义和
2014年10月出版 / 估价:59.00元

农产品流通蓝皮书
中国农产品流通产业发展报告（2014）
著(编)者：贾敬敦 王炳南 张玉玺 张鹏毅 陈丽华
2014年9月出版 / 估价:89.00元

期货蓝皮书
中国期货市场发展报告（2014）
著(编)者：荆林波   2014年6月出版 / 估价:98.00元

企业蓝皮书
中国企业竞争力报告（2014）
著(编)者：金碚   2014年11月出版 / 估价:89.00元

汽车安全蓝皮书
中国汽车安全发展报告（2014）
著(编)者：中国汽车技术研究中心
2014年4月出版 / 估价:79.00元

汽车蓝皮书
中国汽车产业发展报告（2014）
著(编)者：国务院发展研究中心产业经济研究部
        中国汽车工程学会 大众汽车集团（中国）
2014年7月出版 / 估价:79.00元

清洁能源蓝皮书
国际清洁能源发展报告（2014）
著(编)者：国际清洁能源论坛（澳门）
2014年9月出版 / 估价:89.00元

人力资源蓝皮书
中国人力资源发展报告（2014）
著(编)者：吴江   2014年9月出版 / 估价:69.00元

软件和信息服务业蓝皮书
中国软件和信息服务业发展报告（2014）
著(编)者：洪京一 工业和信息化部电子科学技术情报研究所
2014年6月出版 / 估价:98.00元

商会蓝皮书
中国商会发展报告 No.4（2014）
著(编)者：黄孟复   2014年9月出版 / 估价:59.00元

商品市场蓝皮书
中国商品市场发展报告（2014）
著(编)者：荆林波   2014年7月出版 / 估价:59.00元

上市公司蓝皮书
中国上市公司非财务信息披露报告（2014）
著(编)者：钟宏武 张旺 张蕙 等
2014年12月出版 / 估价:59.00元

食品药品蓝皮书
食品药品安全与监管政策研究报告（2014）
著(编)者:唐民皓　2014年7月出版 / 估价:69.00元

世界能源蓝皮书
世界能源发展报告（2014）
著(编)者:黄晓勇　2014年9月出版 / 估价:99.00元

私募市场蓝皮书
中国私募股权市场发展报告（2014）
著(编)者:曹和平　2014年9月出版 / 估价:69.00元

体育蓝皮书
中国体育产业发展报告（2014）
著(编)者:阮伟 钟秉枢　2014年9月出版 / 估价:69.00元

体育蓝皮书·公共体育服务
中国公共体育服务发展报告（2014）
著(编)者:戴健　2014年12月出版 / 估价:69.00元

投资蓝皮书
中国投资发展报告（2014）
著(编)者:杨庆蔚　2014年4月出版 / 定价:128.00元

投资蓝皮书
中国企业海外投资发展报告（2013~2014）
著(编)者:陈文晖 薛誉华　2014年9月出版 / 定价:69.00元

物联网蓝皮书
中国物联网发展报告（2014）
著(编)者:龚六堂　2014年9月出版 / 估价:59.00元

西部工业蓝皮书
中国西部工业发展报告（2014）
著(编)者:方行明 刘方健 姜凌等
2014年9月出版 / 估价:69.00元

西部金融蓝皮书
中国西部金融发展报告（2014）
著(编)者:李忠民　2014年10月出版 / 估价:69.00元

新能源汽车蓝皮书
中国新能源汽车产业发展报告（2014）
著(编)者:中国汽车技术研究中心
　　　　日产（中国）投资有限公司
　　　　东风汽车有限公司
2014年9月出版 / 估价:69.00元

信托蓝皮书
中国信托业研究报告（2014）
著(编)者:中建投信托研究中心　中国建设建投研究院
2014年9月出版 / 估价:59.00元

信托蓝皮书
中国信托投资报告（2014）
著(编)者:杨金龙 刘屹　2014年7月出版 / 估价:69.00元

信托市场蓝皮书
中国信托业市场报告（2013~2014）
著(编)者:李旸　2014年1月出版 / 定价:198.00元

信息化蓝皮书
中国信息化形势分析与预测（2014）
著(编)者:周宏仁　2014年7月出版 / 估价:98.00元

信用蓝皮书
中国信用发展报告（2014）
著(编)者:章政 田侃　2014年9月出版 / 估价:69.00元

休闲绿皮书
2014年中国休闲发展报告
著(编)者:刘德谦 唐兵 宋瑞
2014年6月出版 / 估价:59.00元

养老产业蓝皮书
中国养老产业发展报告（2013~2014年）
著(编)者:张车伟　2014年9月出版 / 估价:69.00元

移动互联网蓝皮书
中国移动互联网发展报告（2014）
著(编)者:官建文　2014年5月出版 / 估价:79.00元

医药蓝皮书
中国医药产业园战略发展报告（2013~2014）
著(编)者:裴长洪 房书亭 吴濂心
2014年3月出版 / 定价:89.00元

医药蓝皮书
中国药品市场报告（2014）
著(编)者:程锦锥 朱恒鹏　2014年12月出版 / 估价:79.00元

中国林业竞争力蓝皮书
中国省域林业竞争力发展报告No.2（2014）
（上下册）
著(编)者:郑传芳 李闽榕 张春霞 张会儒
2014年8月出版 / 估价:139.00元

中国农业竞争力蓝皮书
中国省域农业竞争力发展报告No.2（2014）
著(编)者:郑传芳 宋洪远 李闽榕 张春霞
2014年7月出版 / 估价:128.00元

中国总部经济蓝皮书
中国总部经济发展报告（2013~2014）
著(编)者:赵弘　2014年5月出版 / 定价:79.00元

珠三角流通蓝皮书
珠三角商圈发展研究报告（2014）
著(编)者:王先庆 林至颖　2014年8月出版 / 估价:69.00元

住房绿皮书
中国住房发展报告（2013~2014）
著(编)者:倪鹏飞　2013年12月出版 / 定价:79.00元

资本市场蓝皮书
中国场外交易市场发展报告（2014）
著(编)者:高峦　2014年9月出版 / 估价:79.00元

资产管理蓝皮书
中国信托业发展报告（2014）
著(编)者：智信资产管理研究院　2014年7月出版 / 估价：69.00元

支付清算蓝皮书
中国支付清算发展报告（2014）
著(编)者：杨涛　2014年5月出版 / 定价：45.00元

文化传媒类

传媒蓝皮书
中国传媒产业发展报告（2014）
著(编)者：崔保国　2014年4月出版 / 定价：98.00元

传媒竞争力蓝皮书
中国传媒国际竞争力研究报告（2014）
著(编)者：李本乾　2014年9月出版 / 估价：69.00元

创意城市蓝皮书
武汉市文化创意产业发展报告（2014）
著(编)者：张京成　黄永林　2014年10月出版 / 估价：69.00元

电视蓝皮书
中国电视产业发展报告（2014）
著(编)者：卢斌　2014年9月出版 / 估价：79.00元

电影蓝皮书
中国电影出版发展报告（2014）
著(编)者：卢斌　2014年9月出版 / 估价：79.00元

动漫蓝皮书
中国动漫产业发展报告（2014）
著(编)者：卢斌　郑玉明　牛兴侦　2014年9月出版 / 估价：79.00元

广电蓝皮书
中国广播电影电视发展报告（2014）
著(编)者：庞井君　杨明品　李岚
2014年6月出版 / 估价：88.00元

广告主蓝皮书
中国广告主营销传播趋势报告N0.8
著(编)者：中国传媒大学广告主研究所
　　　　中国广告主营销传播创新研究课题组
　　　　黄升民　杜国清　邵华冬等
2014年5月出版 / 估价：98.00元

国际传播蓝皮书
中国国际传播发展报告（2014）
著(编)者：胡正荣　李继东　姬德强
2014年9月出版 / 估价：69.00元

纪录片蓝皮书
中国纪录片发展报告（2014）
著(编)者：何苏六　2014年10月出版 / 估价：89.00元

两岸文化蓝皮书
两岸文化产业合作发展报告（2014）
著(编)者：胡惠林　肖夏勇　2014年6月出版 / 估价：59.00元

媒介与女性蓝皮书
中国媒介与女性发展报告（2014）
著(编)者：刘利群　2014年8月出版 / 估价：69.00元

全球传媒蓝皮书
全球传媒产业发展报告（2014）
著(编)者：胡正荣　2014年12月出版 / 估价：79.00元

视听新媒体蓝皮书
中国视听新媒体发展报告（2014）
著(编)者：庞井君　2014年6月出版 / 估价：148.00元

文化创新蓝皮书
中国文化创新报告（2014）No.5
著(编)者：于平　傅才武　2014年4月出版 / 定价：79.00元

文化科技蓝皮书
文化科技融合与创意城市发展报告（2014）
著(编)者：李凤亮　于平　2014年7月出版 / 估价：79.00元

文化蓝皮书
中国文化产业发展报告（2014）
著(编)者：张晓明　王家新　章建刚
2014年4月出版 / 定价：79.00元

文化蓝皮书
中国文化产业供需协调增长测评报（2014）
著(编)者：王亚楠　2014年2月出版 / 定价：79.00元

文化蓝皮书
中国城镇文化消费需求景气评价报告（2014）
著(编)者：王亚南　张晓明　祁述裕
2014年5月出版 / 估价：79.00元

文化蓝皮书
中国公共文化服务发展报告（2014）
著(编)者：于群　李国新　2014年10月出版 / 估价：98.00元

文化蓝皮书
中国文化消费需求景气评价报告（2014）
著(编)者：王亚南　2014年2月出版 / 估价：79.00元

文化蓝皮书
中国乡村文化消费需求景气评价报告（2014）
著(编)者：王亚南　2014年5月出版 / 估价：79.00元

文化蓝皮书
中国中心城市文化消费需求景气评价报告（2014）
著(编)者：王亚南　2014年9月出版 / 估价：79.00元

文化蓝皮书
中国少数民族文化发展报告（2014）
著(编)者:武翠英 张晓明 张学进
2014年9月出版 / 估价:69.00元

文化建设蓝皮书
中国文化发展报告（2013）
著(编)者:江畅 孙伟平 戴茂堂
2014年4月出版 / 定价:138.00元

文化品牌蓝皮书
中国文化品牌发展报告（2014）
著(编)者:欧阳友权 2014年4月出版 / 定价:79.00元

文化软实力蓝皮书
中国文化软实力研究报告（2014）
著(编)者:张国祚 2014年7月出版 / 估价:79.00元

文化遗产蓝皮书
中国文化遗产事业发展报告（2014）
著(编)者:刘世锦 2014年9月出版 / 估价:79.00元

文学蓝皮书
中国文情报告（2013~2014）
著(编)者:白烨 2014年5月出版 / 估价:59.00元

新媒体蓝皮书
中国新媒体发展报告No.5（2014）
著(编)者:唐绪军 2014年6月出版 / 估价:69.00元

移动互联网蓝皮书
中国移动互联网发展报告（2014）
著(编)者:官建文 2014年6月出版 / 估价:79.00元

游戏蓝皮书
中国游戏产业发展报告（2014）
著(编)者:卢斌 2014年9月出版 / 估价:79.00元

舆情蓝皮书
中国社会舆情与危机管理报告（2014）
著(编)者:谢耘耕 2014年8月出版 / 估价:85.00元

粤港澳台文化蓝皮书
粤港澳台文化创意产业发展报告（2014）
著(编)者:丁未 2014年9月出版 / 估价:69.00元

地方发展类

安徽蓝皮书
安徽社会发展报告（2014）
著(编)者:程桦 2014年4月出版 / 定价:79.00元

安徽经济蓝皮书
皖江城市带承接产业转移示范区建设报告（2014）
著(编)者:丁海中 2014年4月出版 / 定价:69.00元

安徽社会建设蓝皮书
安徽社会建设分析报告（2014）
著(编)者:黄家海 王开玉 蔡宪 2014年9月出版 / 估价:69.00元

北京蓝皮书
北京公共服务发展报告（2013~2014）
著(编)者:施昌奎 2014年2月出版 / 定价:69.00元

北京蓝皮书
北京经济发展报告（2013~2014）
著(编)者:杨松 2014年4月出版 / 定价:79.00元

北京蓝皮书
北京社会发展报告（2013~2014）
著(编)者:缪青 2014年5月出版 / 定价:79.00元

北京蓝皮书
北京社会治理发展报告（2013~2014）
著(编)者:殷星辰 2014年4月出版 / 定价:79.00元

北京蓝皮书
中国社区发展报告（2013~2014）
著(编)者:于燕燕 2014年8月出版 / 估价:59.00元

北京蓝皮书
北京文化发展报告（2013~2014）
著(编)者:李建盛 2014年4月出版 / 估价:79.00元

北京旅游绿皮书
北京旅游发展报告（2014）
著(编)者:鲁勇 2014年7月出版 / 估价:98.00元

北京律师蓝皮书
北京律师发展报告No.2（2014）
著(编)者:王隽 周塞军 2014年9月出版 / 估价:79.00元

北京人才蓝皮书
北京人才发展报告（2014）
著(编)者:于淼 2014年10月出版 / 估价:89.00元

城乡一体化蓝皮书
中国城乡一体化发展报告·北京卷（2014）
著(编)者:张宝秀 黄序 2014年6月出版 / 估价:59.00元

创意城市蓝皮书
北京文化创意产业发展报告（2014）
著(编)者:张京成 王国华 2014年10月出版 / 估价:69.00元

创意城市蓝皮书
重庆创意产业发展报告（2014）
著(编)者:程宁宁　2014年4月出版 / 定价:89.00元

创意城市蓝皮书
青岛文化创意产业发展报告（2013~2014）
著(编)者:马达　2014年9月出版 / 估价:69.00元

创意城市蓝皮书
无锡文化创意产业发展报告（2014）
著(编)者:庄若江　张鸣年　2014年8月出版 / 估价:75.00元

服务业蓝皮书
广东现代服务业发展报告（2014）
著(编)者:祁明　程晓　2014年1月出版 / 估价:69.00元

甘肃蓝皮书
甘肃舆情分析与预测（2014）
著(编)者:陈双梅　郝树声　2014年1月出版 / 定价:69.00元

甘肃蓝皮书
甘肃县域经济综合竞争力报告（2014）
著(编)者:刘进军　柳民　曲玮　2014年9月出版 / 估价:69.00元

甘肃蓝皮书
甘肃县域社会发展评价报告（2014）
著(编)者:魏胜文　2014年9月出版 / 估价:69.00元

甘肃蓝皮书
甘肃经济发展分析与预测（2014）
著(编)者:朱智文　罗哲　2014年1月出版 / 定价:69.00元

甘肃蓝皮书
甘肃社会发展分析与预测（2014）
著(编)者:安文华　包晓霞　2014年1月出版 / 定价:69.00元

甘肃蓝皮书
甘肃文化发展分析与预测（2014）
著(编)者:王福生　周小华　2014年1月出版 / 定价:69.00元

广东蓝皮书
广东省电子商务发展报告（2014）
著(编)者:黄建明　祁明　2014年11月出版 / 估价:69.00元

广东蓝皮书
广东社会工作发展报告（2014）
著(编)者:罗观翠　2014年9月出版 / 估价:69.00元

广东外经贸蓝皮书
广东对外经济贸易发展研究报告（2014）
著(编)者:陈万灵　2014年9月出版 / 估价:65.00元

广西北部湾经济区蓝皮书
广西北部湾经济区开放开发报告（2014）
著(编)者:广西北部湾经济区规划建设管理委员会办公室
　广西社会科学院　广西北部湾发展研究院
2014年7月出版 / 估价:69.00元

广州蓝皮书
2014年中国广州经济形势分析与预测
著(编)者:庾建设　郭志勇　沈奎　2014年6月出版 / 估价:69.00元

广州蓝皮书
2014年中国广州社会形势分析与预测
著(编)者:易佐永　杨秦　顾涧清　2014年5月出版 / 估价:65.00元

广州蓝皮书
广州城市国际化发展报告（2014）
著(编)者:朱名宏　2014年9月出版 / 估价:59.00元

广州蓝皮书
广州创新型城市发展报告（2014）
著(编)者:李江涛　2014年8月出版 / 估价:59.00元

广州蓝皮书
广州经济发展报告（2014）
著(编)者:李江涛　刘江华　2014年6月出版 / 估价:65.00元

广州蓝皮书
广州农村发展报告（2014）
著(编)者:李江涛　汤锦华　2014年8月出版 / 估价:59.00元

广州蓝皮书
广州青年发展报告（2014）
著(编)者:魏国华　张强　2014年9月出版 / 估价:65.00元

广州蓝皮书
广州汽车产业发展报告（2014）
著(编)者:李江涛　杨再高　2014年10月出版 / 估价:69.00元

广州蓝皮书
广州商贸业发展报告（2014）
著(编)者:陈家成　王旭东　荀振英
2014年7月出版 / 估价:69.00元

广州蓝皮书
广州文化创意产业发展报告（2014）
著(编)者:甘新　2014年10月出版 / 估价:59.00元

广州蓝皮书
中国广州城市建设发展报告（2014）
著(编)者:董皞　冼伟雄　李俊夫
2014年8月出版 / 估价:69.00元

广州蓝皮书
中国广州科技与信息化发展报告（2014）
著(编)者:庾建设　谢学宁　2014年8月出版 / 估价:59.00元

广州蓝皮书
中国广州文化创意产业发展报告（2014）
著(编)者:甘新　2014年10月出版 / 估价:59.00元

广州蓝皮书
中国广州文化发展报告（2014）
著(编)者:徐俊忠　汤应武　陆志强
2014年8月出版 / 估价:69.00元

贵州蓝皮书
贵州法治发展报告（2014）
著(编)者:吴大华　2014年3月出版 / 定价:69.00元

贵州蓝皮书
贵州人才发展报告（2014）
著(编)者:于杰　吴大华　2014年3月出版 / 定价:69.00元

贵州蓝皮书
贵州社会发展报告（2014）
著(编)者:王兴骥　2014年3月出版 / 定价:69.00元

贵州蓝皮书
贵州农村扶贫开发报告（2014）
著(编)者:王朝新　宋明　2014年9月出版 / 估价:69.00元

贵州蓝皮书
贵州文化产业发展报告（2014）
著(编)者:李建国　2014年9月出版 / 估价:69.00元

海淀蓝皮书
海淀区文化和科技融合发展报告（2014）
著(编)者:陈名杰　孟景伟　2014年5月出版 / 估价:75.00元

海峡经济区蓝皮书
海峡经济区发展报告（2014）
著(编)者:李闽榕　王秉安　谢明辉（台湾）
2014年10月出版 / 估价:78.00元

海峡西岸蓝皮书
海峡西岸经济区发展报告（2014）
著(编)者:福建省人民政府发展研究中心
2014年9月出版 / 估价:85.00元

杭州蓝皮书
杭州市妇女发展报告（2014）
著(编)者:魏颖　揭爱花　2014年9月出版 / 估价:69.00元

杭州都市圈蓝皮书
杭州都市圈发展报告（2014）
著(编)者:董祖德　沈翔　2014年5月出版 / 定价:89.00元

河北经济蓝皮书
河北省经济发展报告（2014）
著(编)者:马树强　金浩　张贵　2014年4月出版 / 定价:79.00元

河北蓝皮书
河北经济社会发展报告（2014）
著(编)者:周文夫　2014年1月出版 / 定价:69.00元

河南经济蓝皮书
2014年河南经济形势分析与预测
著(编)者:胡五岳　2014年3月出版 / 定价:69.00元

河南蓝皮书
2014年河南社会形势分析与预测
著(编)者:刘道兴　牛苏林　2014年1月出版 / 定价:69.00元

河南蓝皮书
河南城市发展报告（2014）
著(编)者:谷建全　王建国　2014年1月出版 / 定价:59.00元

河南蓝皮书
河南法治发展报告（2014）
著(编)者:丁同民　闫德民　2014年3月出版 / 定价:69.00元

河南蓝皮书
河南金融发展报告（2014）
著(编)者:喻新安　谷建全　2014年4月出版 / 定价:69.00元

河南蓝皮书
河南经济发展报告（2014）
著(编)者:喻新安　2013年12月出版 / 定价:69.00元

河南蓝皮书
河南文化发展报告（2014）
著(编)者:卫绍生　2014年1月出版 / 定价:69.00元

河南蓝皮书
河南工业发展报告（2014）
著(编)者:龚绍东　2014年1月出版 / 定价:69.00元

河南蓝皮书
河南商务发展报告（2014）
著(编)者:焦锦淼　穆荣国　2014年5月出版 / 定价:88.00元

黑龙江产业蓝皮书
黑龙江产业发展报告（2014）
著(编)者:于渤　2014年10月出版 / 估价:79.00元

黑龙江蓝皮书
黑龙江经济发展报告（2014）
著(编)者:张新颖　2014年1月出版 / 定价:69.00元

黑龙江蓝皮书
黑龙江社会发展报告（2014）
著(编)者:艾书琴　2014年1月出版 / 定价:69.00元

湖南城市蓝皮书
城市社会管理
著(编)者:罗海藩　2014年10月出版 / 估价:59.00元

湖南蓝皮书
2014年湖南产业发展报告
著(编)者:梁志峰　2014年4月出版 / 定价:128.00元

湖南蓝皮书
2014年湖南电子政务发展报告
著(编)者:梁志峰　2014年4月出版 / 定价:128.00元

湖南蓝皮书
2014年湖南法治发展报告
著(编)者:梁志峰　2014年9月出版 / 估价:79.00元

湖南蓝皮书
2014年湖南经济展望
著(编)者:梁志峰　2014年4月出版 / 定价:128.00元

湖南蓝皮书
2014年湖南两型社会发展报告
著(编)者:梁志峰　2014年4月出版 / 定价:128.00元

湖南蓝皮书
2014年湖南社会发展报告
著(编)者:梁志峰　2014年4月出版 / 定价:128.00元

湖南蓝皮书
2014年湖南县域经济社会发展报告
著(编)者:梁志峰　2014年4月出版 / 定价:128.00元

湖南县域绿皮书
湖南县域发展报告No.2
著(编)者:朱有志 袁准 周小毛　2014年7月出版 / 估价:69.00元

沪港蓝皮书
沪港发展报告(2014)
著(编)者:尤安山　2014年9月出版 / 估价:89.00元

吉林蓝皮书
2014年吉林经济社会形势分析与预测
著(编)者:马克　2014年1月出版 / 定价:79.00元

济源蓝皮书
济源经济社会发展报告(2014)
著(编)者:喻新安　2014年4月出版 / 定价:69.00元

江苏法治蓝皮书
江苏法治发展报告No.3(2014)
著(编)者:李力 龚廷泰 严海良　2014年8月出版 / 估价:88.00元

京津冀蓝皮书
京津冀发展报告(2014)
著(编)者:文魁 祝尔娟　2014年3月出版 / 定价:79.00元

经济特区蓝皮书
中国经济特区发展报告(2013)
著(编)者:陶一桃　2014年4月出版 / 定价:89.00元

辽宁蓝皮书
2014年辽宁经济社会形势分析与预测
著(编)者:曹晓峰 张晶　2014年1月出版 / 定价:79.00元

流通蓝皮书
湖南省商贸流通产业发展报告No.2
著(编)者:柳思维　2014年10月出版 / 估价:75.00元

内蒙古蓝皮书
内蒙古经济发展蓝皮书(2013~2014)
著(编)者:黄育华　2014年7月出版 / 估价:69.00元

内蒙古蓝皮书
内蒙古反腐倡廉建设报告No.1
著(编)者:张志华 无极　2013年12月出版 / 定价:69.00元

浦东新区蓝皮书
上海浦东经济发展报告(2014)
著(编)者:沈开艳 陆沪根　2014年1月出版 / 估价:59.00元

侨乡蓝皮书
中国侨乡发展报告(2014)
著(编)者:郑一省　2014年9月出版 / 估价:69.00元

青海蓝皮书
2014年青海经济社会形势分析与预测
著(编)者:赵宗福　2014年2月出版 / 估价:69.00元

人口与健康蓝皮书
深圳人口与健康发展报告(2014)
著(编)者:陆杰华 江捍平　2014年10月出版 / 估价:98.00元

山西蓝皮书
山西资源型经济转型发展报告(2014)
著(编)者:李志强　2014年5月出版 / 定价:98.00元

陕西蓝皮书
陕西经济发展报告(2014)
著(编)者:任宗哲 石英 裴成荣　2014年2月出版 / 定价:69.00元

陕西蓝皮书
陕西社会发展报告(2014)
著(编)者:任宗哲 石英 牛昉　2014年2月出版 / 定价:65.00元

陕西蓝皮书
陕西文化发展报告(2014)
著(编)者:任宗哲 石英 王长寿　2014年3月出版 / 定价:59.00元

上海蓝皮书
上海传媒发展报告(2014)
著(编)者:强荧 焦雨虹　2014年1月出版 / 定价:79.00元

上海蓝皮书
上海法治发展报告(2014)
著(编)者:叶青　2014年4月出版 / 定价:69.00元

上海蓝皮书
上海经济发展报告(2014)
著(编)者:沈开艳　2014年1月出版 / 定价:69.00元

上海蓝皮书
上海社会发展报告(2014)
著(编)者:卢汉龙 周海旺　2014年1月出版 / 定价:69.00元

上海蓝皮书
上海文化发展报告(2014)
著(编)者:蒯大申　2014年1月出版 / 定价:69.00元

上海蓝皮书
上海文学发展报告(2014)
著(编)者:陈圣来　2014年1月出版 / 定价:69.00元

上海蓝皮书
上海资源环境发展报告(2014)
著(编)者:周冯琦 汤庆合 任文伟　2014年1月出版 / 定价:69.00元

上海社会保障绿皮书
上海社会保障改革与发展报告(2013~2014)
著(编)者:汪泓　2014年9月出版 / 估价:65.00元

上饶蓝皮书
上饶发展报告（2013~2014）
著（编）者:朱寅健　2014年3月出版 / 定价:128.00元

社会建设蓝皮书
2014年北京社会建设分析报告
著（编）者:宋贵伦　2014年9月出版 / 估价:69.00元

深圳蓝皮书
深圳经济发展报告（2014）
著（编）者:吴忠　2014年6月出版 / 估价:69.00元

深圳蓝皮书
深圳劳动关系发展报告（2014）
著（编）者:汤庭芬　2014年6月出版 / 估价:69.00元

深圳蓝皮书
深圳社会发展报告（2014）
著（编）者:吴忠 余智晟　2014年7月出版 / 估价:69.00元

四川蓝皮书
四川文化产业发展报告（2014）
著（编）者:侯水平　2014年2月出版 / 定价:69.00元

四川蓝皮书
四川企业社会责任研究报告（2014）
著（编）者:侯水平　盛毅　2014年4月出版 / 定价:79.00元

温州蓝皮书
2014年温州经济社会形势分析与预测
著（编）者:潘忠强 王春光 金浩　2014年4月出版 / 定价:69.00元

温州蓝皮书
浙江温州金融综合改革试验区发展报告
（2013~2014）
著（编）者:钱水土 王去非 李义超
2014年9月出版 / 估价:69.00元

扬州蓝皮书
扬州经济社会发展报告（2014）
著（编）者:张爱军　2014年9月出版 / 估价:78.00元

义乌蓝皮书
浙江义乌市国际贸易综合改革试验区发展报告
（2013~2014）
著（编）者:马淑琴 刘文革 周松强
2014年9月出版 / 估价:69.00元

云南蓝皮书
中国面向西南开放重要桥头堡建设发展报告（2014）
著（编）者:刘绍怀　2014年12月出版 / 估价:69.00元

长株潭城市群蓝皮书
长株潭城市群发展报告（2014）
著（编）者:张萍　2014年10月出版 / 估价:69.00元

郑州蓝皮书
2014年郑州文化发展报告
著（编）者:王哲　2014年7月出版 / 估价:69.00元

中国省会经济圈蓝皮书
合肥经济圈经济社会发展报告No.4(2013~2014)
著（编）者:董昭礼　2014年4月出版 / 估价:79.00元

国别与地区类

G20国家创新竞争力黄皮书
二十国集团（G20）国家创新竞争力发展报告（2014）
著（编）者:李建平 李闽榕 赵新力
2014年9月出版 / 估价:118.00元

阿拉伯黄皮书
阿拉伯发展报告（2013~2014）
著（编）者:马晓霖　2014年4月出版 / 定价:79.00元

澳门蓝皮书
澳门经济社会发展报告（2013~2014）
著（编）者:吴志良 郝雨凡　2014年4月出版 / 定价:79.00元

北部湾蓝皮书
泛北部湾合作发展报告（2014）
著（编）者:吕余生　2014年7月出版 / 定价:79.00元

大湄公河次区域蓝皮书
大湄公河次区域合作发展报告（2014）
著（编）者:刘稚　2014年8月出版 / 估价:79.00元

大洋洲蓝皮书
大洋洲发展报告（2014）
著（编）者:魏明海 喻常森　2014年7月出版 / 估价:69.00元

德国蓝皮书
德国发展报告（2014）
著（编）者:李乐曾 郑春荣等　2014年5月出版 / 估价:69.00元

东北亚黄皮书
东北亚地区政治与安全报告（2014）
著（编）者:黄凤志 刘雪莲　2014年6月出版 / 估价:69.00元

东盟黄皮书
东盟发展报告（2013）
著（编）者:崔晓麟　2014年5月出版 / 定价:75.00元

东南亚蓝皮书
东南亚地区发展报告（2013~2014）
著（编）者:王勤　2014年4月出版 / 定价:79.00元

俄罗斯黄皮书
俄罗斯发展报告（2014）
著(编)者：李永全　2014年7月出版 / 估价：79.00元

非洲黄皮书
非洲发展报告No.15（2014）
著(编)者：张宏明　2014年7月出版 / 估价：79.00元

港澳珠三角蓝皮书
粤港澳区域合作与发展报告（2014）
著(编)者：梁庆寅 陈广汉　2014年6月出版 / 估价：59.00元

国际形势黄皮书
全球政治与安全报告（2014）
著(编)者：李慎明 张宇燕　2014年1月出版 / 定价：69.00元

韩国蓝皮书
韩国发展报告（2014）
著(编)者：牛林杰 刘宝全　2014年6月出版 / 估价：69.00元

加拿大蓝皮书
加拿大发展报告（2014）
著(编)者：仲伟合　2014年4月出版 / 定价：89.00元

柬埔寨蓝皮书
柬埔寨国情报告（2014）
著(编)者：毕世鸿　2014年6月出版 / 估价：79.00元

拉美黄皮书
拉丁美洲和加勒比发展报告（2013~2014）
著(编)者：吴白乙　2014年4月出版 / 定价：89.00元

老挝蓝皮书
老挝国情报告（2014）
著(编)者：卢光盛 方芸 吕星　2014年6月出版 / 估价：79.00元

美国蓝皮书
美国问题研究报告（2014）
著(编)者：黄平 倪峰　2014年5月出版 / 估价：79.00元

缅甸蓝皮书
缅甸国情报告（2014）
著(编)者：李晨阳　2014年9月出版 / 估价：79.00元

欧亚大陆桥发展蓝皮书
欧亚大陆桥发展报告（2014）
著(编)者：李忠民　2014年10月出版 / 估价：59.00元

欧洲蓝皮书
欧洲发展报告（2014）
著(编)者：周弘　2014年9月出版 / 估价：79.00元

葡语国家蓝皮书
巴西发展与中巴关系报告2014（中英文）
著(编)者：张曙光 David T. Ritchie
2014年8月出版 / 估价：69.00元

日本经济蓝皮书
日本经济与中日经贸关系研究报告（2014）
著(编)者：王洛林 张季风　2014年5月出版 / 定价：79.00元

日本蓝皮书
日本发展报告（2014）
著(编)者：李薇　2014年3月出版 / 定价：69.00元

上海合作组织黄皮书
上海合作组织发展报告（2014）
著(编)者：李进峰 吴宏伟 李伟　2014年9月出版 / 估价：98.00元

世界创新竞争力黄皮书
世界创新竞争力发展报告（2014）
著(编)者：李建平　2014年9月出版 / 估价：148.00元

世界能源黄皮书
世界能源分析与展望（2013~2014）
著(编)者：张宇燕 等　2014年9月出版 / 估价：69.00元

世界社会主义黄皮书
世界社会主义跟踪研究报告（2013~2014）
著(编)者：李慎明　2014年3月出版 / 定价：198.00元

泰国蓝皮书
泰国国情报告（2014）
著(编)者：邹春萌　2014年6月出版 / 估价：79.00元

亚太蓝皮书
亚太地区发展报告（2014）
著(编)者：李向阳　2014年1月出版 / 定价：59.00元

印度蓝皮书
印度国情报告（2012~2013）
著(编)者：吕昭义　2014年5月出版 / 定价：89.00元

印度洋地区蓝皮书
印度洋地区发展报告（2014）
著(编)者：汪戎　2014年3月出版 / 定价：79.00元

越南蓝皮书
越南国情报告（2014）
著(编)者：吕余生　2014年8月出版 / 估价：65.00元

中东黄皮书
中东发展报告No.15（2014）
著(编)者：杨光　2014年10月出版 / 估价：59.00元

中欧关系蓝皮书
中欧关系研究报告（2014）
著(编)者：周弘　2013年12月出版 / 定价：98.00元

中亚黄皮书
中亚国家发展报告（2014）
著(编)者：孙力　2014年9月出版 / 估价：79.00元

皮书大事记

☆ 2012年12月，《中国社会科学院皮书资助规定（试行）》由中国社会科学院科研局正式颁布实施。

☆ 2011年，部分重点皮书纳入院创新工程。

☆ 2011年8月，2011年皮书年会在安徽合肥举行，这是皮书年会首次由中国社会科学院主办。

☆ 2011年2月，"2011年全国皮书研讨会"在北京京西宾馆举行。王伟光院长（时任常务副院长）出席并讲话。本次会议标志着皮书及皮书编创出版从一个具体出版单位的出版产品和出版活动上升为由中国社会科学院牵头的国家哲学社会科学智库产品和创新活动。

☆ 2010年9月，"2010年中国经济社会形势报告会暨第十一次全国皮书工作研讨会"在福建福州举行，高全立副院长参加会议并做学术报告。

☆ 2010年9月，皮书学术委员会成立，由我院李扬副院长领衔，并由在各个学科领域有一定的学术影响力、了解皮书编创出版并持续关注皮书品牌的专家学者组成。皮书学术委员会的成立为进一步提高皮书这一品牌的学术质量、为学术界构建一个更大的学术出版与学术推广平台提供了专家支持。

☆ 2009年8月，"2009年中国经济社会形势分析与预测暨第十次皮书工作研讨会"在辽宁丹东举行。李扬副院长参加本次会议，本次会议颁发了首届优秀皮书奖，我院多部皮书获奖。

社会科学文献出版社
SOCIAL SCIENCES ACADEMIC PRESS (CHINA)

社会科学文献出版社成立于1985年，是直属于中国社会科学院的人文社会科学专业学术出版机构。

成立以来，特别是1998年实施第二次创业以来，依托于中国社会科学院丰厚的学术出版和专家学者两大资源，坚持"创社科经典，出传世文献"的出版理念和"权威、前沿、原创"的产品定位，社科文献立足内涵式发展道路，从战略层面推动学术出版的五大能力建设，逐步走上了学术产品的系列化、规模化、数字化、国际化、市场化经营道路。

先后策划出版了著名的图书品牌和学术品牌"皮书"系列、"列国志"、"社科文献精品译库"、"中国史话"、"全球化译丛"、"气候变化与人类发展译丛""近世中国"等一大批既有学术影响又有市场价值的系列图书。形成了较强的学术出版能力和资源整合能力，年发稿3.5亿字，年出版新书1200余种，承印发行中国社科院院属期刊近70种。

2012年，《社会科学文献出版社学术著作出版规范》修订完成。同年10月，社会科学文献出版社参加了由新闻出版总署召开加强学术著作出版规范座谈会，并代表50多家出版社发起实施学术著作出版规范的倡议。2013年，社会科学文献出版社参与新闻出版总署学术著作规范国家标准的起草工作。

依托于雄厚的出版资源整合能力，社会科学文献出版社长期以来一直致力于从内容资源和数字平台两个方面实现传统出版的再造，并先后推出了皮书数据库、列国志数据库、中国田野调查数据库等一系列数字产品。

在国内原创著作、国外名家经典著作大量出版，数字出版突飞猛进的同时，社会科学文献出版社在学术出版国际化方面也取得了不俗的成绩。先后与荷兰博睿等十余家国际出版机构合作面向海外推出了《经济蓝皮书》《社会蓝皮书》等十余种皮书的英文版、俄文版、日文版等。

此外，社会科学文献出版社积极与中央和地方各类媒体合作，联合大型书店、学术书店、机场书店、网络书店、图书馆，逐步构建起了强大的学术图书的内容传播力和社会影响力，学术图书的媒体曝光率居全国之首，图书馆藏率居于全国出版机构前十位。

作为已经开启第三次创业梦想的人文社会科学学术出版机构，社会科学文献出版社结合社会需求、自身的条件以及行业发展，提出了新的创业目标：精心打造人文社会科学成果推广平台，发展成为一家集图书、期刊、声像电子和数字出版物为一体，面向海内外高端读者和客户，具备独特竞争力的人文社会科学内容资源供应商和海内外知名的专业学术出版机构。

中国皮书网

发布皮书研创资讯，传播皮书精彩内容
引领皮书出版潮流，打造皮书服务平台

栏目设置：

☐ **资讯**: 皮书动态、皮书观点、皮书数据、 皮书报道、皮书新书发布会、电子期刊

☐ **标准**: 皮书评价、皮书研究、皮书规范、皮书专家、编撰团队

☐ **服务**: 最新皮书、皮书书目、重点推荐、在线购书

☐ **链接**: 皮书数据库、皮书博客、皮书微博、出版社首页、在线书城

☐ **搜索**: 资讯、图书、研究动态

☐ **互动**: 皮书论坛

www.pishu.cn

中国皮书网依托皮书系列"权威、前沿、原创"的优质内容资源，通过文字、图片、音频、视频等多种元素，在皮书研创者、使用者之间搭建了一个成果展示、资源共享的互动平台。

自2005年12月正式上线以来，中国皮书网的IP访问量、PV浏览量与日俱增，受到海内外研究者、公务人员、商务人士以及专业读者的广泛关注。

2008年10月，中国皮书网获得"最具商业价值网站"称号。

2011年全国新闻出版网站年会上，中国皮书网被授予"2011最具商业价值网站"荣誉称号。

权威报告　热点资讯　海量资源

当代中国与世界发展的高端智库平台

皮书数据库 www.pishu.com.cn

　　皮书数据库是专业的人文社会科学综合学术资源总库，以大型连续性图书——皮书系列为基础，整合国内外相关资讯构建而成。包含七大子库，涵盖两百多个主题，囊括了近十几年间中国与世界经济社会发展报告，覆盖经济、社会、政治、文化、教育、国际问题等多个领域。

　　皮书数据库以篇章为基本单位，方便用户对皮书内容的阅读需求。用户可进行全文检索，也可对文献题目、内容提要、作者名称、作者单位、关键字等基本信息进行检索，还可对检索到的篇章再作二次筛选，进行在线阅读或下载阅读。智能多维度导航，可使用户根据自己熟知的分类标准进行分类导航筛选，使查找和检索更高效、便捷。

　　权威的研究报告，独特的调研数据，前沿的热点资讯，皮书数据库已发展成为国内最具影响力的关于中国与世界现实问题研究的成果库和资讯库。

皮书俱乐部会员服务指南

1. 谁能成为皮书俱乐部会员?

- 皮书作者自动成为皮书俱乐部会员;
- 购买皮书产品（纸质图书、电子书、皮书数据库充值卡）的个人用户。

2. 会员可享受的增值服务:

- 免费获赠该纸质图书的电子书;
- 免费获赠皮书数据库100元充值卡;
- 免费定期获赠皮书电子期刊;
- 优先参与各类皮书学术活动;
- 优先享受皮书产品的最新优惠。

阅 读 卡

3. 如何享受皮书俱乐部会员服务?

（1）如何免费获得整本电子书?

　　购买纸质图书后，将购书信息特别是书后附赠的卡号和密码通过邮件形式发送到pishu@188.com，我们将验证您的信息，通过验证并成功注册后即可获得该本皮书的电子书。

（2）如何获赠皮书数据库100元充值卡?

　　第1步：刮开附赠卡的密码涂层（左下）;

　　第2步：登录皮书数据库网站（www.pishu.com.cn），注册成为皮书数据库用户，注册时请提供您的真实信息，以便您获得皮书俱乐部会员服务;

　　第3步：注册成功后登录，点击进入"会员中心";

　　第4步：点击"在线充值"，输入正确的卡号和密码即可使用。

皮书俱乐部会员可享受社会科学文献出版社其他相关免费增值服务
您有任何疑问，均可拨打服务电话：010-59367227　QQ:1924151860
欢迎登录社会科学文献出版社官网(www.ssap.com.cn)和中国皮书网（www.pishu.cn）了解更多信息

皮书大事记

☆　2012年12月，《中国社会科学院皮书资助规定（试行）》由中国社会科学院科研局正式颁布实施。

☆　2011年，部分重点皮书纳入院创新工程。

☆　2011年8月，2011年皮书年会在安徽合肥举行，这是皮书年会首次由中国社会科学院主办。

☆　2011年2月，"2011年全国皮书研讨会"在北京京西宾馆举行。王伟光院长（时任常务副院长）出席并讲话。本次会议标志着皮书及皮书研创出版从一个具体出版单位的出版产品和出版活动上升为由中国社会科学院牵头的国家哲学社会科学智库产品和创新活动。

☆　2010年9月，"2010年中国经济社会形势报告会暨第十一次全国皮书工作研讨会"在福建福州举行，高全立副院长参加会议并做学术报告。

☆　2010年9月，皮书学术委员会成立，由我院李扬副院长领衔，并由在各个学科领域有一定的学术影响力、了解皮书编创出版并持续关注皮书品牌的专家学者组成。皮书学术委员会的成立为进一步提高皮书这一品牌的学术质量、为学术界构建一个更大的学术出版与学术推广平台提供了专家支持。

☆　2009年8月，"2009年中国经济社会形势分析与预测暨第十次皮书工作研讨会"在辽宁丹东举行。李扬副院长参加本次会议，本次会议颁发了首届优秀皮书奖，我院多部皮书获奖。

皮书数据库
www.pishu.com.cn

皮书数据库三期即将上线

• 皮书数据库（SSDB）是社会科学文献出版社整合现有皮书资源开发的在线数字产品，全面收录"皮书系列"的内容资源，并以此为基础整合大量相关资讯构建而成。

• 皮书数据库现有中国经济发展数据库、中国社会发展数据库、世界经济与国际政治数据库等子库，覆盖经济、社会、文化等多个行业、领域，现有报告30000多篇，总字数超过5亿字，并以每年4000多篇的速度不断更新累积。2009年7月，皮书数据库荣获"2008～2009年中国数字出版知名品牌"。

• 2011年3月，皮书数据库二期正式上线，开发了更加灵活便捷的检索系统，可以实现精确查找和模糊匹配，并与纸书发行基本同步，可为读者提供更加广泛的资讯服务。

更多信息请登录

中国皮书网
http://www.pishu.cn

 皮书V 北京

 中国皮书网的BLOG [编辑]
http://blog.sina.com.cn/pishu

中国皮书网	皮书微博	皮书博客	皮书微信
http://www.pishu.cn	http://weibo.com/pishu	http://blog.sina.com.cn/pishu	皮书说

请到各地书店皮书专架／专柜购买，也可办理邮购

咨询／邮购电话：010-59367028　59367070　　　　邮　箱：duzhe@ssap.cn

邮购地址：北京市西城区北三环中路甲29号院3号楼华龙大厦13层读者服务中心

邮　　编：100029

银行户名：社会科学文献出版社

开户银行：中国工商银行北京北太平庄支行

账　　号：0200010019200365434

网上书店：010-59367070　qq：1265056568

网　　址：www.ssap.com.cn　　www.pishu.cn